유언의 해석

현소혜 지음

경인문화사

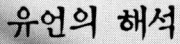

유언의 해석

□ 약어표

1. 국내

公 = 法院公報
集 = 大法院判決集
下集 = 下級審判決集

2. 일본

最判 = 最高裁判所
民集 = 最高裁判所判決集

3. 독일

a.a.O. = am angegebenen Ort
AcP = Archiv für die civilistische Praxis
Anm. = Anmerkung
Aufl. = Auflage
BayObLG = Bayern Oberlandesgericht
BB = Betriebs-Berater
Bd. = Band
BGH = Bundesgerichthof
BGHZ = Entscheidungen des Bundesgerichtshofs in Zivilsachen
DNotZ = Deutsche Notar-Zeitung
DVR = Deutsche Verkehrsteuer-Rundschau
f. = folgend
ff. = folgendes
hrsg. = herausgegeben
JA = Juristische Arbeitblätter
JhJb = Jherings Jahrbücher für die Dogmatik des bürgerlichen Rechts
JurBüro = Das juristische Büro

Jura = Juristische Ausbildung

JuS = Juristische Schulung

JZ = Juristenzeitung

NJW = Neue Juristische Wochenschrift

Rdnr. = Randnummer

RG = Reichsgericht

RGZ = Amtliche Sammlung von Entscheidungen des Reichsgerichts in Zivilsachen

S. = Seite

SZ = Schweizerische Juristenzeitung

u. = und

usw. = und so weiter

□ 일러두기

1. 인용방법

(1) 중복하여 인용되는 문헌은 저자의 이름으로 특정하는 것을 원칙으로 한다.

    예) Lange/Kuchinke, Erbrecht(5.Aufl.), 2001 = Lange/Kuchincke

(2) 저자가 동일한 문헌이 수종인 경우, 단행본은 참고문헌 중 굵은 글씨로 표시된 부분에 의해, 논문은 잡지명과 권·호수에 의해 특정하는 것을 원칙으로 한다.

    예) 郭潤直, **民法總則**(第七版), 博英社, 2002 = 郭潤直, 民法總則
    예) Flume, Testamentsauslegung bei Falschbezeichnung, NJW 1983, 2007 ff. = Flume, NJW 1983, 2007

(3) 잡지명과 권·호수에 의해 특정하기 어려운 논문은 참고문헌 중 굵은 글씨로 표시된 부분에 의해 특정한다.

    예) 엄동섭, **법률행위의 해석**에 관한 연구, 서울대학교(박사학위논문), 1992 = 엄동섭, 법률행위의 해석

(4) 주석서 또는 코멘타르(Kommentar)는 고유의 인용방법에 따른다.

2. 기호

" " = 인용한 부분을 가리킨다.
(…) = 인용부분 중 생략한 부분을 가리킨다.
「 」 = 필자가 강조한 부분을 가리킨다.
[ ] = 원문에는 없지만, 문장의 완결을 위해 필자가 임의로 추가한 부분 또는 논리적으로 반드시 필요한 어구는 아니지만, 이해의 편의를 위해 필자가 부기한 부분을 가리킨다.

시작하며

본서는 유언의 해석방법론을 정립하는 것을 목적으로 한다. 유언은 상대 방 없는 법률행위로서, 그리고 요식행위로서 매우 독특한 성격을 가지고 있음에도 불구하고 여타의 법률행위에 비해 학문적 관심의 대상으로부터 오랫동안 비켜나 있었다. 그러나 피상속인의 재산 가치가 증대하고, 사후(死後)에 까지 자신의 재산을 자신의 의사대로 처분하고자 하는 욕구가 상승함에 따라 유언에 대한 관심이 높아진 지금, 유언의 해석에 관한 연구는 더 이상 방치할 수 없게 되었다. 일반적인 법률행위에 관한 해석방법론을 그대로 유언의 해석에 적용하는 것은 개별 사안에서 묵과할 수 없는 부정의를 가져올 수 있다. 그렇다고 하여 일반적인 해석방법론으로부터 이탈하여 유언에 관한 분쟁이 발생할 때마다 주먹구구식으로 문제를 해결하는 것은 분쟁 당사자들의 예측가능성을 해한다. 따라서 일반적 해석방법론을 전제로 유언에 고유한 특성을 반영하여 이를 수정함으로써 누구나 납득할 수 있고, 적용할 수 있는 유언의 해석방법론을 발전시킬 필요가 있다.

본서는 위 목적을 달성하기 위해 유언의 해석에 관한 연혁적 고찰과 비교법적 고찰로부터 출발한다(제2장). 이러한 고찰은 현재 유언의 해석영역을 지배하고 있는 것이 소위 「意思도그마(Dogma)」임을 보여준다. 본서는 의사도그마가 우리 민법상 유언의 해석에 있어서도 관철될 수 있으며, 또한 관철되어야 함을 논증하고(제3장), 이를 전제로 구체적인 유언의 해석방법론을 제시한다(제4장). 유언의 해명적 해석·보충적 해석 및 오표시 무해의 원칙의 적용가능성에 관한 논의가 그것이다. 그리고 이러한 해석을 통해 도출된 피상속인의 의사가 유언에 전혀 드러나지 않고 있는 경우에까지 이를 관철시

viii

키는 것이 과연 유언의 요식행위로서의 성격에 부합하는 것인지 여부를 검토한다(제5장). 마지막으로 유언의 해석이 문제될 수 있는 구체적인 사안들을 놓고 위에서 제시한 유언의 해석방법론을 실제로 적용하여 이를 해결함으로써 본서의 내용이 추상적인 논변 일변도로만 흐르는 것을 방지하는 한편 유언의 해석방법론을 보다 발전·심화시키고자 하였다.

  유언의 해석이라는 주제를 놓고 박사학위 논문을 쓸 때 향후의 연구과제로 남겨 놓았던 영미법상 유언의 해석에 관한 논의를 본서에도 담지 못한 것은 여전한 아쉬움이다. 영미법과의 비교법적 연구를 제대로 마치고 나면 지금의 연구결과와는 전혀 다른 결론이 나올 수도 있을 것이라는 의구심이 계속 마음의 짐으로 남아 있음을 자백하지 않을 수 없다. 유언의 해석에 관한 국내의 연구가 전무(全無)하다시피 한 상황에서 일반론을 새롭게 창출해내고, 또한 이를 구체적인 사례에 적용하여 과연 그 일반론이 적합한 것인지를 검토한 후 이를 수정하는 작업을 끝없이 되풀이 하는 것은 도대체 필자의 능력 밖에 있는 무모한 도전이었음을 새삼 깨닫는 과정이었다. 그럼에도 불구하고 도무지 끝나지 않을 것 같았던 논문을 끝낼 수 있었던 것은 난관에 봉착할 때마다 지혜를 빌려준 훌륭한 논문의 저자들, 길을 잃고 헤맬 때마다 명쾌함으로 이끌어 주신 스승 윤진수 교수님, 그리고 무엇보다도 언제나 내 편이 되어 준 고마운 남편 덕분이다. 교정 작업은 홍익대학교 법과대학 대학원 김국진 군이 수고해 주었다. 이 분들께 감사드린다.

2010년 5월
현 소 혜

제 1 장　머리말

제1절 硏究의 意義

법률행위는 해석을 요한다. 사적자치의 원칙과 계약의 자유에 기초하여 개인은 자유롭게 자신의 의사에 따라 법률행위를 할 수 있다. 그러나 법률행위의 문언만으로는 당해 행위의 법적 의미를 명확하게 추출해낼 수 없는 경우가 더 많다. 그 행위가 법률 문외한에 의해 행해진 경우에는 더욱 그러하다. 따라서 해석을 통해 당해 법률행위의 내용을 명확하게 할 필요가 있다. 遺言의 경우에는 그 필요성이 더욱 가중된다. 그 이유는 다음과 같다.

먼저 우리 민법이 인정하고 있는 자필증서에 의한 방식이나 비밀증서에 의한 방식에 따라 유언을 할 경우 피상속인은 법률전문가로부터 아무런 도움도 받지 않기 때문에 자신의 유언이 갖는 법적 의미를 제대로 이해하지 못하고 있는 경우가 많다.[1] 게다가 유언의 해석을 둘러싼 분쟁이 발생할 당시에는 이미 피상속인이 사망하여 더 이상 그의 진의를 직접 확인하는 것이 불가능하다. 유언의 문언만으로 그 구체적인 의미를 인식할 수 없다고 하여 (해석의 단계를 거치지 아니하고) 바로 그 목적이 확정될 수 없음을 이유로 유언을 무효로 돌리는 것은 여타의 법률행위의 경우에 비해 더욱 부당한 결과를 초래할 수 있다. 유언이 효력을 잃으면 바로 민법상의 법정상속이 개시되기 때문이다. 일단 유언을 하였다는 사실 자체로부터 유언자가 법정상속을 배제하려는 의사를 가졌음이 명백하게 드러남에도 불구하고, 이미 사망하여 더 이상의 자신의 의사를 관철시킬 수 없는 처지에 놓인 피상속인에게 이러한 결과를 감수하게 하는 것은 가혹한 처사이다.[2] 또한 유언은 사인행위의

---

1) Lange/Kuchinke, Erbrecht(5.Aufl.), 2001, S.772 참조.
2) Werner, Die benigna interpretatio des §2084 BGB, in : Tradition und Fortentwicklung im Recht, Festschrift zum 90. Geburtstag von Ulrich von Lübtow, 1991, S.271 f.

일종으로서 유언이 성립한 때로부터 그 효력이 발생할 때까지 통상적으로 비교적 장기의 기간이 소요된다. 때문에 유언이 성립할 당시에 유언자가 의도하였던 바와 사망할 당시의 유언의 의미가 달라지는 경우가 종종 발생한다.3) 그럼에도 불구하고 유언자가 그 사이의 사정을 반영하여 새로운 유언을 하지 않은 채 사망한 경우, 사적자치의 실질적 실현을 위해서는 유언의 해석을 통해 변화된 사정 내지 유언자의 변경된 의사를 고려할 필요가 있다.

유언의 해석이 긴요하기는 하나, 유언 역시 법률행위의 일종이므로 기존의 법률행위 해석론을 그대로 원용하여 그 작업을 수행하는 것으로 족하지 않은가라는 의문이 제기될 수도 있다. 이러한 이유에서 인지 우리나라에서는 아직까지 ① 해석의 단계를 자연적해석·규범적 해석 및 보충적 해석의 단계로 나누고, 유언과 같은 상대방 없는 단독행위의 경우에는 자연적 해석의 단계에서 표의자의 내심적 효과의사를 확정하는 것으로 족하다4)고 하거나, ② 해석을 상대방 있는 의사표시의 해석과 상대방 없는 의사표시의 해석으로 구별하면서도 유언과 같이 상대방 없는 의사표시의 해석에 대해서는 "보호하여야 할 상대방이 없기 때문에 표의자의 진정한 의사를 탐구하여야 한다."5)는 정도의 간단한 언급을 하는 외에 유언의 고유한 해석방법론에 대해 별다른 논의가 진행되고 있지 않다.6) 이러한 현실은 실제로 유언이 그

참조.

3) Leipold, Erbrecht(16.Aufl.), 2006, Rdnr.361.
4) 金相容, 民法總則(全訂版增補), 法文社, 2003, 426면 이하 ; 金曾漢 著/金學東 增補, 民法總則(第9版), 博英社, 2006, 284면. ; 白泰昇, 民法總則(第2版), 法文社, 2006, 372면 ; 李英俊, 民法總則(改訂增補版), 博英社, 2007, 295면 등.
5) 郭潤直 編/宋德洙 집필부분, 民法注解 第II券, 總則 (2), 博英社, 1992, 177면 (이하 郭潤直/宋德洙, 民法注解 II로 약칭한다.). ; 엄동섭, 법률행위의 해석에 관한 연구, 서울대학교(박사학위논문), 1992, 147면. ; 李學洙, 당사자가 표시한 문언에 의하여 객관적 의미가 명확하게 드러나지 않는 경우 법률행위의 해석방법 -대법원 1999.11.26. 선고 99다43486 판결-, 判例研究 第12輯(2001), 釜山判例研究會, 499면.
6) 다만 高翔龍, 民法總則(全訂版), 法文社, 1999, 388면은 유언의 해석을 별도의

다지 많이 활용되고 있지 않은 사회현상에 비추어 볼 때 당연한 결과라고도
볼 수 있다. 그러나 우리나라에서의 법률행위 해석론을 지배하고 있는 독일
의 법률행위 해석에 관한 이론은 유언의 해석을 독자적인 연구의 한 영역으
로 인정하고 있는 바, 이는 한편으로는 유언이 갖는 상대방 없는 단독행위로
서의 성격에 기인한 것이고, 다른 한편으로는 요식행위로서의 성격으로 말미
암은 것이다.

　본래 법률행위의 해석을 논함에 있어서는 의사표시 본질론과 관련하여 의
사주의와 표시주의 간의 오래 된 논쟁이 있어 왔다.[7] 사적자치의 이념에 충
실하여 개개인의 진실한 「의사」의 실현을 우선시할 것인가(意思主義) 혹은
자본주의 원리의 원만한 작동을 위하여 거래의 안전에 중점을 두고 그 「표
시」된 바에 따른 효력을 부여할 것인가(表示主義)라고 하는 문제에 대한 입
장의 차이는 법률행위 해석의 기초를 무엇에 둘 것인가, 즉 내심의 의사를
발견하는 것을 해석의 목표로 삼을 것인가(주관적 해석방법) 아니면 의사표
시의 문언에 拘泥할 것인가(객관적 해석방법)를 둘러싼 견해의 대립으로 이
어지며, 근래 들어 이러한 의사와 표시 간의 이원론을 극복하기 위한 절충적
입장으로서 效力主義(Geltungstheorie)가 주장되고 있음은 우리나라에도 여
러 차례에 걸쳐 소개된 바 있다.[8] 그러나 유언은 相對方 없는 單獨行爲로

　　항목으로 논하고 있으나, 이 역시 유언의 보충적 해석 가능성에 관해 간략하게 언
　　급하고 있을 뿐이다.
　7) 법률행위 해석이론의 역사적 발전 과정에 대해 자세히는 Schmoeckel, Rückert,
　　Zimmermann(hrsg.)/Vogenauer, Historisch-kritischer Kommentar zum BGB, Band.
　　I, Allgemeiner Teil §§1-240, 2003(이하 HK/Vogenauer라고 약칭한다.), §§133, 157,
　　Rdnr.7 ff. 참조.
　8) 엄동섭, 법률행위의 해석, 1면 이하 ; 김학동, 독일에서의 의사표시이론 : 본질 및 요
　　건을 중심으로, 私法硏究 第2輯(1994), 72면 이하. ; 염규석, 意思表示의 構成要素
　　와 本質에 대한 吟味-소위 정보처리시설에 의한 의사표시의 논의를 중심으로-, 法
　　學論考 第15輯(1999), 252면 이하. ; 최문기, 의사표시의 본질에 관한 소고, 私法
　　硏究 第2輯(1994), 51면 이하. 등.

서 신뢰보호 사상을 기초로 하는 표시주의가 등장할 여지가 없다. 따라서 유언의 해석에 있어서는 여타의 법률행위 해석과는 달리 피상속인의 현실적 의사를 탐구하는 것이 제1차적 목표가 된다는 것이 대부분 학자의 견해이다.

한편 대부분의 법제는 유언에 관하여 方式主義를 채택하고 있다. 법률에서 미리 정한 일정한 방식을 갖추지 아니한 유언은 아무런 효력을 갖지 못한다는 것이다. 이는 단순한 초안과 유언의 의사표시를 서로 구별함으로써 유언의 존재를 확보하고, 유언자가 자유롭게 자신의 의사를 표시하였음과 그 내용에 대해 명확하게 인식하고 있음을 보장할 뿐만 아니라, 방식에 적합하게 작성된 유언 서면에 기재되어 있는 유언자의 의사만을 유언의 의사표시로 인정함으로써 유언자의 의사가 날조될 위험을 방지하는 것을 그 목적으로 한다. 그렇다면 해석과정을 통해 피상속인의 현실적 의사가 A라는 내용임이 확정되었더라도 그 내용(A)이 방식에 적합하게 표시되지 아니하였다면, 당해 의사표시는 A로서의 효력을 갖지 못하는 것이 아닌가라는 의문이 제기될 수 있다. 그러나 다른 한편 방식에 적합하게 표시되지 않았다는 이유로 해석에 의해 탐구된 피상속인의 현실적 의사에 법적 효력을 인정하지 않는 것은 결국 방식에 적합하게 표시된 유언 서면의 "문언"에 따른 효력만을 인정하는 결과를 가져오게 되는데, 이는 유언의 상대방 없는 법률행위로서의 법적 성격, 그리고 그로부터 도출되는 피상속인의 현실적 의사탐구라는 해석의 목적에 배치되는 것처럼 보인다. 바로 이 지점에서 유언의 해석이 갖는 고유한 의미가 부각된다.

이와 같이 유언의 해석에 관한 연구는 의사주의와 방식주의, 그리고 표시주의가 충돌하는 접점으로서 이론적 흥미를 야기할 뿐만 아니라, 현실적으로도 중요한 의미를 갖는다. 자아의식이 발달하고 상속재산의 가치가 점차 증대함에 따라 갈수록 유언의 활용이 점차 증가할 것으로 예상될 뿐만 아니라, 유언은 위에서 살펴본 바와 같은 여러 사정으로 말미암아 여타의 법률행위에 비해 더욱 그 해석을 절실하게 필요로 하기 때문이다. 따라서 본서에서는 유언의 법적 성질, 즉 상대방 없는 법률행위로서의 성격과 요식행위로서의 성격으로부터 발생하는 해석방법론상의 각종 쟁점들에 관해 살펴봄으로써 유언에 고유한 해석방법론을 정립해보고자 한다.

제2절 研究의 方法과 範圍

본서는 유언에 고유한 해석방법론을 정립함에 있어 이미 많은 연구 성과가 축적되어 있는 일반적인 법률행위 해석방법론을 기반으로 하여 그것과 유사한 구조 위에 유언의 특수한 성격을 반영하여 그 구체적인 내용을 유지 또는 수정하는 등의 방식으로 논의를 진행하고자 한다. 해석방법론과 관련하여 새로운 틀을 제시하지 아니하고, 기존의 방법론을 차용하는 것은 유언의 해석 전반에 걸쳐 광범위하게 논점과 그 해결책을 제시함에 있어 쟁점마다 일반적인 법률행위 해석과의 차이점을 부각시킴으로써 유언 해석의 특수성을 두드러지게 설명할 수 있다는 장점이 있기 때문이다. 그럼에 있어서 일반적인 법률행위 해석론에 관한 논의는 필수적인 전제가 될 것이다. 그러나 법률행위 해석론 일반에 대해서는 이미 많은 논문이 발표되어 있을 뿐만 아니라, 그 복잡다단한 논의를 모두 본서에 담는 것은 오히려 연구의 본질을 흐리는 무익한 [더 나아가서 유해하기까지 한] 시도가 될 가능성이 있다. 따라서 법률행위 해석에 대한 일반론에 관해서는 해당하는 부분마다 유언에 고유한 해석론을 논하는데 필요한 한도에서 간략하게 소개하는 것으로 그치고, 별도로 논하지 아니한다.

한편 우리나라에서 아직까지 유언의 해석에 관해 별다른 논의가 행해지고 있지 않은 만큼 이에 대해 활발한 연구가 행해지고 있는 국가에서의 유언 해석방법론에 관한 비교법적 고찰은 본서의 목적을 달성하는데 매우 유용한 수단이 될 수 있다. 따라서 본서는 유언의 해석방법론을 정립함에 있어 주로 다른 나라에서의 관련 쟁점에 대한 학계와 실무의 동향을 소개하고, 이를 우리 민법에 적용할 수 있는지 여부를 검토하는 방식에 따라 논의를 진행하고자 한다. 그럼에 있어서 대륙법권, 특히 獨逸에서 전개되고 있는 유언의 해석에 관한 학설과 판례의 동향을 주된 모티브(Motiv)로 삼고자 하는데, 이는 우리나라에서의 법률행위 해석론이 주로 독일에서의 학설을 기초로 그 이론적 바탕이 마련되었기 때문이다.

물론 유언은 대륙법권에서 뿐만 아니라 영미법권에서도 중요한 사회적 제도로서 기능하고 있다. 따라서 유언의 해석을 연구함에 있어서 영미법권에서의 해석론을 소개하고, 이를 대륙법권에서의 해석론과 기능적으로 비교·고찰하는 것은 우리 민법상 유언의 해석론을 정립함에 있어서 많은 시사점을 제공해 줄 수 있을 것이다. 그러나 유언의 해석에 관한 기존의 연구가 이루어져 있지 않은 상태에서 새롭게 고유한 해석론의 정립을 시도함에 있어 우리법과 전혀 다른 체계를 가지고 있는 영미법상의 해석론을 원용하는 것은, 가능하기는 할 것이나, 유언의 해석이 나아갈 길을 선명하게 제시함에 있어 오히려 혼란을 야기할 가능성이 있다. 영미법상 상속제도가 우리 민법상 상속제도와 현격하게 달라 구체적인 사례를 논함에 있어 일일이 그 차이점을 설명해야 하는 번잡함도 그러한 혼란을 가중시킬 수밖에 없다. 따라서 영미법상 유언의 해석과 우리 민법상 유언의 해석간의 기능적·비교법적 고찰은 유언의 고유한 해석방법론을 정립한 이후의 과제로 넘기기로 한다.

제3절 本書의 構成

본서는 무엇보다도 유언의 해석을 지배하고 있는 意思도그마가 전개된 과정을 연혁적으로 고찰하는 것으로부터 출발한다(제2장). 특히 로마법에서 문언을 중시하는 해석으로부터 유언자의 의사를 중시하는 해석으로 발전하게 된 역사적 경향을 유언 방식 제도의 변천과 연계하여 각 시대별로 살펴보고, 이러한 로마법상의 의사주의적 태도가 현재 독일민법 기타 각국의 법제에서 어떠한 지위를 차지하고 있는지를 비교법적으로 고찰해 본다.

다음 장에서는 유언의 해석에 있어서 解釋의 目的을 무엇으로 볼 것인지에 관해 논의한다(제3장). 법률행위 해석방법론에 관한 논의의 전제가 되는 의사표시 본질론에 대한 학설의 대립을 기초로 유언의 특수한 법적 성질에 비추어 볼 때 표시주의적 입장에 따라 유언해석의 목적을 설정하는 것이 허용되는지 여부에 대해 살펴본 다음, 유언 해석의 목적에 관한 독일의 학설과 판례를 소개하고, 우리 현행 민법상 유언자의 현실적 의사탐구를 목적으로 하는 해석, 즉 소위 의사도그마가 정당화될 수 있을 것인지에 대해 논한다.

유언해석의 목적에 관해 의사도그마를 인정하는 입장에서 구체적인 유언의 해석 작업에 관해 상술하는 것이 그 다음 장의 목적이 될 것이다(제4장). 법률행위의 해석은 크게 두 단계에 걸쳐 행해지는데, 첫 번째 단계는 먼저 도대체 법적으로 의미있는 의사표시가 존재하는지 여부를 확정하는 것이다. 이 단계를 거쳐 법률행위가 존재함이 인정된 후에야 비로소 당해 법률행위가 가지는 의미를 탐구하는 작업이 행해지게 된다.[1] 이러한 작업은 다시 解

---

1) Staudinger/Singer, Kommentar zum Bürgerlichen Gesetzbuch mit Einführungsgesetz und Nebengesetz, Buch 1., Allgemeiner Teil 3., 2004(이하 Staud./Singer로 약칭한다.), §133 Rdnr.8.

明的 解釋(erläuternde Auslegung)과 補充的 解釋(ergänzende Auslegung)으로
나누어지는데, 해명적 해석은 법률행위의 의미가 불명확할 때 그 의미를 명
확하게 하는 것을 의미함에 반해, 보충적 해석이란 법률행위에서 규율되지
않은 부분, 즉 흠결(Lücke)이 있을 때 이를 보충하기 위한 것을 말한다.[2]

이와 같은 법률행위 해석단계는 유언의 해석의 경우에도 동일하게 적용될
수 있다.[3] 즉, 유언의 해석 역시 크게 유언의 존부에 관한 해석, 해명적 해석
및 보충적 해석으로 나누어 볼 수 있을 것이다. 이 중 유언의 존부에 관한
해석은 여타의 법률행위의 해석에 비하여 비교적 그 판단이 용이한 편인데,
우리 민법이 유언에 관해 방식주의를 채택한 결과 방식의 구비 여부를 통해
단순한 초안에 불과한 것인지 아니면 유언자의 최종적 의사표시인지를 손쉽
게 구별할 수 있기 때문이다. 한편 유언의 보충적 해석은 유언자가 유언 성
립 당시 미리 규율하지 아니한 사항이 있거나, 유언 성립 후 전혀 예상치 못
한 사정변경이 발생한 결과 해명적 해석만으로는 더 이상 유언자의 의사를
실현시킬 수 없을 때 비로소 가정적 의사를 탐구하기 위해 등장하는 것으로
서 해명적 해석의 대상과 그 한계에 관한 논의를 전제로 한다. 따라서 본 장
에서는 유언의 존부에 관한 해석에 대해서는 따로 논하지 아니하고, 유언의
해명적 해석(제1절)과 보충적 해석 방법론(제2절)에 관해 차례로 기술한다.
그 밖에 유언의 해석과 관련된 특수한 문제로 誤表示 無害의 原則(제3절)을
유언의 해석에 적용할 수 있는지에 관해 서술한다.

그리고 난 후 유언의 해석과 방식주의 간의 충돌 문제를 다룬다(제5장). 동
장에서는 유언의 해석결과, 즉 해명적 해석과 보충적 해석에 의해 탐구된 유
언자의 의사가 유언 문서에 전혀 드러나지 않고 있는 경우, 그 의사를 실현
시키는 것이 과연 方式主義와 조화될 수 있는지 여부가 주된 쟁점이 된다.
따라서 본 장은 이러한 논의에 대한 전제로서 우리 민법상 방식주의의 의의

---

2) 郭潤直/宋德洙, 民法注解 II, 172면.
3) Jens Petersen, Die Auslegung von letztwilligen Verfügungen, JURA 2005, 598.

와 목적 및 유언방식의 목적에 관해 간략하게 서술하는 것으로부터 출발하고자 한다(제1절). 다음으로는 독일에서 논의되고 있는 소위 '暗示理論(Andeutungstheorie)'을 소개한다(제2절). 암시이론이란 해석의 결과가 적어도 유언 문서에 암시되어 있어야만 방식을 갖춘 유언으로서 그 효력을 인정할 수 있다는 견해로서 독일연방대법원과 독일의 일부 학설이 위 쟁점에 대한 일종의 타협점으로 발전시킨 것이다. 다음 절에서는 이러한 암시이론에 대해 독일에서 제기되고 있는 다양한 비판들을 소개한다(제3절). 그리고 이러한 논의들을 바탕으로 우리 민법상 방식주의의 목적과 의사도그마 등에 비추어 볼 때 암시이론을 적용하는 것이 과연 유언의 해석을 둘러싼 법적 분쟁을 해결함에 있어 타당한 결론을 이끌어낼 수 있을 것인지 여부를 검토함과 아울러 유언의 해석과 방식주의 간의 충돌 상황에 대한 조화로운 해결책을 모색해 보기로 한다(제4절).

　마지막으로 이러한 일반론을 전제로 하여 유언의 해석과 관련하여 문제될 수 있는 구체적인 사안들의 해결을 시도한다(제6장). 먼저 우리 判例상 유언의 해석이 문제되고 있는 사안들에 관해 간단히 소개한 다음(제1절), 유언의 해명적 해석과 관련하여 유언자가 우리 민법상 유언의 법정사항에 해당하지 않는 상속인지정의 유언을 하거나 수유자를 특정하지 아니한 채 포괄적 유증을 하는 경우 당해 유언을 어떻게 해석할 것인지의 문제(제2절), 유언자가 유언을 하면서 상속재산 중 특정물을 법정상속인 중 1인에게 상속시킨다는 취지의 유언을 한 경우 이를 특정유증의 일종으로 볼 것인지 아니면 상속재산분할 방법의 지정으로 볼 것인지의 문제(제3절) 등에 관해 살펴보고 난 후, 유언의 보충적 해석과 관련하여 대한민국의 통일이라는 가정적 상황 하에 미수복 지역 소재 재산에 관해 유언을 하지 않고 사망한 경우 그에 대한 보충적 해석의 허용가능성에 대해 논하고자 한다(제4절). 마지막으로 유언의 해석과 관련하여 등장할 수 있는 다양한 사례들과 그에 대한 간단한 해결책을 제시하는 것으로 본서를 마친다(제5절).

제 2 장

意思도그마의 歷史的 展開

제1절 일반론 : 文言에서 意思로
(from verba to voluntas)

로마법은 유언의 해석에 관한 풍부하고 다양한 사례들을 제공해 주고 있다.[1] 그 결과 로마법상 유언의 해석에 관한 로마법학자들의 연구 역시 다채로운 양상을 보여주고 있는데[2], 연구방법과 개소의 선택에 따라 로마법은 일관되게 의사주의적 입장에서 유언을 해석했다거나, 고전기 시대에는 문언에 따른 해석이, 후고전기 시대에는 의사에 따른 해석이 행해졌다거나, 반대로 고전기 시대에는 의사에 따른 해석이, 후고전기 시대에는 문언에 따른 해석이 행해졌다는 식의 서로 상반되는 결론이 내려졌던 것이다. 그러나 로마법상 유언의 해석은 전반적으로 "文言에서 意思로(from verba to voluntas)"[3] 발전해나갔다는 것이 현재 로마법 학계의 주류적 견해이다.[4] 이는 로마법에

---

1) 최병조, 로마법강의, 博英社, 1999, 502면 : "학설휘찬의 50권 중 총 6권이 명시적으로 유증에 관한 부분이며(약 10.36%) 다른 곳에 산재한 관련 개소를 포함하면 이보다 더 많다."

2) Bund, Literatur : Hans Josef Wieling, Testamentauslegung im römischen Recht (Müchener Beiträge zur Papyrusforschung und antiken Rechtsgeschichte 62). Verlag C.H.Beck, München 1972. 286 S., SZ 91(1974), 466 참조.

3) Zimmermann, The Law of Obligations -Roman Foundations of the Civilian Tradition, 1993, p.622.

4) Betti와 Koschaker에 따르면 로마법상 유언의 해석은 언제나 당사자의 의사를 탐구하는데 그 목적이 있었으며, 다만 유형적 해석(typische Auslegung)에서 개별적 해석(individuelle Auslegung)으로 발전해나갔을 뿐이라고 하나, 이러한 견해 역시 엄격한 문언에의 구속으로부터 당사자 의사의 자유로운 고려라는 방향으로 선회하였다는 점에서 그 방향은 유사하다고 볼 것이다. Wubbe, Der Wille des Erblassers bei Iav. D. 32, 100, 1, in Festgabe für Max Kaser zum 80. Geburtstag, 1986, S.371 참조. 유보적으로 이러한 발전방향을 인정하고 있는 견해로 Flume, Allgemeiner

있어서 법률행위 해석론 일반의 발전방향과도 일치하는데, 고로마시대의 엄격한 형식주의 하에서 발달한 법률행위들은 오로지 그 형식의 구비 여부에 따라 효력이 좌우되었으며, 당사자들이 사용한 문언 및 그 문언의 법적 의미에 따라 당해 행위의 효과가 결정된 반면, 후고전기시대 이후에는 그리스철학과 기독교 신학의 영향 하에 표의자의 주관적 의사야말로 법률행위의 본체를 이루는 가장 중요한 요소로 인정받게 되었던 것이다5). 이는 전고전기시대부터 서서히 진행되어 온 형식주의의 붕괴 및 낙성계약의 등장과도 관계가 있다. 이러한 현상으로 말미암아 당사자 간의 합의(consensus)가 법률행위의 성립을 좌우하는 결정적 요소로 작용하게 된 것이다.6)

반면 유언은 요식행위임에도 불구하고 비교적 일찍부터 유언자의 의사를 중시하는 해석이 발전하였는데, 이는 '유언자의 일방적 처분에 의한 무상의 재산출연'이라는 법적 성격에 기인하는 바도 있지만7), 로마법상 유언상속 제도의 발전 배경이나 유언 방식의 변천사(특히 형식주의의 완화 경향)와도 밀접한 관련을 갖고 있다. 따라서 이하에서는 로마의 각 시대별로 나누어 각각 유언의 해석이 어떠한 원칙에 따라 행해졌는지를 고찰하고, 그 해석의 발전방향을 서술함에 있어 필요한 한도 내에서 로마법상 유언의 방식과 내용에 관해서도 아울러 소개함으로서 유언제도의 변천에 따른 유언의 해석 발전과정을 개관해 보고자 한다. 앞에서 간략하게 밝힌 로마법상 유언의 해석에 관한 학설사의 변천과정 자체에도 역시 흥미로운 점이 없지 않으나, 본서에서는 이 주제에 관한 최근의 연구성과, 특히 Wieling의 견해8)를 바탕으로 로

Teil des Bürgerlichen Rechts, zwiter Band. Das Rechtsgeschäft(4.Aufl.), 1992, S.332 참조.

5) 金相容, 法律行爲의 解釋에 관한 比較 考察, 法學硏究(연세대학교) 第11卷 1號 (2001.3.), 96면 참조.

6) Zimmermann, Obligations, p.627.

7) Kaser, Das römische Privatrecht, Erster Abschnitt. Das altrömische, das vorklassische und klassische Recht(이하 Das römische Privatrecht I이라고 약칭한다.), 1971, S.235.

마법상 유언의 해석의 발전방향을 논하는 것으로 범위를 한정하기로 한다. 그럼에 있어 본서는 로마法史를 크게 세 시기, 즉 ① 흔히 古法時代로 분류되는 고로마시대와 공화정 후기시대, ② 古典期라 일컬어지는 원수정시대 및 ③ 後古典期에 해당하는 전주정시대로 나누어 살펴보고, 마지막으로 로마법상 유언의 해석 영역에서 발전한 의사도그마가 현대 민법, 특히 유언법 영역에서 어떠한 위치를 차지하고 있는지를 각 법권별로 비교하여 고찰해 보기로 한다.

---

8) Wieling, Testamentsauslegung im römischen Recht, 1972 참조.

제2절 意思도그마의 胎動
: 고로마 시대와 공화정 후기 시대

I. 古로마시대[1]

1. 고로마시대 유언의 방식과 내용

로마법은 일찍부터 법정상속제도와 더불어 유언에 의한 상속 제도를 발전시켜 왔다. 고로마시대에는 세 가지 유형의 유언이 인정되었는데, 민회유언(testamentum calatis comitiis), 군인의 출정유언(testamentum in procinctu) 및 동형유언(testamentum per aes et libram)이 그것이다.

民會遺言과 군인의 出征遺言은, 자료의 빈약으로 그 자세한 내용을 알 수는 없지만, 사실상 自主權者 入養(adrogatio)과 다르지 않다는 것이 학계의 견해이다.[2] 본래 로마의 법정상속제도에 의하면 家父(pater familias)가 사망한 경우 그 사망으로 말미암아 자주권자(sui iuris)가 될 자유인들[3]이 가내상속인(sui heredes)으로서 家父의 지위를 승계하고, 가내상속인이 없는 경우에는 최근종족(proximus adgnatus)이, 최근종족도 없는 경우에는 씨족(gentiles)

---

1) 로마가 건국된 기원전 753년부터 포에니전쟁에서 승리한 기원전 200년경까지 사이의 왕정시대(기원전 753~510)와 공화정 전기(기원전 510~200)를 아울러 古로마시대라 한다.
2) Kaser, Das römische Privatrecht I, S.105 f. ; Wieacker, Hausgenossenschaft und Erbeinsetzung - Über die Anfänge des römischen Testaments, 1940, S.7 f. 참조.
3) 피상속인의 자녀와 夫權婚에 의한 처(uxor in manu)가 그 대표적인 예이다. 가내상속인이 수인일 경우, 각 가내상속인의 상속분은 나이, 성별 등을 불문하고 모두 균등한 것이 원칙이다. 玄勝鍾/曺圭昌, 로마法, 法文社, 2004, 1103면 이하 참조.

이 이를 상속한다. 가내상속인들이 상속하는 경우에는 자주권자가 된 각 가내상속인이 각자 새로운 가를 이루기는 하지만, 실제로 상속재산이 분할될 때까지는 일응 하나의 상속공동체(consortium)로서 존재하는 반면, 가내상속인이 없는 경우에는 가부의 사망과 동시에 家가 바로 소멸하게 된다. 때문에 가내상속인이 없는 家父로서는 家의 유지·승계를 위하여 생전행위로서 자주권자를 입양하거나 사후행위로서 가내상속인을 지정하게 되는데, 후자를 가능하게 하는 것이 바로 민회유언4)이라는 것이다.5) 이러한 민회유언과 군인의 출정유언은 공화정 전기에 이미 자취를 감추었다.

반면 銅衡遺言6)은 상당히 오랜 기간 동안 존속하였다. 동형유언은 12표법7)에도 이미 등장하고 있는데, 본래 위 방식에 의해 유언할 수 있는 사항은 유증(legatum)에 한정되었다. 그러나 유언사항은 점차 상속인지정에까지 확대되었다. 이는 근본적으로 로마 법정상속제도가 갖는 문제점에 기인하고 있다. 즉, 로마법은 가내상속인 간의 균분상속을 원칙으로 하고 있는데, 이러한 원칙에 따르면 세대가 지남에 따라 점차 가산이 분산되어 재산으로서의 가치를 잃게 된다. 농경사회였던 당시의 시대적 배경 하에서는 묵과할 수 없는 결과를 가져오게 되는 것이다. 따라서 家父는 그러한 위험을 피하기 위해 유언으로 가내상속인들 중 1인을 상속인으로 지정하고 나머지 상속인들의 상속인 지위를 박탈(exheredatio)하되, 다만 유증에 의해 보상해 주는 방식을 선

---

4) 이러한 민회유언은 매년 3월24일과 5월 24일 2회에 한하여 민회에서 승인을 받아야만 그 효력이 인정되었다. 최병조, 로마법강의, 497면.

5) Kaser, Das römische Privatrecht I, S.94 f 참조.

6) 玄勝鍾/曺圭昌은 고로마시대의 동형유언과 그 이후 시대의 동형유언을 구별하여 전자를 가산양도(mancipatio familiae)로, 후자를 동형유언(testamentum per aes et libram)으로 지칭하고 있으나, 본서에서는 이를 모두 통칭하여 동형유언이라고 한다.

7) 12표법 5, 3 ; Uti legasset super pecunia tutelave suae rei, ita ius esto(어떤 자가 자신의 금원과 재물에 관한 후견에 관하여 종의처분한 바가 있으면 그대로 법으로 한다). 이하 12표법의 번역에 관하여는 崔秉祚, 十二表法(對譯), 로마法研究(I) - 法學의 源流를 찾아서-, 서울대학교 출판부, 1995, 6면 이하 참조.

호하게 되었고, 점차 이러한 상속인지정행위가 동형유언의 핵심적 지위를 차지하게 되었다.[8]

동형유언은 掌握行爲(mancipatio) 방식[9]에 의해 행해졌다. 따라서 유언자는 5인의 증인과 衡器 소지자(libripens) 면전에서 자신의 전 재산을 遺産信託買得者(familiae emptor)에게 이전하면서 자신의 사망 후에 위 재산을 누구에게 귀속시킬 것인지에 관한 요식방식어를 표시하여야 했다. 동형유언은 장악행위의 일종이기는 하지만 그 유언의 성립과 동시에 상속재산이 유산신탁매득자에게 이전하는 것은 아니며, 피상속인의 사망 후에야 비로소 이전되고, 유산신탁매득자는 취득한 재산을 유언자가 지정한 상속인에게 이전할 의무를 진다는 점에서 특징이 있다.[10]

2. 古로마시대의 유언의 해석

이러한 동형유언에 있어서는 유언의 해석이 문제될 여지가 없는데, 유언이 요식방식어에 따른 구두의 언명에 의해서만 행해졌다는데 그 이유가 있다.[11] 고로마 시대 당시 유언은 여타의 법률행위와 마찬가지로 엄격한 形式

---

8) 전혜정, 민법상 유언상속에 관한 연구, 家族法硏究 第20卷 3號(2006), 155면 이하 ; Wieacker, S.4 ff. 참조.

9) 장악행위 또는 악취행위(mancipatio)란 로마법에 특유한 소유권이전행위로서 手中物(악취물)의 소유권을 이전할 때에 엄격한 방식을 요구한 데에서 비롯했다. 즉, 시민법상 수중물을 인도하기 위해서는 양수인이 그 물건 또는 (물건이 토지나 가옥인 경우에는) 그 물건의 일부를 손에 쥐고 양도인과 5인의 증인, 1인의 형기소지자 면전에서 "나는 이 노예가 로마시민법상 나의 물건임과 이 銅片과 衡器로써 나에게 매각된 물건임을 언명한다."는 요식방식어를 언명(nuncupatio)하고, 형기소지자로부터 받은 동편으로 형기를 두드린 다음 양도인에게 위 동편을 교부하여야 하였는바, 이러한 일련의 요식행위를 일컬어 장악행위라고 한다. 玄勝鍾/曺圭昌, 로마法, 549면 이하 참조.

10) Kaser, Das römische Privatrecht I, S.106 ff.

11) 玄勝鍾/曺圭昌, 로마法, 429면 ; Wieling, Testamentsauslegung, S.8

主義에 의해 지배되었다. 즉, 법률행위의 효력은 전적으로 법정되어 있는 요식방식어의 언명이 있었는지 여부, 다시 말해 그 형식이 준수되었는지 여부에 따라 결정되었던 것이다.12) 그 결과 유언은 아주 사소한 방식위반만으로도 무효로 귀결되었고, 일단 요식방식어의 언명이 있은 후에는 설령 유언자가 이를 의도하지 않았더라도 그 문언에 따른 효력이 부여되었다.13) 이러한 엄격한 형식주의 태도 하에서는 해석이 아무런 의미를 가질 수 없는데, 본래 법률행위의 해석이란 불완전하고 애매모호한 표시행위가 가지는 의미를 탐구하여 당사자가 그 법률행위(의사표시)에 의해 추구하고자 했던 법률효과가 무엇인지를 확정하는 것을 그 최종적 목적으로 하기 때문이다.

II. 共和政後期 시대(前古典期 시대)14)

1. 공화정후기 시대의 유언의 방식과 내용

공화정후기 시대에 들어오면서 동형유언은 시민법상 유언의 원칙적 방식으로 자리잡게 되었다. 그러나 이 시대의 동형유언은 그 내용과 방식에 있어서 고로마시대의 동형유언과 차이가 있다. 먼저 내용에 있어서는 相續人指定이 동형유언의 "머리이자 기초(caput et fundamentum)"15)가 되었다는데 가장 큰 특징이 있다. 유언사항이 유증 및 노예해방으로부터 상속인지정으로까

---

12) 12표법 6, 1 ; cum nexum faciet mancipiumque, uti lingua nuncupassit, ita ius esto (어떤 자가 구속행위[동형식소비대차]와 악취행위[동형식매매]를 하는 경우에는, 구술로 언명한 바가 있으면 그것을 법으로 한다).

13) Kaser, Das römische Privatrecht I, S.39.

14) 로마가 포에니 전쟁에서 승리한 기원전 200년경부터 Augustus가 원수정을 수립한 기원전 27년경까지를 말한다.

15) 최병조, 로마법강의, 498면. ; 崔秉祚, 로마法上의 債權的 遺贈의 效力과 카토(Cato)의 法原則, 로마法·民法 論考, 博英社, 1999, 202면 참조.

지 확대되고, 그에 수반하여 유언에 의한 상속인배제와 후견인지정까지 가능
해진 것은 고로마시대부터의 일이었지만, 공화정후기 시대에 이르러서는 상
속인지정이 포함되지 않은 유언은 더 이상 유언으로서의 효력을 인정받지
못하는데까지 이르게 되었다. 모든 유언은 상속인지정 처분을 포함하고 있어
야 하며, 그것도 유언의 冒頭에 나와야만 했다. 상속인지정 없이 유증이나
후견인지정만을 하고 있는 유언은 효력이 없으며, 상속인지정이 있더라도 그
지정문구보다 앞에 나와 있는 기타 처분은 유언의 내용을 이루지 못하는 것
으로 간주되었다. 더 나아가 상속인지정은 "heres esto" 또는 "heredem esse
iubeo"라는 문구가 사용된 경우에만 그 효력을 인정받을 수 있었다.16)

한편 동형유언의 방식은 점차 완화되는 경향을 보였다. 상속인지정이 유
언의 핵심적 내용으로 부상하고, 점차 자아인식과 개인주의가 발달함에 따라
피상속인이 자신의 유산을 자유롭게 처분할 수 있도록 하는 것, 즉 유언자의
의사를 실현시키는 것이 가장 큰 과제로 떠오르게 되었기 때문이다.17) 그에
따라 (고로마시대와 같이 구두의 언명에 의한 동형유언을 하는 것도 여전히
가능하였지만) 새로운 방식의 동형유언이 등장하게 되었다. 이 방식에 의하
면 피상속인이 자신의 유언을 서면으로 작성한 다음, 그 서면을 손에 들고
5인의 증인과 衡器 소지자 앞에서 유산신탁매득자와 다음과 같은 요식방식
어에 따른 언명(nuncupatio)을 주고받는다.

유산신탁매득자 : "FAMILIAM PECUNIAMQUE TUAM ENDO MANDATELA
TUA CUSTODELAQUE MEA ESSE AIO, EAQUE, QUO TU IURE
TESTAMENTUM FACERE POSSIS SECUNDUM LEGEM PUBLICAM, HOC
AERE AENEAQUE LIBRA ESTO MIHI EMPTA (너의 家産과 금전이 너의 처분
과 나의 관리 하에 나의 소유임을 선언하며, 이것은 네가 적법하게 국법에 따른
유언을 할 수 있도록 하기 위하여 이 銅과 銅衡에 의하여 나에게 매수될지어다)"
; 피상속인: "haec ita ut in his tabulis cerisque scripta sunt, ita do ita lego ita

---

16) Kaser, Das römische Privatrecht I, S.686 ff.
17) Kaser, Das römische Privatrecht I, S.668 ff.

testor, itaque vos Quirites testimonium mihi perhibetote(이 밀납판에 씌어진 것처럼 그와 같이 나는 부여하고, 유증하고, 증인으로 부르니, 너희 시민들은 나에게 그에 대한 증인이 될지어다.)"

그리고 난 후 5인의 증인과 형기소지자, 가산양수인이 그 끈으로 묶인 유언서 위에 각각 기명·날인하여야 했다(7人의 封印). 이와 같은 방식의 유언을 함으로서 유언자는 유언의 존재를 확보함과 동시에 그 내용의 비밀을 유지할 수 있었다.18)

2. 공화정후기 시대의 유언의 해석

(1) 일반론 : 사안별 해결방식

동형유언의 방식이 점차 완화되면서 서면에 의한 동형유언이 통상적인 유언방법이 되자, 비로소 유언의 해석작용은 중요한 의미를 가지게 되었다.19) 고로마 시대에는 오로지 요식문언의 준수 여부만이 당해 의사표시의 효력을 좌우한 반면, 공화정 후기 시대에 이르러서는 다양한 방법에 의한 유언의 해석이 행해졌다. 19세기에는 이 시대 유언의 해석을 지배하고 있는 원리가 意思主義20)인가 혹은 表示主義21)인가를 둘러싼 논쟁이 존재하였으나, 로마의 법률가들은 의사주의 또는 표시주의 일방에 경도되지 아니하고 개별사안에 따라 가장 적절한 결론을 도출해낼 수 있는 해석방법을 선택하였다는 것이 현재 로마법 학계의 주된 견해이다.22) 물론 법적 명확성에의 요청과 유언의

---

18) Kaser, Das römische Privatrecht I, S.679 f. ; 최병조, 로마법강의, 497면.
19) 船田亨二, ㅁ-ㅈ法 第2卷, 1972, 250면. ; Wieling, Testamentsauslegung, S.8
20) 의사주의적 입장을 취하고 있는 학자로 Stroux, Riccobono, Gandolfi 등.
21) 표시주의적 입장을 취하고 있는 학자로 Gradenwitz, Beseler, Betti, Koschaker 등.
22) Wieling, Testamentsauslegung, S.56 ff. ; Kaser, Das römische Privatrecht I, S.239
   f. ; Zimmermann, Obligations, p.627 등 참조.

위조에 대한 염려[23]로 인해 여전히 유언의 "文言"은 해석의 기초로서 견고
한 지위를 유지하였다. "문언상 불명확한 것이 없을 때에는 의사는 탐구되어
서는 안 된다(cum in verbis nulla ambiguitas est, non debet admitti voluntatis
quaestio)."[24]는 명제는 고전기 시대까지도 유언의 해석에 있어 출발점이 되
었던 것이다.[25]

그럼에도 불구하고 유언의 객관적 의미가 명백하지 않을 때에는 해석이
개입하지 않을 수 없었는데, 그리스 철학으로부터 유래한 개념정의나 문법,
논리 등의 도구[26]를 이용한 해석이 1차적으로 이용되었다. 그러나 이러한 방
식의 해석은 일정한 한계를 가질 수밖에 없었다. 따라서 로마의 법률가들은
이에서 한 발 더 나아가 그 시대의 도덕적, 경제적 및 사회적 관점과 필요를
반영한 解釋原則들[27]을 발전시키는 한편, 그리스 수사학의 영향을 받아 遺
言者의 意思 역시 해석의 한 기준으로 수용하였다.[28] 로마의 법률가들에게
있어서 각각의 해석기준(문언 또는 의사) 내지 원칙들은 서로 동등한 가치를
갖는 것이었으며, 개별 사안에 따라 각기 다른 기준이 적용되었다.

(2) 유언의 해석원칙들

이 시대에 로마의 법률가들이 발전시킨 유언의 해석원칙 중 대표적인 것
으로 "相續人 優待의 原則(favor heredis)"이 있다. 상속인 우대의 원칙이란
상속인의 의무에 관해 의심이 있을 때에는 상속인이 더 적은 의무를 부담하
는 쪽으로 해석해야 한다는 원칙을 말한다. 이는 상속인지정이 "유언의 머리
이자 기초"가 된 역사적 배경으로부터 도출된 것이다. 즉, 위에서 살펴본 바

23) Lange/Kuchinke, S.771.
24) Paulus D 32, 25, 1.
25) Kipp/Coing, Erbrecht(14.Bearbeitung), 1989, S.137. ; Werner, S.273.
26) Wieling, Testamentsauslegung, S.56 ff.
27) Kaser, Das römische Privatrecht I, S.240.
28) Wieling, Testamentsauslegung, S.59 f.

와 같이 유언은 가산 분산의 방지를 목적으로 상속인지정을 허용하고 있는
바, 상속재산이 최대한 유언상속인에게 집중될 수 있도록 함으로서 상속인을
보호하는 것이야말로 유언의 해석에 있어 가장 기본적인 원칙이 된다는 것
이다. "한 번 상속인은 영원한 상속인"(semel heres semper heres) "이라거나
遺言相續과 法定相續은 병존할 수 없다"(nemo pro parte testatus, pro parte
intestatus decedere potest)는 등의 법언도 이러한 해석원칙이 반영된 것이라
고 볼 수 있다. 위 법언에 따르면 재산의 일부에 관해서만 상속인지정의 유
언이 행해진 경우라도 나머지 재산에 대해 법정상속이 개시되지 아니하고,
상속인으로 지정된 자가 이를 전부 상속하게 되기 때문이다(Inst.2.14.5.).

상속인 우대의 원칙에 따른 해석이 행해지고 있는 대표적인 개소로
Iavolenus D 33, 6, 7 pr.[29]을 들 수 있다. 동 사안에서 피상속인은 채권적 유
증에 의해 상속인으로 하여금 그의 妻에게 포도주, 기름, 곡식, 식초, 꿀과
절인 생선을 줄 의무를 부담시켰는데, 이 때 상속재산에 포함되어 있는 위
각 물건의 전량을 妻에게 귀속시키고자 한 것이 유언자의 의사였음은 명백
하다. 당시 로마에서는 남편이 부인에게 식량창고 전체를 유증하는 것이 통
상의 관습이었기 때문이다. 그러나 Trebatius는 상속인 우대의 원칙에 따라
이를 수량을 지정하지 않은 유증으로 해석하였다. 즉, 상속인은 유언자의 처

---

29) Iavolenus D 33, 6, 7 pr. : Quidam heredem damnaverat dare uxori suae vinum oleum
frumentum acetum mella salsamenta. Trebatius aiebat ex singulis rebus non amplius
deberi, quam quantum heres mulieri dare voluisset, quoniam non adiectum esset,
quantum ex quaque re daretur. Ofilius Cascellius Tubero omne, quantum pater
familias reliquisset, legatum putant : Labeo id probat idque verum est(어떤 사람이
채권적 유증에 의해 그의 처에게 포도주, 기름, 곡식, 식초, 꿀과 절인 생선을 줄
의무를 상속인에게 부담시켰다. Trebatius는 말하기를 상속인은 그녀에게 각 품목
을 자신이 원하는 만큼 주는 것으로 족하다고 하였다. Ofilius와 Cascellius, Tubero
는 家父가 남긴 모든 것이 유증된다고 생각하였다. Labeo는 올바르게도 이를 승인
하고 있다). 학설휘찬의 개소 번역에 관해서는 Mommsen/Krueger/Watson(ed.), The
Digest of Justinian, 1985 참조.

에게 포도주와 기름 등의 전량을 인도할 의무가 없으며, 자신이 원하는 만큼 주는 것으로 족하다는 것이다. 이러한 견해는 상속인 우대의 원칙에 따른 것이라고 볼 수 있다. 반면 Ofilius는 家父가 남긴 물품 전량이 처에게 유증된 것이라고 해석하였는데, 이는 이하에서 살펴보는 처 우대의 원칙에 따른 것으로 볼 수 있다.

당시 로마에서 널리 적용되던 "妻 優待의 原則(favor uxoris)"은 법정상속 및 유언상속에 있어서 처를 차별하였던 당시의 시대적 상황이 반영된 것이다. 그 시대의 로마법에 따르면 夫權婚30)에 의하지 않은 妻는 夫의 법정상속인이 될 수 없었을 뿐만 아니라, 제1호구등급의 시민31)은 유언에 의해 처를 상속인으로 지정하는 것도 금지되었었다(Lex Voconia, BC 169 ; Gai 2, 274). 그러나 당시의 관습에 따르면 오히려 夫가 처의 부양을 위해 상당한 재산을 신탁하는 경우가 일반적이었다. 그 결과 많은 피상속인들이 처에게 유리한 처분을 하면서도 그러한 사실을 은폐하고자 하였는데, 이를 반영하여 의심이 있을 때에는 처에게 이로운 쪽으로 해석하는 처 우대의 원칙이 발전하였던 것이다.32) 동 원칙이 적용되는 한에서는 상속인 우대의 원칙도 배제되었다고 한다.33)

그 밖에 遺贈과 관련하여서는 "합리적 이해에 따른 해석"이 발전하였다.

---

30) 夫權婚(또는 手權婚이라고도 한다.)이란 妻가 혼인에 의해 夫의 지배권(手權, manus) 하에 복속하여 딸과 같은 지위에 들어가는 종류의 혼인을 말한다. 반면 부권혼에 의하지 않은 혼인인 경우 妻는 여전히 그의 父의 지배권에 복속한다. 자세한 내용에 대해서는 최병조, 로마법강의, 302면 이하 참조.

31) 공화정 후기 시대 로마 시민은 소유재산액에 따라 5계급으로 나누어져 각각 납세와 병역의 기초가 되는 켄투리아를 구성하였는데, 제1호구등급이란 이 중 부동산과 동산의 보유총액이 100,000 AS 이상인 자들로 이루어진 계급을 말한다. Kaser, Römische Rechtsgeschichte, 1993, S.49 ff. ; 玄勝鍾/曺圭昌, 로마法, 75면 이하 참조.

32) Welter, Auslegung und Form testamentarischer Verfügungen, Die Verwirklichung des Erblasserwillens, 1985, S.73.

33) Wieling, Testamentsauslegung, S.28 ff.

이는 유증의 목적물의 범위에 관한 해석이 문제되는 사안에서 특히 적용되는 것인데, 가령 유언자가 그의 사망 당시 집에 있는 물건 전체를 유증한다는 취지의 유언을 한 경우, 이는 합리적 관점에 따라 통상적으로 집에 있는 물건들을 유증한다는 것으로 해석하여야 하며, 유언자의 사망 시에 우연히 그 장소에 있게 된 물건까지 유증하는 것으로 해석되어서는 안 된다는 것이다.34) 이러한 합리적 이해에 따른 해석은 훗날 유언자의 의사가 점차 중시됨에 따라 유언자의 가정적의사탐구의 한 내용으로 흡수되었다.35)

(3) 쿠리우스 訟事(causa Curiana)
: 해석요소로서 '유언자의 의사'의 등장

공화정 후기 시대에 유언의 해석과 관련하여 가장 주목할 만한 발전은 무엇보다도 遺言者의 意思(voluntas)가 해석에 있어서 고려해야 할 관점 중 하나로 등장했다는데 있다. 유언자의 의사에 따른 해석이 행해진 첫 번째 사안이 바로 그 유명한 쿠리우스 송사(causa Curiana)36)이다. 한 家父가 아직 태어나지 않은 아들을 상속인으로 지정하면서 만약 그 아들이 성년에 달하기 전에 사망한다면, Curius가 상속인이 된다고 유언하였는데, 유언자가 사망한 후 아들이 아예 출생하지 않은 것이 위 사건의 발단이 되었다.

위 사건에서 유언자는 소위 "미성숙인 子를 위한 補充相續人 指定"을 하고 있다. 보충상속인지정(substitutio)이란 유언에 의해 상속인으로 지정된 자가 피상속인보다 먼저 사망하거나 상속을 포기하는 등의 사정으로 상속인이

---

34) 전게서, S.29 ff.
35) 전게서, S.67 ff.
36) 쿠리우스 송사의 자세한 사실관계와 각 소송대리인의 변론 내용, 당시의 정치적 배경 등에 관해서는 Manthe, Ein Sieg der Rhetorik über die Jurisprudenz, in : Große Prozesse der römischen Antike(hrsg. von Ulrich Manthe und Jürgen von Ungern-Sternberg), 1997, S.74 ff. ; Liebs, Vor den Richtern Roms - Berühmte Prozesse der Antike, 2007, S.45 ff. 참조.

되지 못할 경우에 대비하여 유언자가 미리 보충상속인을 지정해 놓는 제도를 말한다(통상의 보충상속 또는 단순 보충상속인 지정 substitutio vulgaris).[37) 피상속인은 "Lucius Titius heres esto, si mihi Lucius Titus heres non erit, Maevius heres esto.(루시우스 티티우스가 상속인이 된다. 만약 루시우스 티티우스가 나를 상속할 수 없을 때에는 마이비우스가 상속인이 된다.)"와 같은 문구를 사용함으로써 유효한 보충상속인 지정을 할 수 있었다. 그런데 상속인으로 지정된 자가 미성숙자인 경우에는 통상의 보충상속에 관한 규율에 일종의 흠결이 발생한다. 피상속인 사망 당시에는 미성숙자가 존재하고 있었으나, 그가 성숙기에 달하기 전에 사망한 경우가 그러하다. 이 때 미성숙자는 일단 피상속인의 상속인으로서의 지위를 취득하나[38), 아직 성숙기에 달하기 전에는 유언능력을 갖지 못하기 때문에, 미성숙자가 승계한 상속재산은 그의 사망시 법정상속의 법리에 따라 분할승계될 수밖에 없다. 이 때 통상의 보충상속은 개시될 수 없는데, 미성숙자는 이미 피상속인을 상속했으므로, 보충상속 문언 상의 "si heres non erit(상속할 수 없는 경우)"에 해당하지 않기 때문이다. 이러한 결과는 상속인 지정에 의해 가산의 분산을 방지하고자 했던 유언자의 최종적 의사에 배치되는 것이다.

따라서 이러한 부당한 결과를 방지하고자 "미성숙인 자를 위한 보충상속

---

37) 이는 일종의 정지조건부 상속인지정으로서, 법률에 의해 발생하는 것이 아니라 피상속인의 유언에 의해 비로소 성립한다는 점에서 우리 민법상 대습상속과 그 법적 성질을 달리한다. Kaser, Das römische Privatrecht I, S.688 ff. ; Wieling, Testamentsauslegung, S.9. ; 玄勝鍾/曺圭昌, 로마法, 1058면 이하 참조.

38) 본래 미성숙자는 성년이 될 때까지 상속인이 될 수 없다는 것이 고래 로마법의 태도였다. 이러한 태도에 따르면, 미성숙자가 피상속인 사망 후 성년이 되기 전에 사망하더라도 통상의 보충상속인 지정에서 말하는 '상속인이 되지 못하는 경우(si heres non erit)'에 해당하므로 통상의 보충상속인 지정 제도에 의해 당해 사안을 규율할 수 있다고 본다. 그러나 시간이 흐름에 따라 점차 미성숙자도 상속인이 될 수 있다는 견해가 주를 이루게 되었으며, 이에 따라 위와 같은 문제가 발생하게 된 것이다. Wieling, Testamentsauslegung, S.9 ff.

인 지정(substitutio pupillaris)” 제도가 발전하였는바,39) 피상속인은 “그가 성숙에 달하기 전에 사망하면(si ante moritur quam in suam tutelam veniret)”이라는 문언을 사용함으로서 미성숙자가 유언자의 사망 후 그러나 자신이 성숙기에 달하기 전에 사망하는 경우 보충상속이 개시되도록 유언할 수 있었다. 그러나 이러한 미성숙인 자를 위한 보충상속인 지정으로도 법정상속의 개시를 막을 수 없는 예외적인 경우가 있었는데, 상속인으로 지정된 자가 아예 출생하지 않은 경우가 그것이다. 미성숙자인 자를 위한 보충상속인 지정은 일단 미성숙자가 상속인이 된 후 사망하는 것을 전제로 하고 있으므로, 상속인으로 지정된 자가 아예 출생하지 않은 경우에는 보충상속이 적용될 수 없기 때문이다.40)

바로 그 예외적인 경우가 쿠리우스 송사에서 문제되었다. 당해 사건을 어떻게 해결할 것인가를 둘러싸고 문언(verba)을 중시해야 한다는 Scaevola의 견해와 유언자의 의사(voluntas)를 중시해야 한다는 Crassus의 견해가 정면으로 충돌하였다. 즉, Scaevola는 유언자의 법정상속인 Coponius를 위하여 변론하면서 위 유언에서는 미성숙인 자를 위한 보충상속인 지정 문언만이 사용되었으므로 그 문언에 충실하게 해석하여야 한다고 주장한 반면, Curius의 변호인이었던 Crassus는 표시된 바가 아니라 피상속인이 의도한 바에 따라 효

---

39) 서을오, 로마법상 유언해석에 있어서의 의사(voluntas)와 문언(verba)의 대립, 이화여자대학교 법학논집 제10권 1호(2005.9.), 191면 ; Zimmermann, Obligations, pp.628 참조.

40) 로마인들은 이런 경우에 대비하여 태아를 상속인으로 지정하면서 보충상속을 할 때에는 통상의 보충상속인 지정 문언과 미성숙인 자를 위한 보충상속인 지정 문언을 병기하였다. 따라서 태아가 아예 태어나지 않은 경우에는 통상의 보충상속인 지정 문언(si heres non erit)이, 태아가 일단 출생하였으나 피상속인 사망 전 또는 사망 후에 성년자가 되기 전에 사망한 경우에는 미성숙인 자를 위한 보충상속인 문언(si ante moritur quam in suam tutelam veniret)이 적용되어 보충상속인이 상속을 받게 된다. 그런데 본 사건에서는 피상속인이 두 문언을 병기하지 아니하고 미성숙인 자를 위한 보충상속인 지정 문언만을 사용하여 문제가 발생하게 된 것이다. Wieling, Testamentsauslegung, S.10 참조.

과를 부여해야 한다고 주장하였다. Scaevola의 견해에 따르면 Curius는 아들이 일단 태어났으나 아직 성숙기가 되기 전에 사망한 경우, 즉 미성숙인 자를 위한 보충상속인 지정의 전형적인 경우에만 유언자를 상속할 수 있을 뿐, 아들이 아예 태어나지 않은 경우에는 보충상속할 수 없게 된다. 따라서 법정상속인이 이를 상속하게 될 것이다. 그에 반해 Crassus는 아들이 아예 태어나지 않은 경우에도 보충상속이 개시된다고 보았다. 아들의 출생 여부와 무관하게 어쨌거나 아들이 상속을 받지 못하게 되는 경우에는 Curius에게 상속시키는 것이 피상속인의 진정한 의사에 부합하기 때문이다.[41]

이와 같이 문언과 의사가 정면으로 충돌했던 최초의 사안에서 백인심판소(centumviri)[42]는 Curius가 상속을 받아야 한다고 판단하였다. 유언자의 意思를 문언보다 앞세운 것이다. 물론 이는 로마 법률가에 의한 판단이 아니었기 때문에 이를 가지고 의사주의의 승리라고까지 말하기는 어려울 것이다. 백인재판소는 수사학에 기반을 둔 Crassus의 감정적 호소에 손을 들어 주었을 뿐이다.[43] 실제로 다른 사안들에서는 여전히 문언에 따른 해석이 행해지고 있었는데, Crassus 자신도 다른 소송에서는 문언에 따른 해석을 주장한 바 있으며, 유언자의 의사보다 문언이 우선적으로 고려되었던 사례들도 오랜 기간 동안 반복하여 등장하였다. 쿠리우스 송사에서 Crassus가 주장하였던 유언자의 의사에 따른 해석은 위 송사가 있은 후 약 250년이 경과한 후에야 비로소, 그것도 마르쿠스 아우렐리우스 황제 덕분에 공인될 수 있었고(Modestin

---

41) Zimmermann, Obligations, pp.629 참조.
42) 百人審判所란 공화정 후기 시대 창설된 상설재판기관으로서 민회에서 선출된 임기 1년의 심판인 100인으로 구성된 기관이다. 100인의 심판인이 총회로서 재판을 담당한 것은 아니며, 다수(통상 4개)의 부로 나뉘어 재판을 하였는데, 개개의 부의 구성과 사무분담에 관해서는 정확히 알려진 바가 없으나, 적어도 백인심판소가 시민법상의 상속사건에 관하여 전속관할권을 행사하였음은 분명하다. 玄勝鍾/曺圭昌, 로마法, 236면. ; 최병조, 로마法學에 있어서의 哲學的 論議, 로마法研究(I)-法學의 源流를 찾아서-, 서울대학교 출판부, 1995, 204면, 주 22) 참조.
43) Manthe, S.81.

D.28.6.4. pr), 그로부터 다시 약 300년이 경과한 후에야 유스티니아누스 황
제에 의해 그 다툼에 종지부를 찍게 되었다(Iustinianus C 3.33.13.3. A.D.
530).[44] 그러나 쿠리우스 송사는 장차 로마법상 유언의 해석을 지배할 의사
도그마의 시발점이 되었다는 점에서, 또한 엄격한 문언에의 집착으로부터 벗
어나 유언자의 의사를 고려하는 유연한 해석으로의 전환점이 되었다는 점에
서 여전히 중요한 의미를 갖는다고 할 것이다.[45]

---

44) Liebs, S.51 f. 참조.
45) Zimmermann, Obligations, p.631 참조.

제3절 意思도그마의 發展 : 원수정 시대[1]

I. 원수정 시대 유언의 방식과 내용

흔히 고전기라 일컬어지는 원수정 시대에는 유언의 엄격한 요식성이 한층 완화되었다. 먼저 銅衡遺言에 있어서는 "heres esto" 또는 "heredem esse iubeo"만으로 한정되었던 상속인지정 문구가 고전기 후기 시대에 이르러서는 더 이상 필수불가결한 것으로 여겨지지 않게 되어 가령 "Titius hereditatis meae dominus esto(Titius가 내 상속재산의 소유자가 되게 한다.)"[2]라는 문언 만으로도 유효한 상속인지정행위로 인정되었다. 또한 본래는 새로운 유언에 의하지 아니하고는 기존의 유언을 철회할 수 없었음에 비하여 고전기 시대 를 거치면서 점차 무방식의 행위(가령 유언증서의 파훼나 유언과 모순·저촉 되는 생전행위 등)에 의한 遺言의 撤回도 인정되기에 이르렀다.[3] 더 나아가 이 시대에는 동형유언 외에 軍人遺言(testamentum militis) 방식에 의한 유언 이 제도적으로 확립되었는바, 모든 현역군인은 방식에 구애받지 아니하고 서 면 또는 구두에 의한 자유로운 의사표시로써 유언할 수 있었을 뿐만 아니라, 유언의 내용에 있어서도 로마법상의 규율로부터 상당부분 자유로웠다는 점 에서 기존의 유언과 큰 차이가 있다.[4]

원수정 시대의 유언의 요식성 완화 경향은 비단 유언행위 그 자체에서만 나타나고 있는 것은 아니다. 이는 유언과 밀접한 관련을 맺고 있는 제반 제

---

1) Augustus가 원수정을 수립한 기원전 27년부터 Diocletianus가 즉위할 때까지인 기 원후 284년경까지 약 300년간의 시대를 원수정시대 또는 고전기라고 한다.
2) Marcianus D 28, 5, 49 pr.
3) Wieling, Testamentsauslegung, S.197 f. 참조.
4) 군인유언에 관해 자세히는 玄勝鍾/曺圭昌, 로마法, 1045면 이하 참조.

도에서도 두드러지는데, 공화정후기 시대부터 발전된 법무관법(ius praetorium) 상의 遺産占有(bonorum possessio) 제도가 그 대표적인 예이다. 즉, 유언에 의해 상속인으로 지정된 자는 법무관고시에 따라 일단 유산점유자로서의 지위를 가지게 되었으며, 이를 다투는 법정상속인은 그 유언이 시민법상의 동형유언 방식에 반함을 입증하여야만 했던 것이다. 그 결과 유언상속인은 법정상속인보다 우선적으로 보호받을 수 있게 되었다.5) Antoninus Pius 때에는 그러한 경향이 더욱 강화되어 심지어 유언상속인에게 악의의 항변(exceptio doli)을 인정하는 칙법이 제정되었는데, 이에 따르면 법정상속인이 유언상속인을 상대로 상속회복청구의 소를 제기하더라도 유언상속인은 악의의 항변을 함으로서 그 청구를 배척하고 유산점유를 보존할 수 있었다(Gai 2, 120). 그 결과 형식의 흠결은 바로 유언의 무효로 귀결된다는 古來의 법원칙이 퇴색되었고, 유언자의 의사가 방식에 대하여 우위를 점하게 되었다. 고전기 후기 시대에는 이와 같이 유언에 7인의 봉인만 있으면 일응 유효하며, 더 이상 장악행위 방식에 따른 요식의 언명을 요구하지 않는 유형의 유언을 일컬어 "법무관법에 따라 작성된 유언(testamentum iure praetorio factum)"이라 부르게 되었다.6)

또한 Augustus가 발전시킨 遺産處分文記(codicillus)도 방식보다 유언자의 의사를 중시하고자 했던 이 시대의 경향을 반영하고 있다고 볼 수 있다.7) 유산처분문기란 무방식의 서면에 의해 유산을 처분하는 사인행위를 일컫는 것으로서 본래 엄격한 요식행위를 요구하였던 유언과 정면으로 배치되는 것이다. 그러나 Augustus는 Lentulus가 유산처분문기에 의해 그에게 부여하였던 의무를 스스로 이행함으로서 위 증서의 법적 효력을 인정하였다.8) 다만 유

---

5) 전게서, 1044면. 유산점유 제도에 관하여 더 자세히는 Kaser, Das römische Privatrecht I, S.675 ff. 참조.

6) 玄勝鍾/曺圭昌, 로마法, 1044면 ; Kaser, Das römische Privatrecht I, S.680.

7) Wieling, Testamentsauslegung, S.69.

8) Inst. 2, 25. pr. : Ante Augusti tempora constat ius codicillorum non fuisse, sed primus

산처분문기가 효력을 갖기 위해서는 유언에 의해 확인됨으로서 그 유언의
구성부분이 되어야 하고, 위 문기에 의해 상속인지정 및 상속인배제의 처분
을 하는 것은 허용되지 아니하였다.9) 이와 아울러 信託遺贈(fideicommissum)

Lucius Lentulus, ex cuius persona etiam fideicommissa coeperunt, codicillos introduxit.
nam cum decederet in Africa, scripsit codicillos testamento confirmatos, quibus ab
Augusto petit per fideicommissum, ut faceret aliquid : et cum divus Augustus
voluntatem eius implesset, deinceps reliqui auctoritatem euis secuti fideicommissa
praestabant et filia Lentuli legata, quae iure non debebat, solvit. dicitur Augustus
convocasse prudentes, inter quos Trebatium quoque, cuius tunc auctoritas maxima
erat, et quaesisse, an possit hoc recipi nec absonans a iuris ratione codicillorum usus
esset : et Trebatium suasisse Augusto, quod diceret utilissimum et necessarium hoc
civibus esse propter magnas et longas peregrinationes, quae apud veteres fuissent, ubi,
si quis testamentum facere non posset, tamen codicillos posset. post quae tempora
cum et Labeo codicillos fecisset, iam nemini dubium erat, quin codicilli iure optimo
admitterentur(Augustus 이전 시대에는 유산처분문기라는 법제도가 존재하지 않았
음이 분명하며, 신탁유증에 대해서도 전기를 마련하였던 Lucius Lentulus가 처음으
로 유산처분문기를 도입하였다. 그가 아프리카에서 임종을 맞이하였을 때 유산처
분문기를 작성하였는데, 이는 미리 유언에서 확인해 놓았던 것으로서, 그 문기에서
그는 Augustus에게 신탁유증에 의해 무언인가를 해 줄 것을 요청하였었기 때문이
다. Augustus가 그의 의사를 실현시켜 주었기 때문에, 다른 사람들도 그에 따라 신
탁유증을 행하였으며, 그의 딸도 법적 의무가 없었던 유증을 이행하였다. 그 후
Augustus는 당시 큰 권위를 갖고 있었던 Trebatius를 포함하여 여러 법학자들을 불
러 이를 승인할 수 있는지 여부, 그리고 유산처분문기의 사용이 법원칙에 위배되지
않는지에 대해 물었다. 이에 Trebatius는 Augustus에게 조언하기를, 멀리 그리고 장
기간의 여행을 떠난 시민에게는, 그런 일은 이미 오래 전부터 흔히 있는 일인데,
유언을 작성할 수 없을 경우 유산처분문기라도 작성할 수 있도록 해주는 것이 매
우 유용하고 또한 필요할 것이라고 지적하였다. 후에 Labeo 역시 유산처분문기를
작성한 다음에는 더 이상 아무도 유산처분문기가 법적으로 완전히 허용된다는 점
에 대해 의심하지 않았다). 법학제요의 번역에 관해서는 Behrends/Knütel/Kupisch/
Seiler(hrsg.), Corpus Iuris Civilus, Text und Übersetzung I, Institutionen(2.Aufl.),
1996 참조.
9) 유산처분문기에 관해 더 자세히는 玄勝鍾/曺圭昌, 로마法, 1091면 이하 ; Kaser,
Das römische Privatrecht I, S.693 f. 참조.

제도10) 역시 법적 승인을 얻게 되었는데, 본래 신탁유증은 아무런 법적 의무를 발생시키지 않는 행위였으나, Augustus가 이를 법적으로 강제한 이래 점차 신탁유증에 근거한 소를 제기하는 것도 가능해진 것이다. 신탁유증은 별다른 방식을 필요로 하지 않는다는 점에서 엄격한 유언방식에 의해야 하는 본래의 유증과 그 성격을 달리한다. 따라서 피상속인은 유언 또는 유산처분증서에 의하는 등의 방법에 의해 자유롭게 제3자로 하여금 자신의 사후에 그가 지정한 자(주로 유증의 방식에 의할 경우에는 수유자가 될 수 없는 자)에게 일정한 급부를 이행할 것을 의무지울 수 있게 되었다.11) 이와 같이 유산처분문기와 신탁유증 제도는 종국적으로 엄격한 방식을 요하는 유언에 의하지 아니한 상속재산의 처분을 가능케 함으로서 방식주의의 완화 및 유언자의 의사실현에 기여하였다.

II. 원수정 시대의 유언의 해석

1. 일반론 : 해석요소로서 '유언자의 의사'의 대두

유산처분문기나 신탁유증 제도의 도입에 의해 방식주의가 완화되고, 유언상속인에게 유산점유가 인정됨에 따라 유언을 둘러싼 법정상속인과 유언상속인 간의 분쟁의 수도 점차 증가하게 되었다. 더 이상 방식의 준수 여부만으로는 당해 유언의 효력을 좌우할 수 없게 되었기 때문이다. 그와 더불어 유언의 해석에 관한 사례들도 더욱 풍부해졌는데, 고전기 법률가들은 공화정 후기의 법률가들과 마찬가지로 개별 사안에 따라 유언의 문언, 유언자의 의

---

10) 로마법상 신탁유증 제도의 형성과정과 구체적 법리 및 효과에 관하여 자세히는 이철우, 西洋의 世襲家産制에 관한 研究 -독일의 Familienfideikommiss를 중심으로-, 서울대학교(박사학위논문), 2007, 12면 이하 참조.

11) Kaser, Das römische Privatrecht I, S.757 ff. 참조.

사 기타 해석원칙들을 다양하게 고려하여 타당한 결론을 내리기 위해 노력
하였다.12) 그럼에도 불구하고 遺言者의 意思가 점차 중요한 해석기준으로
자리잡게 되었다는 점은 부인할 수 없을 것이다.13) 특히 무방식행위인 信託
遺贈이나 軍人遺言의 경우에는 유언자의 의사를 최대한 고려하려는 경향이
두드러졌으며14), Proculus는 유언자의 의사가 흠결된 유증이나 상속인지정은
아무런 효력을 갖지 못한다고 보았다.15) 심지어 유언자가 의도했던 바와 다
르게 유언한 경우, 유언으로 인해 의무를 부담하는 자는 그 권리자(주로 수
유자)에게 악의의 항변으로 대항할 수도 있었으며, 유언 성립 후 유언자의

---

12) Wieling, Testamentsauslegung, S.71.

13) Kaser, Das römische Privatrecht I, S.240. ; Wieling, Testamentsauslegung, S.97. 특
히 고전기 후기 시대 유언자의 의사에 따라 유언을 해석한 풍부한 사례에 대해서
는 전게서, S.177 ff. 참조.

14) 신탁유증의 해석에 있어서 유언자의 의사의 중요성에 관해서는 Wieling,
Testamentsauslegung, S.89 ff. u. 139 ff. ; 이철우, 54면 이하 참조. 특히 Paulus D
40, 5, 39 pr. : Paulus respondit, etsi alienus inveniatur servus, quem ut suum testator
ab uno ex heredibus voluerit manumitti, tamen cogendum eum, qui rogatus est,
redimere eum et manumittere, quoniam non putavit similem esse causam libertatis
et fideicommissi pecuniarii.(유언자가 착오로 자기 소유가 아닌 노예를 신탁유증에
의해 해방시키는 처분을 한 경우, 보통의 유증의 경우와는 달리, 상속인은 그 노예
를 취득하여 해방시킬 의무를 부담한다). 군인유언의 해석에 있어서 유언자의 의사
의 중요성에 관해서는 Wieling, Testamentsauslegung, S.135 ff. 참조.

15) Paulus D 30, 15 pr.: Qui quartam partem bonorum legare voluit, dimidiam scripsit.
Proculus recte ait posse defendi quartam legatam, quia inesset dimidiae(어떤 사람이
상속재산의 1/4을 유증하고자 하였는데 1/2이라고 기재하였다. Proculus는 1/4 범위
내에서 유증이 효력을 갖는다고 하였는데, 이는 1/2에 포함되기 때문이다). 동 사안
에서는 문언(1/2)과 의사(1/4)의 대립이 문제되지 않았다. 오히려 유언자의 의사가
표시되지 않았으므로 유언이 무효인지 아니면 과대지정의 문언 안에 유언자의 의
사가 표시되어 있으므로 그 한도 내에서 유언의 효력을 인정해야 할 것인지가 쟁
점이 되었다. 이에 대해 Proculus는 1/2이라는 표시 안에 1/4이라는 '의사'가 포함
되어 있다고 볼 수 있다는 이유로 유언의 효력을 인정하였는데, 이는 유언자의 의
사가 흠결된 경우 처분은 아무런 효력을 갖지 못하는 것이 원칙임을 그 전제로 삼
고 있는 것이다. Wieling, Testamentsauslegung, S.92 f. 참조.

의사가 변경된 경우에도 마찬가지였다.16) 이와 같이 유언자의 의사가 해석에 있어서 중요한 요소로 등장하자, 유언자의 실제 의사를 입증할 수 없을 때에도 유언자의 假定的 意思에 따라 해석하는 사안들이 증가하였다. 이러한 가정적 의사는 사실상 합리적 이해에 따른 해석원칙들과 그 내용이 다르지 아니하였으나17), 처분의 효력을 부정하거나 처분의 내용을 유언자의 의사에 적합하게 변경시킴으로서 착오의 문제를 해결하는데 기여하였다.18)

2. 유언의 해석원칙들

원수정 시대의 개소들에는 공화정 후기 시대부터 있어 왔던 상속인 우대의 원칙이나 처 우대의 원칙 외에도 중요한 해석원칙들이 등장하고 있다. "유언 우대의 원칙(favor testamenti)"이나 "자유 우대의 원칙(favor libertatis)" 등이 그것이다. 이 중 "自由 優待의 原則"19)이란 피상속인이 노예해방에 관한 유언을 하였는데, 그 법적 효력이 다투어질 때에는 최대한 노예가 자유를 얻는 방향으로 해석해야 한다는 것이다. 12표법 시대부터 존재해왔던 이러한 법원칙은 노예해방을 가급적 제한하고자 했던 후기 공화정 시대에는 별다른 의미를 갖지 못하였으나, Augustus 사후부터 빠른 속도로 정착하여 고전성기에는 상당한 영향력을 갖게 되었다.20) 특히 자유 우대의 원칙은 유언자의 의사보다도 우선적으로 고려되는 경우가 종종 있었는데, 가령 전유언과 저촉되는 후유언이 있는 경우 전유언은 철회된 것으로 보는 것이 통상이었음에도 불구하고, 전유언에 의해 해방된 노예를 유증하는 후유언이 있는 경

---

16) 전게서, S.97.
17) 전게서, S.98.
18) 전게서, S.149.
19) 로마법상 자유 우대의 원칙이 적용된 개소들을 자세하게 소개하고 있는 문헌으로 서을오, 로마법의 자유우대와 노예, 서울대학교 석사학위논문, 1992 참조.
20) Wieling, Testamentsauslegung, S.79 ff. u. 112.

우에는 전유언만이 효력이 있는 것으로 보아 자유인을 유증하는 후유언의 효력을 부인하였던 것이다.[21]

한편 "遺言 優待의 原則(favor testamenti)"은 현대에까지 그 영향을 미치고 있다. 이는 상속인 우대의 원칙과 마찬가지로 법정상속이 개시되는 것을 최대한 억제함으로써 가산의 분산을 방지해야 한다는 사고에 기초하여 가능한 유언의 효력을 인정함으로서 유언자의 의사를 실현시키고자 함을 그 목적으로 한다.[22] 유언의 경우에는 최대한 유언자의 의사에 따라 해석하여야 한다거나(in testamentis plenius voluntates testantium interpretamur)[23], 유언의 문언이 불명확하거나 잘못 기재되었을 때에는 너그럽게 해석하여야 하며, 믿을 만한 것으로 생각되는 것은 마땅히 믿어야 한다(cum in testamento ambigue aut etiam perperam scriptum est, benigne interpretandum et id quod credibile est cogitatum, credendum est)[24]는 법언이 이러한 원칙을 대변한다. 유언의 해석에 있어서 유언자의 의사가 점차 중요한 지위를 차지하게 됨에 따라 유언 우대의 원칙은 유언자의 의사를 최대한 실현시키기 위한 의사도 그마의 일내용으로 포섭되기에 이르렀지만, 로마의 법률가들이 언제나 유언 상속인만을 보호한 것은 아니다.

"法定相續人 優待의 原則(favor heredum legitimorum)"이 이를 보여준다. 당시 로마인들은 가산이 가족 외의 사람에게로 넘어가는 것을 꺼리는 경향이 있었는데, 법정상속인 우대의 원칙은 이러한 경향을 반영하여 법정상속인, 특히 유언자의 직계비속(그 중에서도 아들)을 친족이 아닌 다른 상속인들

---

21) Pomponius D 50, 17, 20 : Quotiens dubia interpretatio libertatis est, secundum libertatem respondendum erit(자유에 관한 해석에 의심이 있는 때에는 언제나 자유 우대의 원칙이 적용된다). 자유 우대의 원칙이 유언의 문언보다 우위를 차지한 해석에 관해서는 Wieling, Testamentsauslegung, S.114 ff. ; 玄勝鍾/曺圭昌, 로마法, 1061면 이하 참조.

22) Wieling, Testamentsauslegung, S.82.

23) Paulus D 50, 17, 12.

24) Marcellus D 34, 5, 24.

보다 우선적으로 보호하고자 한다. 유언은 가능한 아들을 상속인으로 지정하는 방향으로, 그리고 최대한 아들을 상속에서 배제시키지 않는 방향으로 해석되어야 한다는 것이다. 아들의 상속인 지위를 박탈할 때에는 그의 이름을 명시적으로 거명하여야만 그 처분이 효력을 갖는다는 원칙[25] 역시 이러한 법정상속인 우대의 원칙으로부터 파생된 것이라고 볼 수 있다.[26]

3. 구체적 사례들

로마법은 유언의 해석과 관련하여 다양한 사례들을 제공해 주고 있으나, 이하에서는 특히 유언의 문언과 유언자의 의사, 그리고 다양한 유언의 해석원칙들 중 어느 것을 해석의 기준으로 삼느냐에 따라 서로 다른 결론을 가져올 수 있는 몇몇 사례들을 중심으로 로마의 법률가들이 실제 분쟁을 어떻게 해결하였는지를 소개하고자 한다. 특정물상속에 관한 사안, 노예해방에 관한 사안 및 오표시 무해의 원칙에 관한 사안이 그것이다. 이 중 특정물상속에 관한 사안은 특정 법적 쟁점에 관한 법률가들의 해석의 역사적 변천에 관한 것이고, 노예해방에 관한 사안은 정책적 판단이 요구되는 특정한 사실관계에 대한 시각 변화에 관한 것이며, 오표시 무해의 원칙에 관한 사안은 유언 해석의 일원칙의 발전과정을 논한 것으로서 서로 논의의 평면을 전혀 달리하는 것이다. 따라서 이들을 하나의 항에 포함시켜 논하는 것은 적절치 않은 측면이 있으나, 이는 모두 궁극적으로 여러 갈래로 나누어져 있던 유언의 해석을 「유언자의 意思」라고 하는 하나의 목적지로 집결시키는 역할을 하였다는 점에서 공통점이 있으므로 함께 살펴보기로 한다.

---

25) Cicero, de oratore 1, 175.
26) Wieling, Testamentsauslegung, S.98 ff.

(1) 특정물상속

유언자가 특정물에 관해 상속인지정을 한 경우(소위 "特定物相續", heredis institutio ex re certa), 이러한 상속인지정행위는 본래 상속의 포괄적 성격에 비추어 아무런 효력이 없는 것이 원칙이다. 따라서 유언의 문언만을 중시하는 해석에 따르면, 이러한 유언은 무효로 귀결되어야 할 것이다. 그러나 고전기 시대에는 이러한 상속인지정행위라도 최대한 그 효력을 인정하고자 하였다. 그 결과 고전기 법률가들은 가령 유언자가 특정물에 관해서 1인을 상속인으로 지정하였다면, 그 지정을 받은 자가 단독상속인으로서 유언자의 재산 전체를 상속한 것으로(Ulpianus ad. Sab D 28, 5, 1, 4 ; Papinianus D 28, 6, 41, 8), 수개의 특정물에 관해 각각 다른 자를 상속인으로 지정한 때에는 각 사람이 균등한 비율로 상속받은 것으로 보았던 것이다(Iavolenus D 28, 5, 11).27) 특정물에 관해 1인을 상속인으로 지정하면서 별도로 상속인지정 행위를 한 경우에도 마찬가지로 특정물상속인과 지정상속인이 균등한 비율로 상속받은 것으로 보았다(Ulpianus D 28, 5, 35). 이러한 해석은 遺言優待의 原則(favor testamenti)에 의해서만 이를 설명할 수 있다.28) 즉, 고전기 법률가들은 유언의 효력을 최대한 유지함으로서 법정상속의 개시를 막아 가산의 분산을 방지하기 위하여 유언 중 "특정물" 부분의 문언 및 피지정자에게 특정물만을 이전하고자 하였던 유언자의 의사를 무시하였던 것이다. 그러나 이러한 해석에도 불구하고 고전기 후기 시대에 이르러서는 특정물상속인으로 지정된 자는 사실상 상속재산분할절차에서 당해 특정물을 분배받는데 그치게 되었는데(Papinianus D 28, 5, 79 ; Ulpianus D 28, 5, 35), 이는 유언의 해석에 있어서 遺言者의 意思가 점차 중요한 지위를 차지하게 되었음을 보여준다.29)

---

27) Kaser, Das römische Privatrecht I, S.687 f.
28) Wieling, Testamentsauslegung, S.82.
29) 전게서, S.192 ff.

(2) 노예해방

노예는 법정상속인은 될 수 없었으나, 유언상속인은 될 수 있었다.[30] 다만, 유언자가 그의 노예를 상속인으로 지정하기 위해서는 그를 해방시키는 처분도 병행되어야만 했다. 노예는 권리능력이 없는 것이 원칙이기 때문이다. 따라서 유언자가 유언에서 따로 노예해방을 하지 않고 상속인지정 문구만을 사용한 경우, 그 유언은 아무런 효력이 없게 된다. 그러나 프로쿨루스의 제자로 추정되는 Atilicinus는 노예를 해방시키지 않으면서 그를 상속인으로 지정한 사안에서 유언의 문언을 무시하고 自由 優待의 原則을 적용하였는데, 유언자가 그의 노예를 상속인으로 지정한 것만으로 그 노예는 당연히 해방되어 상속인이 된다고 판단하였던 것이다(I 2, 14).[31] 고전초기에는 이러한 해석이 별다른 동의를 얻지 못하였으나[32], 고전성기 Antoninus Pius는 유언자가 따로 노예해방을 하지 않았더라도 유언에서 그 노예를 '피해방인(libertus)'이라고 지칭했다면 그로써 노예는 해방되어 상속인이 된다고 보았다(C 6, 27, 2, A.D. 169). 다만 이러한 판단에는 자유 우대의 원칙뿐만 아니

---

30) 玄勝鍾/曺圭昌, 로마法, 1005면.

31) I 2, 14, pr. : heredes instituere permissum est tam liberos homines quam servos proprios quam alienos. proprios autem olim quidem secundum plurium sententias non aliter quam cum libertate recte instituere licebat, hodie vero etiam sine libertate ex nostra constitutione heredes eos instituere permissum est. quod non per innovationem induximus, sed quoniam et aequius erat et Atilicino placuisse Paulus suis libris, quos tam ad Massurium Sabinum quam ad Plautium scripsit, refert(자유인 뿐만 아니라 자기 또는 타인 소유의 노예 역시 상속인으로 지정할 수 있다. 그러나 예전 몇몇 법률가들의 견해에 따르면 자기 소유의 노예는 노예해방이 동시에 행해진 경우에만 유효하게 상속인으로 지정될 수 있다. 그렇지만 오늘날에는 우리의 constitutione에 따라 노예해방을 하지 않고도 자기 노예를 상속인으로 지정할 수 있다. 우리는 이것을 새롭게 주장하는 것은 아니며, 그것이 우리가 보기에 더 합당하고, 또한 Paulus가 Massurius Sabinus와 Plautius에 관한 그의 저서에서 Atilicinus의 견해로 보고하고 있는 것이기도 하다).

32) Wieling, Testamentsauslegung, S.80.

라 遺言 優待의 原則도 함께 고려되고 있는 것으로 보인다. 유언자가 노예를 상속인으로 지정한 것이 아니라 단순히 유증을 한 경우에는 이와 달리 판단하고 있기 때문이다.[33]

(3) 오표시 무해의 원칙

이 시대에 유언자의 의사에 따른 해석이 등장한 또 다른 예로 "잘못된 표시는 해가 되지 않는다(falsa demonstratio non nocet)"는 원칙을 들 수 있다. '잘못된 표시'에 관한 언급은 이미 공화정 후기 시대의 개소(Iavolenus 2. ex poster. Labeonis D 35, 1, 40, 4)에서 등장하고 있다.[34] 그러나 이 시대의 오표시 무해의 원칙은 "처 우대의 원칙"의 일부에 불과했던 것[35]으로서 본래 문언에 따른 해석이 주를 이루었던 공화정 후기 시대에는 당사자의 의사가

---

33) 전게서, S.114 f.

34) Iavolenus 2. ex poster. Labeonis D 35, 1, 40, 4. : Qui dotalem fundum nullum habebat, ita legaverat : fundum Cornelianum, quem illa mihi doti dedit, ei heres dato. Labeo Ofilius Trebatius responderunt fundum nihilo minus legatum esse, quia, cum fundus Cornelianus in rerum natura sit, demonstratio falsa legatum non peremit(婚資不動産을 갖고 있지 않은 자가 다음과 같이 유증하였다. : "그녀가 나에게 혼인지참금으로 준 코르넬리아누스 부동산은 그녀가 상속한다." 라베오, 오필리우스, 트레바티우스는 답변하기를 부동산이 유증되지 않는 것은 아닌데, 코르넬리아누스 부동산으로써 본질이 드러났으며, 잘못된 표시는 유증에 장애가 되지 않기 때문이라고 하였다). 하지만 이는 모든 종류의 오표시를 고려하겠다는 것을 의미하는 것은 아니었다. 이는 오로지 妻에게 불리하였던 당시 로마 상속법 체계 하에서 夫가 妻의 부양을 위해 일정한 유언을 한 경우, 처 우대의 원칙에 따라 잘못된 표시보다 夫의 의사를 우선적으로 고려하겠다는 정책적 판단에 기초한 것에 불과하다. 따라서 당시 오표시 무해의 원칙이란 결국 유증이 처를 위해 행해진 경우에는 잘못된 표시로 인해 유증이 무효로 되지 않는다는 것을 의미할 뿐이다. 이에 대해 자세히는 Wieling, Testamentsauslegung, S.26 ff. ; Welter, S.72 ff. 참조.

35) 오표시 무해의 원칙과 처 우대의 원칙 간의 관계에 대해 자세히는 Wieling, Falsa demonstratio, condicio pro non scripta, condicio pro impleta im römischen Testament, SZ 87, 199 ff.

표시된 바와 다름이 확실하더라도 그 의사에 따른 해석을 허용하지 않았는데, 가령 Servius는 유언자가 자연채무에 불과한 것에 대해 자신이 채무(debeo)를 지고 있다고 표시하였다는 이유만으로 유언의 효력을 부인했던 것이다(Iavolenus 2. ex poster. Labeonis D 35, 1, 40, 3). 그러나 고전기 시대에 들어서면서 유언자의 의사가 점차 중요한 해석요소로 대두되자 객체의 착오(error in corpore)와 단순히 객체나 당사자의 명칭을 잘못 표시한 경우(error in nomine)를 구별하여 후자의 경우에는 당사자의 의사에 따른 효력을 인정하고자 하는 오표시 무해의 원칙이 널리 승인을 얻게 되었다.36) 따라서 유언자가 유증을 하면서 그 유증의 목적물인 노예 또는 부동산을 잘못 지칭한 경우에는, 유언자의 의사를 확실하게 입증할 수 있는 한, 그러한 잘못된 표시는 아무런 해가 되지 않았으며, 오히려 유언자의 의사에 따른 효과가 부여되었다(Ulpianus D 30, 4 pr. ; Marcianus D 28, 5, 49, 3.).

---

36) 로마법상 유언에 있어서 오표시 무해의 원칙의 발전에 관해서는 Foerste, Die Form des Testaments als Grenze seiner Auslegung, DNotZ 1993, 92 ; Wieling, SZ 87, 197 ff.도 참조.

제4절 意思도그마의 勝利 : 전주정시대[1]

I. 전주정시대 유언의 방식과 내용

원수정시대에 이미 시민법상의 유언(동형유언) 외에 법무관법상의 유언이 자리잡았음은 위에서 살펴본 바와 같다. 법무관법상의 유언은 더 이상 장악행위 방식을 필요로 하지 않으며, 7인의 봉인만 있으면 그 효력이 인정된다는 점에서 7인증인 유언(Siebenzeugentestament)이라고도 한다. 전주정시대에 들어서면서 이러한 7인증인 유언은 점차 그 방식 및 효과에 있어서 동형유언과 별다른 차이를 갖지 않게 되었는데, 이는 동형유언의 방식주의 완화경향으로부터 비롯한 것이다. 즉, 실무상 동형유언을 함에 있어서 실제로 장악행위 방식을 이용하는 대신 서면작성과 7인의 증인에 의한 봉인만으로 이를 행하는 경우가 서서히 증가하였으며, 콘스탄티누스 대제는 동형유언으로부터 장악행위 방식을 명시적으로 제거함으로서 형식주의에 종지부를 찍었다 (C.6.23.15 pr. A.D.320). 그는 유언자의 의사를 인식할 수만 있다면, 상속인지정을 위해 동형유언 상의 요식문언을 사용하지 않고, 어떠한 문언을 사용하더라도 유효하다고 보았던 것이다. 게다가 시민법상의 유언에 따른 상속인과 법무관법상의 유언에 따른 유산점유자의 법적 지위가 사실상 동일해지면서 2가지 유형의 유언을 인정하는 것은 더 이상 별다른 의미를 갖지 못하게 되었다. 이에 따라 439년 테오도시우스 2세는 그의 법전에서 전통적으로 인정되어 왔던 구술유언(testamentum per nuncupationem) 외에 서면에 의한 유언으로는 7人 證人 遺言 方式만을 인정하기에 이르렀다(Novellae Theodosiani 16, 2).[2]

---

1) 디오클레티아누스 황제가 즉위한 기원후 284년부터 유스티니아누스 1세가 사망한 기원후 565년까지를 전주정시대 또는 후고전기라고 한다.

한편 후고전기 시대에는 전혀 새로운 방식의 유언들도 발전하였다. 특히 446년 발렌티니아누스 3세에 의해 도입된 自筆證書에 의한 遺言 (testamentum per holografam scripturam)은 증인의 참여를 전혀 요구하지 않는다는 점에서 가장 큰 특징이 있는바(Novellae Valentiniani 21, 2), 현대에까지 그 족적을 남기고 있다. 또한 5세기 초엽 즈음에는 公證力이 인정되는 유언들이 등장하였는데, 법원 또는 행정기관의 공문서에 기입된 유언 (testamentum apud acta conditum)이나 황제에게 제출된 유언(testamentum principi oblatum)이 그것이다.3) 그 외에 直系卑屬을 상속인으로 지정한 유언 (testamentum parentum inter liberos)에 대해서도 언급할 필요가 있다. 이 시대에는 자신의 법정상속인인 직계비속을 상속인으로 지정한 경우, 그 유언이 서면으로 작성되는 한, 방식을 준수하지 않았더라도 언제나 그 효력이 인정되었는데, 이는 유언의 방식에 관한 기존의 태도와는 정면으로 배치되는 것이다.4)

유스티니아누스 황제는 이와 같이 서로 흩어져 있던 시민법, 법무관법, 그리고 각종 칙법 상의 다양한 유언들을 정비하여 유언의 요건과 효과를 개별적으로 재구성하고자 하였다. 즉, 유스티니아누스 황제는 유언의 방식을 크게 구술유언과 서면유언으로 나누어 규율하였는데, 口述遺言은 유언자가 7인의 증인 앞에서 상속인지정 등에 관한 의사표시를 함으로서 성립하는 반면, 書面遺言은 유언자가 7인의 증인 앞에서 유언증서를 제시하고 서명한 다음 같은 날 증인들이 그 봉인된 서면에 서명하여야 비로소 유효한 유언으

---

2) Kaser, Das römische Privatrecht, Zweiter Abschnitt, Die nachklassischen Entwicklungen (2.Aufl.), 1975 [이하 Kaser, Das römische Privatrecht II로 약칭한다.], S.478 ff.

3) 전게서, S.481 ff.

4) 전게서, S.483. 그 후 유스티니아누스 황제는 直系卑屬을 상속인으로 지정한 유언에 대해서도 특정한 방식을 갖출 것을 요구하였는데, 다른 유언보다는 훨씬 완화된 요건 하에서 이를 허용하였다. 즉, 유언의 날짜, 자녀의 이름과 상속분을 자서하는 것으로 족하였던 것이다(Novellae 107, 1. A.D.541). ; 전게면, Anm.50 참조.

로 인정되었다. 한편 유증이나 노예해방에 관한 유언은 자필증서에 의한 요
건을 갖춘 경우, 즉 유언자의 자필과 서명, 날인만 있으면 그 효력을 인정하
였다. 또한 유언자가 그 유언에 공증력을 인정받고자 하는 경우에는 그 유언
의 공문서 기재를 신청할 수 있었다.5) 그럼으로써 유스티니아누스 황제의
유언법은 유언자의 의사에 단순하고, 명백하고, 확실하게 효력을 부여하고자
하였다.6)

　　후고전기 시대 유언의 내용과 관련하여 특기할만한 점은 相續人指定7)이
유언의 핵심적 지위를 잃었다는데 있다. 고전기 시대에 이미 상속인지정은
더 이상 요식문언의 사용을 요구하지 않았지만, 전주정 시대에는 상속인지정
처분 자체가 필요치 않게 되었다. 특히 서로마제국에서는 상속인지정이 있더
라도 무익한 것으로 간주되었고, 그 결과 유언과 유산처분증서 간의 구별(즉,
상속인지정의 허용 여부) 역시 희미해졌다. 동로마제국의 경우에는 여전히
유언에 상속인지정이 포함될 것이 요구되기는 하였지만, 설령 상속인지정 처
분이 누락되었더라도 유언의 나머지 부분의 효력에 아무런 영향을 미치지
않았으며, 결국 유스티니아누스 황제에 의해 "유언의 머리이자 기초"로서의
상속인지정이라는 원칙은 폐지되기에 이르렀다.8)

---

5) 玄勝鍾/曺圭昌, 로마法, 1050면 이하 참조.
6) Kaser, Das römische Privatrecht II, S.489 f.
7) 유언에 의한 상속인지정행위의 의미가 가산의 長男으로의 집중으로부터 유언자의
　　자유로운 선택에 의한 재산의 처분으로 변화해하는 과정에 관하여 자세히는 中川
　　善之助/泉久雄, 相續法(第四版), 有斐閣, 2000, 480면 이하 참조.
8) Kaser, Das römische Privatrecht II, S.490 ff.

II. 전주정시대의 유언의 해석

1. 일반론 : 해석요소로서 '유언자의 의사'의 승리

공화정 후기 시대에 등장하여 고전기를 거치면서 중요한 해석 요소로 자리잡은 遺言者의 意思는 전주정 시대에 들어서면서 (일부 예외적인 경우를 제외하고는) 유일한 해석기준으로서의 지위를 확고히 하였다. 유언의 해석에 있어서는 콘스탄티누스 대제가 이미 유언자의 의사에 따른 해석 원칙을 확립하였는데(C 6, 23, 15. A.D.339), 생전행위의 해석의 경우에는 통상적인 계약의 형태가 문답계약에서 낙성계약으로 이전해가는 과정에서 자연스럽게 당사자의 의사가 중요한 고려요소로 대두된 반면, 유언은 (과거에 비해 상당히 완화되기는 했지만) 여전히 요식행위로서의 성격을 지니고 있었다는 점에서 차이가 있는바, 유언의 경우 특히 이러한 의사주의적 태도가 관철될 수 있었던 이유에 대해 살펴볼 필요가 있다. 문언보다 유언자의 의사가 우위에 서는 해석이 일찍부터 수용될 수 있었던 것은 물론 유언의 법적 성격에 기인한 바가 크다. 유언은 無償行爲임과 동시에 單獨行爲로서 상대방의 보호받을 가치 있는 신뢰가 존재하지 아니하며, 따라서 유언자의 사후에 그가 원하는 바에 따라 재산을 귀속시키는 것이 가장 중요한 목적이 되기 때문이다.9)

그러나 이러한 사정만으로는 전주정시대에 유언자의 의사가 해석기준으로 관철된 이유를 설명하기에 충분치 않다. 로마법상 유언의 법적 성격은 유언제도가 등장한 이래 늘 동일하였음에도 불구하고10) 초기에는 문언에 따른 해석이 우위를 점하였었기 때문이다. 오히려 이 시대 유언의 해석경향을 결정한 원인은 그 方式目的의 변화에서 찾아야 할 것이다. 즉, 과거의 엄격한 형식주의 하에서 방식은 개인의 의사를 유효하게 표명하기 위한 "效力形式

---

9) 전게서, S.83.
10) 로마법은 우리 민법과 마찬가지로 "상속계약"이라는 개념을 알지 못하였다.

(Wirkform)"으로서의 성격을 가지고 있었으며, 그 외부적 형식의 구비 여부에 따라 법률행위의 효과 자체가 결정되었다. 그러나 콘스탄티누스 대제가 유언으로부터 요식문언의 언명이라는 동형행위 방식을 제거함으로서 이제 방식은 의사의 화체라기보다는 법적안정성을 보장하기 위한 "保護形式(Schutzform)"으로서의 성격을 확고히 하게 되었다. 이러한 방식목적의 변화에 따라 형식은 더 이상 유언의 효과를 결정하지 못하며, 유언자의 의사가 그 자리를 대신하게 된 것이다.11)

그 결과 유언의 해석은 유언자의 현실적 의사를 탐구하는 것을 그 목적으로 삼게 되었으며12), 유언이 다의적으로 해석될 수 있는 경우는 물론이고, 심지어 유언의 문언이 명백한 경우라도 유언 외부의 사정으로부터 유언자의 의사를 밝힐 수 있다면 그 의사에 따른 효과를 인정해야 한다는 것 (Iustinianus C 3, 33, 13, 3. A.D.530.), 그리고 고전기 시대부터 발전해 온 유언의 해석원칙들 역시 유언자에게 다른 의사가 없는 경우에만 적용될 수 있다는 것이 널리 받아들여지게 되었다.13) 고전기 시대에는 표시에 상응하는 유언자의 의사가 결여되어 있다는 이유로 당연히 무효로 귀결되었던 착오의 사안에 대해 후고전기 시대에는 의도된 바에 따른 효력을 인정하는 경우가 산발적으로 등장하였다는 점 역시 유언자의 의사가 중시되었던 당시의 경향을 반영하고 있다고 할 것이다.14)

2. 구체적 사례들

유언자의 의사가 가장 중요한 해석의 원칙으로 자리잡음에 따라 고전기

---

11) 전게서, S.82 f.
12) 전게서, S.491.
13) Wieling, Testamentsauslegung, S.224 ff.
14) Flume, Rechtsgeschäft, S.332.

시대 다양한 해결책이 제시되었던 사례들에 있어서도 유언자의 의사에 따른 해석이 일반화되기에 이르렀다.

(1) 특정물상속

유언자의 의사가 유언의 해석 원칙으로 관철됨에 따라 특정물 상속의 법리[15]도 변화하였다. 이러한 변화는 특히 유언자가 특정물에 관하여 상속인을 지정함과 아울러 별도의 상속인지정행위를 한 경우에 두드러졌는데, 유스티니아누스帝는 이러한 경우 지정상속인만이 단독상속인으로서의 지위를 가지며, 특정물상속인은 受遺者와 동일한 법적 지위를 갖는 것으로 보았던 것이다(C 6, 24, 13. A.D.529.). 특정물상속인은 지정받은 특정물 외의 상속재산을 취득할 수 없다는 점에서 유스티니아누스帝의 견해는 고전기 후기의 특정물 상속 법리와 다르지 않은 것처럼 보인다. 그러나 이러한 견해의 변경이 가져오는 실익은 무엇보다도 相續債務의 부담 여부에 있다. 즉, 이전 시대의 해석에 따르면 특정물 상속인은 유언자의 상속인으로서의 지위를 가지므로, 지정상속인과 더불어 상속채무를 부담하게 된다. 그러나 특정물상속인이 사실상 지정받은 특정물을 초과하는 상속재산을 취득하지 못하면서 상속채무까지 부담해야 한다면, 당해 특정물의 가치가 상속채무 부담부분을 상당히 초과하지 않는 한, 특정물 상속인으로서는 상속을 승인할 이유가 없게 된다. 특정물상속인의 채무부담으로 인한 상속포기는 유언자의 의사에 부합하는 것이 아니다. 따라서 유스티니아누스 帝는 특정물 상속인을 수유자와 같이 봄으로서 상속채무의 부담으로부터 해방시키고, 유언자의 의사를 관철시키고자 한 것이다.[16]

---

15) 위 제3절 II. 3. (1) 참조.
16) Wieling, Testamentsauslegung, S.229 f.

(2) 노예해방

노예해방 사안에서도 역시 유언자의 의사가 문언에 대하여 우위를 차지하게 되었다. 즉, 유스티니아누스帝는 입법을 통해 자신의 노예를 해방시키지 않고 상속인으로 지정한 경우라도 그 상속인지정행위에는 奴隷解放의 의사가 포함되어 있다고 보아 그 노예는 자유인이 되고, 유언자를 상속한다고 판단하였다(C 6, 27, 5. A.D.531.). "왜냐하면 노예에게 자유를 주지 않고 놓아두어서 그를 상속인 자격을 가질 수 없게 하고서는 다른 한편으로 그를 상속인으로 지정한다는 일은 있을 수 없기 때문이다." 이러한 태도는 후고전기에도 여전히 적용되었던 자유 우대의 원칙에 부합하는 것이기도 하지만17), 유언의 해석에 있어서 문언에 대한 의사의 종국적 승리를 상징하는 것이기도 하다.18)

---

17) 전게서, S.232.
18) 콘라트 츠바이게르트, 하인 괴츠 지음/梁彰洙 옮김, 比較私法制度論, 大光文化社, 1991, 158면 참조.

제5절 意思도그마의 現在

I. 개관

공화정 후기 시대에 태동하여 후고전기 시대에는 확고한 법원리로 자리잡은 소위 의사도그마는 그 후로도 서양의 각 법제에 큰 영향을 미쳤다. 개인의 의사를 중시하는 로마법상의 자유주의적·개인주의적 사상은 17, 18세기 근대 사법의 이론적 기틀이 되었던 것이다. 계약법 영역에서 의사도그마는 시간이 흐름에 따라 상대방의 신뢰보호 내지 거래 안전의 확보 등을 이유로 한 표시주의의 세례를 받아 큰 폭의 수정을 겪었으나, 상속법의 영역, 특히 유언에 의한 상속에 있어서는 여전히 유언자의 진정한 의사를 실현시키는 것이 가장 큰 목표가 되고 있다. 이하에서는 각 법권별로 유언의 영역에서 현재 의사도그마가 어떠한 지위를 차지하고 있는지에 관해 간략하게 서술함으로써 로마법상 발전된 의사도그마가 현대에까지 어떻게 영향을 미치고 있는지에 관해 간단히 조망해 보기로 한다.

그럼에 있어 원칙적으로는 법권을 대륙법권과 영미법권으로 나누어 각국별로 균형있게 살펴보아야 할 것이다. 그러나 본서에서는 대륙법권과 영미법권으로 크게 나누어 보되, 대륙법권 중에서는 우리 민법의 제·개정과정과 학설계수 등에 큰 영향을 미치고 있는 獨逸法에 한정하여 이를 다루기로 한다. 또한 체계상의 불균형을 감수하고라도 [영미법에 대한 서술의 간략함에 비해] 독일법상 의사도그마의 계수과정에 관해 더 자세한 설명을 덧붙이고자 하는데, 그 이유 중 하나는 우리 민법상 법률행위 해석론에서 독일민법이 차지하고 있는 위상에 있고, 다른 하나는 본서에서 수차에 걸쳐 행해질 독일민법과의 비교법적 고찰과정에서 반복하여 등장할 [우리 민법에는 생소

한] 독일 상속법상의 각종 제도 및 법조문 등에 관해 간단하게나마 일목요
연하게 소개할 필요성에 있다. 한편 로마법상의 의사도그마를 직접적으로
계수하고 있는 것은 아니지만 우리 민법의 해석론에 큰 영향을 미치고 있는
日本法상의 의사도그마에 대해서도 간단히 소개하고자 한다.

II. 독일법

로마법에 그 기원을 두고 있는 의사도그마는 보통법 시대를 거쳐 독일민
법에 계수되었다.[1] 즉, 독일민법은 로마법적 전통에 따라 유언자의 의사에
효력을 부여하는 것을 제1목표로 삼았던 것이다.[2] 이러한 의사도그마는 두
가지 측면에서 드러나는데, 하나는 유언과 관련된 실정법 제도(立法의 영역)
와 관련된 것이고, 다른 하나는 실제로 행해진 유언의 해석(司法의 영역)과
관련된 것이다. 후자에 대해서는 본서 제3장 이하에서 본격적으로 다룰 기회
가 있으므로, 동 항에서는 전자에 국한하여 이를 서술한다. 본래 상속법은
특히 지역색이 강하게 드러나는 법영역이다. 로마제국이 붕괴되면서 로마법
상의 법원리들은 그것이 적용되는 각 지역에 따라 다채로운 양상을 띠게 되
었고, 각 지방의 개별적인 입법이나 관습이 보통법보다 우선적으로 적용되었
다. 이와 같이 분산되어 있던 각 지역의 상속법을 통일하려는 시도는 수차에
걸쳐 있었으나, 그것이 실제로 결실을 맺은 것은 19세기 독일민법의 제정에
이르러서였다.[3] 이하에서는 독일 민법 제정 과정에서 흩어져 있던 상속법
규율을 통일함에 있어 로마법상의 의사도그마가 어떠한 영향력을 미쳤으며,
그것이 독일 상속법 개별 규범에 어떠한 방식으로 반영되었는지에 관해 서

---

1) Lange/Kuchinke, S.771.
2) Kipp/Coing, S.138.
3) 이에 대해 자세히는 Mertens, Die Entstehung der Vorschriften des BGB über die gesetzliche Erbfolge und das Pflichtteilsrecht, 1970, 1 ff. 참조.

술하고자 한다. 이하의 서술에 대한 이해를 돕기 위해 독일 상속법의 제정과
정을 간략하게 개괄하면 다음과 같다.

1. 독일 상속법의 제정과정

1873년 독일연방참의원(Bundesrat)이 독일 민법 제정을 위한 위원회를
구성하기로 의결함으로써 시작된 독일 민법 제정의 움직임은 1874년
Heinrich Eduard Pape를 위원장으로 하는 제1차위원회(Erste Kommission)
가 구성됨으로서 본격적인 실행과정에 들어갔다. 동 위원회는 상속법 부
분의 초안 작성자로 Gottfried Schmitt[4]를 지명하였는데, 그는 1875년부터
1878년 사이에 있었던 상속법의 주요 기본원리에 관한 제1차위원회의 사
전심의(Vorberatung)에 기초하여 당시 시행되고 있던 각국 및 독일 내 각
지역의 상속법 규정, 그 때까지 제안되었던 상속법 관련 여러 초안들, 학
계의 주장 등을 모두 집대성하여 1879년 상속법 부분 초안(Teilentwurf, 이
하 "부분초안"이라고 약칭한다.)을 마련하였다. 제1차위원회는 1886년부
터 1887년까지 이를 심의하고, 일부 수정하여 1888년 독일연방참의원에
"제1초안(Erster Entwurf)"을 제출하였다. 1888년 제1초안과 그에 대한 이
유서가 「입법이유서(Motive)」라는 명칭 하에 출판되자, 이에 대해 많은 찬
사와 비판이 동시에 쏟아졌다. 1890년에는 제1초안을 재심의하기 위한 제
2차위원회(Zweite Kommission)가 구성되었고, 동 위원회는 1894년부터
1895년까지 제1초안에 대한 학계의 반향을 반영하여 상속법 분야를 심의
하고, 다시 일부 수정하였다. 이와 같이 작성된 "제2초안"은 1896년 제국
의회와 독일연방참의원의 심의를 거쳐 확정되어 1900.1.1.부터 효력을 발

---

4) Schmitt의 생애와 업적 등에 관해 자세히는 Schröder, Abschaffung oder Reform des
   Erbrechts, Die Begründung einer Entscheidung des BGB-Gesetzgebers im Kontext
   sozialer, ökonomischer und philosophischer Zeitströmungen, 1981, 8 ff. 참조.

생하기에 이르렀다.5)

2. 상속형태의 결정에 있어서 의사도그마의 영향

독일민법을 제정함에 있어 제일 먼저 논쟁의 대상이 되었던 것은 유언상속과 법정상속 중 어느 것을 독일 상속법의 기본적 형태로 삼을 것인지에 관한 것이었다. 유언상속과 법정상속의 결정적인 차이점은 상속재산의 귀속에 관한 피상속인의 의사를 존중할 것인가 혹은 법률에 미리 규정되어 있는 피상속인의 혈족에게 이를 당연히 귀속시킬 것인가에 있다. 본래 古來의 게르만법은 완전한 형태의 법정상속 제도를 채택하여 피상속인의 자유로운 처분을 전혀 허용하지 않았음에 반해6), 로마법은 피상속인의 유언이 없을 때에만 법정상속이 개시되도록 하는 유언상속의 전통을 발전시켜 왔다.7) 17세기 이래 19세기 초엽까지 서양의 법학자들은 개인의 자유로운 의사결정을 중시하는 Grotius와 Kant의 사상을 바탕으로 상속재산의 처리 역시 우선적으로 피상속인의 의사에 따라야 한다는 유언상속을 지지하는 태도를 견지하여 왔음에 비해, 19세기 중반 Hegel이 가족상속권(Familienerbrecht)을 주창한 이래로는 법정상속의 이념이 유언상속과 비등한 지위를 차지하게 되었다.8)

이러한 역사적 배경 하에서 독일 민법 입법자들은 유언상속과 법정상속 중 어느 것을 상속법의 기본형태로 삼을 것인지에 관해 결단하지 않을 수 없었다. 상속법 부분 제1초안 작성자였던 Schmitt는 로마법적 전통과 개인주의적·의사주의적 사고에 기초하여 법정상속보다 遺言相續을 우선시하였다. 그는 "모든 私法은 개인의 의사지배(Willensherrschaft)에 기초하고 있다."9)고

---

5) 독일 상속법 제정 과정에 대한 자세한 설명에 관해서는 Mertens, S.5 ff. 참조.
6) 게르만법의 상속제도에 관해 자세히는 玄勝鍾 著/曺圭昌 增補, 게르만法(增補版), 1988, 527면 이하 참조.
7) Kaser, Das römische Privatrecht I, S.668 ff. 참조.
8) 자세한 내용에 관해서는 Mertens, S.31 ff. 참조.

전제하면서 상속법 질서 역시 사법으로서의 성격을 가지고 있기 때문에 각 개인의 의사가 출발점이 되며, 의사의 힘은 생전의 법률행위뿐만 아니라 그 자의 死後에까지 미치지 않을 수 없다고 하였다. 상속법에서 이러한 의사의 자유는 두 가지 측면에서 표출되는데, 피상속인의 유언의 자유와 상속인의 상속포기의 자유가 그것이라는 것이다. Schmitt는 이와 같이 의사의 자유를 상속법의 출발점으로 삼는 것이야말로 역사적 발전과정에 상응하는 것이라고 하면서 초기 게르만법에서 보여지고 있는 가족상속권의 이념은 현재의 법발전에 비추어 이를 수용할 수 없다는 태도를 취하고 있는데[10], 이러한 태도는 Schmitt가 로마법상의 의사도그마로부터 받은 영향을 극명하게 보여주는 것이라 할 것이다.

이러한 Schmitt의 태도는 1886년에 있었던 제1차위원회의 심의에서 이미 논쟁의 대상이 되었다. Schmitt는 상속법 부분 초안을 작성함에 있어 상속법을 크게 두 부분으로 나누어 전반부에서는 유언과 상속계약, 유류분권 등에 관해, 후반부에서는 법정상속과 상속인의 지위 등에 관해 규율하는 방식을 취하였다. 이에 대해 제1차위원회에서는 이러한 구조를 변경하여 법정상속을 임의상속보다 우선하여 규정해야 한다는 제안이 등장하였다. 이는 유언에 의한 상속보다 가족상속권을 우위에 놓는 게르만적 사고에 기초한 것이었다. 이러한 제안을 시발점으로 상속의 기본형태를 법정상속으로 할 것인가 아니면 유언상속으로 할 것인가를 둘러싸고 격렬한 논쟁이 벌어졌으나, 결국 제1차위원회는 이에 대해 결론을 내리지 못하였다. 대신 위원회는 일종의 타협점으로서 Schmitt가 제출한 초안상의 상속법 구성을 그대로 유지하되, 이러

---

9) v.Schmitt, Begründung des Entwurfes eines Rechtes der Erbfolge für das Deutsche Reich und des Entwurfes eines Einführungsgesetzes, 1879[이하 Erbrechtsentwurf-Begründung이라고 약칭한다.], S.52. : in hrsg. Schubert, Die Vorlagen der Redaktoren für die erste Kommission zur Ausarbeitung des Entwurfs eines Bürgerlichen Gesetzbuches, Erbrecht Teil 1, 1984, S.168.

10) v.Schmitt, Erbrechtsentwurf-Begründung, S.54. : in 전게서, S.170.

한 구성이 법정상속에 대한 유언상속의 우위를 의미하는 것은 아님을 입법이유서에서 강조하였다.[11]

입법이유서가 출간된 후 Schmitt 식의 상속법 구조는 지나치게 로마적 사고방식에 치우쳐 있으며, 게르만의 법감정에 부합하지 않는다는 학계의 비판에 직면하게 되었다. 상속법의 기초는 혈족의 친소 정도에 따라 순서대로 피상속인의 지위를 대습하게 하는 데 있으며, 유언의 자유는 가족상속권의 엄격한 관철에 따라 발생할 수 있는 개별적 부정의를 타파하기 위한 보조적 수단에 불과하다는 것이 국민 대다수의 법감정이라는 것이다.[12] 이러한 학계의 비판을 의식한 탓인지 제2차위원회에서도 법정상속을 임의상속보다 우선하여 규율하는 것으로 상속법의 구조를 변경하자는 제안이 심의 초기부터 제기되었다. 이러한 제안은 즉각 통과되어 혈연상속에 관한 규정을 상속법의 앞 쪽에 위치지우기로 하였다. 그러나 제2차위원회는 유언상속에 관한 절과 법정상속에 관한 절의 위치를 교환하는 방법을 취하는 대신 "상속순위"라는 하나의 절 내에 법정상속과 임의상속에 관한 규정을 모두 나열하는 방식을 취함으로써 유언상속에 대한 법정상속의 우위가 외부적으로 명백하게 드러나지 않도록 하였다.[13]

게다가 이와 같이 상속법상 구성의 변경이 실체법적으로 어떠한 내용의 변화를 수반한 것은 아니었다. 어떠한 구성을 취하든 일단 피상속인이 자신의 상속재산에 관하여 어떠한 처분을 한 경우 그 처분이 법정상속보다 우선한다는 결과에는 아무런 변동이 없기 때문이다.[14] Schmitt가 작성하였던 부

---

11) Motive, in hrsg. Mugdan, Die gesamten Materialien zum Bürgerlichen Gesetzbuch für das Deutsche Reich, Bd.V., Erbrecht, 1979[이하 Motive의 인용은 이에 의한다.], S.2. 자세한 내용에 대해서는 Stagl, Der Wortlaut als Grenze der Auslegung von Testamenten - Die Audeutungstheorie im Testamentsrecht Deutschlands, Österreichs und der Schweiz(2.Aufl.), 2005, S.139 ff. 참조.

12) Mertens, S.38 참조.

13) 전게서, S.40 참조.

14) Schröder, S.24.

분초안의 기초가 되었던 이념, 즉 피상속인의 의사에 따른 상속재산의 분배를 중시하는 의사도그마는 독일 민법 제정 과정에서 명시적으로 포기된 적이 없을 뿐만 아니라, 오히려 상속법 상의 개별제도들을 통해 계속 이어질 수 있었다.[15] 입법이유서가 이미 강조하고 있는 바와 같이 "총칙 규정에서도 원칙적으로 출발점이 되는 意思도그마가 사인처분에서는 더 강하게 관철되어야 한다는 점에 대해서는 아무런 의심이 없[으며], 상속법에서는 피상속인의 의사에 효력을 부여하는 것이 출발점이 되어야 한다."[16]

3. 개별 상속법 조문에 있어서 의사도그마의 영향

Schmitt는 로마법상의 의사도그마로부터 영향을 받아 유언상속을 독일민법상 상속의 기본형태로 삼고, 이러한 태도를 개별 상속법 조문 전반에 일관되게 관철시켰었다.[17] 이를 단적으로 보여주는 조문으로 "누구나 일방적 의사표시에 의해 사후에도 자신의 재산을 처분할 권리를 갖는다(부분초안 제1조)."거나 "상속인으로 지정된 자는 (…) 법정상속인보다 우선하여 상속인이된다(부분초안 제46조)." 또는 "상속인 지정이 없는 경우, 그리고 상속인 지정이 없을 때에만 법정상속순위가 적용된다(부분초안 제222조 제1항)."는 조문 등을 들 수 있다. 초안의 심의과정에서 법정상속이 점차 부각됨에 따라 위 조문들도 변경 내지 일부 삭제를 겪지 않을 수 없었다. 그럼에도 불구하

---

15) Mertens, S.40.
16) Motive, S.45. 이러한 태도는 입법이유서 뿐만 아니라 제2차 위원회 심의록 (Protokolle)에서도 그대로 유지되고 있는데, 독일민법 제2078조 제2항과 관련하여 "초안의 기본이념은 사인처분에 있어서는 생전행위보다 의사도그마가 더욱 엄격하게 관철되어야 한다는 것이다. 이에 대해서는 일반적으로 아무런 반대가 제기되지 않았다."고 기술되고 있는 것이다. Protokolle, in hrsg. Mugdan, S.538 참조.
17) 독일 민법상 유언의 자유가 갖는 헌법적 의미와 근거, 내용에 관해 자세히는 Kroppenberg, Privatautonomie von Todes wegen, 2007, 1 ff. 참조.

고 피상속인은 상속재산을 임의로 처분할 수 있으며, 이러한 처분이 없을 때에만 법정상속이 개시될 수 있다는 사실에는 아무런 변동이 없었는데, 독일민법은 여전히 사인처분에 의한 相續人指定(독일민법 제1937조, 제1941조[18])과 相續財産의 處分(독일민법 제1939조, 제1941조)을 전면적으로 허용하고 있기 때문이다.

피상속인이 할 수 있는 사인처분으로는 유언과 상속계약[19]이 있는데, 본서에서는 논의의 대상이 되고 있는 遺言에 대해서만 살펴보기로 한다. 독일 상속법상 의사도그마가 가장 극명하게 드러나고 있는 제도는 유언, 그 중에서도 유언에 의한 상속인지정일 것이다. 독일의 입법자는 피상속인의 자기 재산에 대한 처분의 자유를 사후에까지 연장시켜 임의로 상속인을 지정하거나(제1937조) 법정상속인을 상속인으로부터 배제(제1938조)할 수 있도록 하였을 뿐만 아니라, 상속인으로 지정된 자가 상속개시 전에 사망할 경우에 대비하여 대습상속인(Ersatzerbe)을 지정하거나(제2096조) 심지어 상속인으로 지정된 자가 일단 상속을 받은 후 사망하거나 기타 피상속인이 정해 놓은 조건 또는 기한이 성취 내지 도래할 경우 다시 이를 상속할 자를 지정하는 것까지 허용하고 있다(제2100조 이하). 이 때 일차적으로 상속인으로 지정된 자를 先相續人(Vorerbe), 선상속인 다음으로 피상속인의 재산을 상속할 자를 後相續人(Nacherbe)이라고 한다.

유언은 법률에서 정한 방식만 갖추면 언제든지 자유롭게 이를 할 수 있다. 유언의 방식에는 공증인에 의한 기재를 요하는 공정증서에 의한 유언(제2232조)과 피상속인에 의한 자필기재를 요하는 자필증서에 의한 유언(제2247조), 급박한 사정이 있을 때 간이한 방식으로 유언을 할 수 있도록 해주는 긴급유언(제2249조 이하)이 있으며, 부부 간에 공동으로 유언하는 合同遺言(Gemeinschaftliches Testament, 제2265조 이하)도 가능하다. 유언의 자유는

---

18) 이하 독일민법의 인용은 현재 시행되고 있는 독일민법전의 조문에 의한다.
19) 상속계약에 관해서는 독일민법 제1941조 및 제2274조 이하 참조.

필연적으로 유언철회의 자유를 수반한다. 유언은 終意處分으로서 피상속인의 최후의 의사를 실현시키고자 하는 것이므로, 피상속인의 변의는 언제나 이를 존중하여야 하기 때문이다. 따라서 독일민법은 피상속인이 언제든지 유언을 철회할 수 있다(제2253조)고 규정하고 있다. 다만 유언의 철회는 유언의 방식에 의하여야 한다는 것이 독일 입법자의 태도이다(제2254조).

독일 상속법이 로마법에 그 연원을 두고 있는 소위 "好意的 解釋의 原則(benigna interpretatio)"을 명문화하였다는 사실 역시 이 법제에서 의사도그마가 갖고 있는 의미를 보여준다. 즉, 독일민법 제2084조는 "사인처분의 내용이 여러 가지로 해석될 수 있을 때에는 그 처분이 효력을 갖는 쪽으로 해석되는 내용이 우선하는 것으로 추정된다."고 규정하고 있는데, 이는 최대한 법정상속의 개시를 배제하고 피상속인의 의사를 실현시키고자 하는 의사도그마가 반영된 대표적인 조문이라 할 것이다.[20] 동 조문의 문리적 해석에 따르면 호의적 해석의 원칙이 직접적으로 적용될 수 있는 범위는 매우 협소함에도 불구하고, 유언의 해석에 있어서 독일민법 제2084조는 의사도그마의 실정법적 근거로서 중요한 의미를 가지며, 따라서 유언의 해석이 구체적으로 문제되는 많은 사안에서 피상속인의 의사를 중시하는 해석을 지지하는 논거로 늘상 원용되고 있다.

독일 상속법에서 의사도그마가 차지하고 있는 위상을 보여주는 또 다른 제도로 遺留分制度의 구성방법을 들 수 있다. 본래 유류분권은 피상속인과 일정한 혈연관계에 있는 자에게 상속재산 중 일정 부분의 취득을 보장해 줌으로써 피상속인의 유언의 자유를 일부 제한하는 것을 그 목적으로 한다. 독일의 입법자는 유류분권을 인정할 수밖에 없음을 수긍하면서도 그에 의한 유언의 자유의 제한은 최소한으로 축소시키고자 하였다. 독일 상속법의 출발점은 피상속인의 자기 재산에 대한 자유로운 처분 가능성에 있으며, 이에 대한 제한은 예외일 뿐이라는 것이다.[21] 이러한 원칙에 상응하여 유류분권의

20) Smid, Probleme bei der Auslegung letztwilliger Verfügungen, JuS 1987, 284.

각 요건은 최대한 피상속인에게 유리하게 규율되었으며, 유류분반환청구권
역시 채권적 청구권(특히 금전청구권)으로 구성되었다. 즉, 피상속인의 직계
비속, 배우자 및 부모는 피상속인의 유언에 의해 법정 상속권이 침해당하였
을지라도 상속인을 상대로 법정상속분의 1/2에 한하여 금전의 반환을 청구
할 수 있을 뿐이다(제2303조 이하).

III. 영미법

위에서 살펴본 바와 같이 대륙법계에서는 유언상속과 법정상속간의 이념
적·현실적 대립이 있었음에 반해, 영미법계에서는 유언상속이 주를 이루었
다는데 의문의 여지가 없다. 영미법상 상속재산의 법정상속인으로의 포괄적
승계라는 개념은 존재하지 않았으며, 상속인이란 상속에 의해 일정한 이익을
얻는 수증자 내지 수익자(beneficiaries)로서의 법적 지위를 가질 뿐이었다.22)
따라서 전적으로 피상속인에 의한 유언 자유의 원칙이 상속법의 영역을 지
배하였다. 특히 영국에서는 1837년 유언법(Wills Act)의 제정 이래 모든 사람
은 유언에 의해 자신이 소유하는 일체의 부동산 및 동산을 자유롭게 처분할
수 있게 되었으며23), 이와 같은 유언에 의한 재산처분의 자유는 대륙법에서
와는 달리 유류분권(특히 직계비속의 유류분권)에 의한 제한조차 받지 않는
무제약의 것이었다.24) 미국의 경우에도 생존 배우자에 대한 배려 외에 유언

---

21) Motive, S.657 f. ; Mertens, S.95 참조.
22) Odersky, Erbrecht in Großbritannien : England und Wales : in hrsg. Süß, Erbrecht
   in Europa(2.Aufl.), 2007, S.730 참조.
23) 영국법상 유언의 자유가 확대된 과정에 대해서는 金起永, 英國 遺言制度에 관한
   小考, 家族法硏究 第11號(1997), 562면 이하 참조.
24) 다만, 영국법의 경우 1938년 상속법[The Inheritance (Family Provision) Act 1938]과
   1975년 상속법[The Inheritance (Provision for Family and Dependents) Act 1975]에
   의해 법원은 가족과 피부양자의 부양을 위해 필요한 한도에서 피상속인에 의한 유

의 자유는 거의 대부분의 주에서 절대적으로 관철되고 있다.[25]

반면 유언의 해석에 관하여는 유언자의 현실적 의사가 관철되었다고 쉽게 말할 수 없다. 흔히 영미법에서는 대륙법과는 달리 유언자의 진정한 의사보다는 유언의 문언을 중시하는 객관적 해석의 전통이 지배하여 왔다고 한다.[26] 문언 위주의 객관적 해석은 특히 유언 서면의 작성에 법률전문가가 참여하였을 경우 두드러지게 나타난다. 유언자에 의해 고용된 변호사가 서면에 법률적 용어를 사용하였다면, 그것은 엄격한 법적 의미에 따라 해석되어야 한다는 것이다.[27] 또한 법령이나 판례에 의해 특정 단어에 일정한 의미가 부여되었다면, 그 의미에 따른 해석이 우선하였다.[28] 이러한 객관적 해석에 대한 신화는 영미법상의 입증원칙, 특히 서면에 의한 법률행위의 경우에는 서면에 사용된 문언과 다른 의사가 있음을 입증하기 위해 여타의 증거를 원용하는 것이 허용되지 않는다는 소위 口述證據 排除의 原則(Parol Evidence Rule)[29]과 결합하여 더욱 강화되어 왔다.[30]

언의 효력을 부인할 수 있는 권한을 갖게 되었다. 자세한 내용에 관해서는 曹美卿, 英國 無遺言相續法上의 配偶者相續分, 家族法研究 第13號(1999), 419면 이하 참조.

25) 김수정, 遺留分制度의 憲法的 根據와 法政策的 論議 -獨逸 聯邦憲法裁判所 決定을 契機로 하여- 家族法研究 第20卷 2號(2006), 189면, 각주 69) 참조.

26) Schanze, A Tribute to Thomas Smith, 1992, 104 ; Lange/Kuchinke, S.771 Anm. 3a) 에서 재인용.

27) Atkinson, Handbook of the Law of Wills and Other Principles of Succession including Intestacy and Administration on Decendents' Estates(2nd.ed.), 1953, p.811 참조.

28) a.a.O.

29) 구술증거 배제의 원칙(Parol Evidence Rule)이란 계약(contract), 날인증서(deed), 유언(will) 등에 있어서 서면화된 합의내용 또는 의사 내용과 다른 것을 다른 구술증거 또는 다른 서면증거를 이용하여 증명하는 것은 허용될 수 없다는 원칙을 말하는데, 현대에까지도 구술증거에 대한 서면증거의 우위(A written instrument may not be contradicted, added to or varied by oral evidence)로 그 발자취를 남기고 있다.

30) Lüderitz, Auslegung von Rechtsgeschäften - Vergleichende Untersuchung anglo-

그러나 반드시 그러한 것만은 아니다. 먼저 서면증거 우선의 원칙이 완화
되어 감에 따라 점차 유언의 의미를 확정하기 위해 유언 성립 당시 존재하였
던 유언자를 둘러싼 여러 사정을 모두 고려하는 것이 가능해졌다.[31] 법원은
문언의 의미가 불명확한 경우 유언 문서 외부에 존재하는 사정들을 고려하
여 이를 해석하는 것을 허용하는 것[32]으로부터 한 발 더 나아가 법률문외한
이 유언을 작성하면서 자신이 사용하는 문언에 통상적인 의미 외에 자신만
의 고유한 의미를 부여한 경우에는 후자를 우선적으로 존중하기에 이르렀
다.[33] 즉, 대륙법에서와 마찬가지로 영미법에서도 意思도그마는 유언의 해
석에 관하여 실질적으로 중심적인 지위를 차지하고 있었던 것이다.[34] "법원
은 언제나 유언자의 자리(armchair)에서 유언자가 자신과 관련된 사실에 관해
무엇을 알았는지, 무엇을 좋아했으며 무엇을 싫어했는지, 그가 어떤 방식으
로 말하고 썼는지를 판단하여야만 한다."[35]는 영국의 법언이나 "유언자의
의도는 유언 해석의 「북극성(polar star)」"[36]이라는 미국 판례의 태도는 영미
법에서 의사도그마가 갖는 의미를 단적으로 보여주고 있다.

---

amerikanischen und deutschen Rechts, 1966, S.111 ff. 참조.

31) Prall v. Prall, 204 Ark. 1074, 116 S.W.2d 1028, 1943 ; Magill v. Magill, 317
Mass.89, 56 N.E.2d 892, 154 A.L.R. 1406, 1944 외 다수. 영미법상 서면 외부에 존
재하는 증거의 허용가능성의 확대 경향에 관해서는 Barak, Purposive Interpretation
In Law, Princeton University Press, 2005, pp.311도 참조.

32) Janet Finch/Lynn Hayes/Jennifer Mason/Judith Masson/Lorraine Wallis, Wills,
Inheritance, and Families, 1996, p.23 참조.

33) In re MacPherson's Estate, 87 Cal.App.2d 1, 195 P.2d 807, 1948 ; Stockton v.
State Bank of Rensselaer, 121 Ind.App. 7, 96 N.E.2d 910, 1951 외 다수.

34) 영미법상 유언의 해석의 발달과정에 관해 자세히는 來栖三郎, 遺言の解釋, 民商
法雜誌 78卷 5號(1978), 572면 이하 참조.

35) Atkinson, p.811 참조.

36) Barak, p.308.

IV. 일본법

일본의 상속법은 입법 당시부터 소위 "家督相續", 즉, 가장권과 가산을 적출의 장남에게 단독으로 승계시키는 것을 그 목적으로 함으로써 서구의 상속법과는 달리 가족중심적 사고방식을 강하게 드러낸 바 있다. 1947년 가독상속 제도를 폐지한 후로도 여전히 일본의 상속법은 법정상속을 그 기본형태로 삼고 있는 프랑스 민법에 기대어 법정상속주의, 포괄승계주의 및 당연승계주의를 기본구조로 하고 있다.37) 그럼에도 불구하고 일본 역시 유언의 해석에 관한 실무는 유언자의 의사를 최대한 존중하고자 하는 意思도그마의 입장에 입각하여 있는데, 특히 일본 최고재판소는 유언을 해석함에 있어서 일반적인 법률행위 해석에 비해 표의자의 내심적 의사탐구가 더욱 중시되어야 한다는 입장을 수차에 걸쳐 명시적으로 표명하였다. 가령 최고재판소 1983.3.18.자 판결38)이 그 대표적인 예이다.

피상속인이 자필증서에 의한 유언에 의해 자기 소유의 부동산을 妻에게 유증하되, 처가 사망한 때에는 자신의 형제자매들이 이를 피상속인이 지정한 지분대로 승계한다는 취지의 유언을 한 사건에서 최고재판소는 "유언의 해석에 있어서는 유언서의 문언을 형식적으로 판단하여서는 아니되며, 유언자의 진의를 탐구하여야 마땅하다 할 것이고, 유언서가 다수의 조항으로 되어 있는 경우에 그 중 특정 조항을 해석하는 경우에도 단순히 유언서 중 당해 조항만을 다른 것들로부터 분리하여 그 문언을 형식적으로 해석하는 것으로는 충분치 아니하며, 유언서 전체의 기재와 관련하여 유언서 작성 당시의 사정 및 유언자가 놓여 있던 상황 등을 고려하여 유언자의 진의를 탐구하고 당

---

37) 伊藤昌司, 相續法, 有斐閣, 2002, 16면 참조.
38) 最判 昭和58(1983).3.18.(民集36-3-143) ; (同旨) 最判 昭和30(1955).5.10.(民集 9-6-657) ; 最判 平 3(1991).4.19.(民集 45-4-477) ; 最判 平成5(1993).1.19.(民集 47-1-1) 등.

해 조항의 취지를 확정하여야 할 것"이라고 설시하면서 당해 유언의 다른 여러 조항들 및 기타 사정을 종합하여 보면, 위 유언을 단순히 처에 대한 유증과 처의 사망을 정지조건으로 하는 형제자매들에 대한 유증이 결합된 것으로 볼 것은 아니며, 처로 하여금 이 사건 부동산의 소유권을 그의 형제자매들에게 이전시킬 채무를 부담시킨 부담부 유증 또는 처의 사망을 불확정기한으로 하는 유증 등으로 해석할 여지도 충분히 있다고 판시하였던 것이다. 이러한 실무의 태도에 대하여 일부 학설의 비판[39]이 있기는 하나, 대부분의 학자들[40] 역시 유언이란 상대방 없는 법률행위로서 상대방의 신뢰나 거래의 안전 등을 고려할 필요가 없기 때문에 유언의 해석에 있어서 유언자의 의사가 최우선적으로 존중되어야 한다는 점을 인정하고 있다.

---

39) 가령 伊藤昌司, 85면 이하는 유언 해석의 기준은 일차적으로 실정법규, 특히 민법의 규정이 되어야 하며, 다음으로는 유언의 문언을 존중하여야 한다는 규범주의적 태도를 취하고 있으며, 編著者 柳澤秀吉·緖方直人/櫻井弘晃 집필부분, 親族法·相續法, 嵯峨野書院, 2006, 344면 역시 유언서의 문언으로부터 전적으로 동떨어진 해석을 하는 것은 허용되지 않는다고 보고 있다.

40) 가령 我妻榮·有泉亨·遠藤浩, 民法3 親族法·相續法, 勁草書房, 2003, 376면 이하. ; 編集代表 谷口知平 외 5인/加藤永一 집필부분, 新版 注釋民法(28) 相續(3) 遺言·遺留分[補訂版], 有斐閣, 2002, 50면. ; 中川善之助/泉久雄, 482면 이하. ; 浦野由紀子, 遺言の補充的解釋(一) -ドイツにおける遺言完成後の事情變更と遺言の效力をめぐる議論を中心として-, 民商法雜誌 115卷(1996), 32면. ; 潮見佳男, 相續法[第2版] 弘文堂, 2005, 169면. ; 北川善太郎, 親族·相續[第2版], 有斐閣, 2001, 229면 이하 ; 松原正明, 遺言の解釋と遺言の撤回 -判例を中心とした實務上の問題點, 遺言と遺留分 第1卷 遺言(編集代表 久貴忠彦), 日本評論社 , 2001, 206면 이하 ; 野村豊弘, 遺言意思の解釋, 遺言自由の原則と遺言の解釋(野村豊弘, 床谷文雄 編著), 商事法務, 2008, 9면 이하 등 참조.

제 3 장

遺言解釋의 目的

제1절 法律行爲 解釋의 目的과 意思表示 本質論

법률행위의 해석은 불완전하고 애매모호한 법률행위의 내용을 명확하게 하기 위한 작업이다.[1] 실제로 법률행위 해석 작업을 수행하기 전에 먼저 해석의 목적을 명백히 할 필요가 있는데, 이는 그 목적을 무엇으로 볼 것인가에 따라 구체적인 해석방법이 크게 달라지기 때문이다. 머리말에서 간단히 언급한 바 있는 주관적 해석방법과 객관적 해석방법 간의 결정적인 차이점 역시 해석의 목적을 어떻게 파악하느냐에 따라 좌우되고 있다.[2] 즉, 主觀的 解釋方法(die subjektive Auslegung)은 표의자의 진정한 내심의 의사를 탐구하는 것을 그 목적으로 하는 반면, 客觀的 解釋方法(die objektive Auslegung)은 평균적이고 합리적인 상대방이라면 당해 의사표시를 어떻게 이해할 것인지를 탐구하고자 하는 것이다.[3] 따라서 유언의 해석방법론에 본격적으로 들어가기에 앞서 먼저 유언해석의 목적을 확정하여야 할 것이다. 그런데 본래 법률행위 해석의 목적에 관한 논쟁은 意思表示의 本質論에 대한 입장의 차

---

1) 郭潤直, 民法總則(第七版), 2002, 博英社, 222면.
2) 주관적 해석방법과 객관적 해석방법의 대립을 이와 같이 법률행위 해석의 "목표"에 관한 문제로 서술하고 있는 견해로 郭潤直/宋德洙, 民法注解 II, 176면 이하. 이를 법률행위 해석의 "대상"에 관한 견해대립으로 파악하고 있는 견해로 李英俊, 284면. 반면 이를 법률행위 해석의 "의의" 내지 "본질"에 관한 문제로 보고 있는 견해로 南孝淳, 法律行爲의 解釋의 爭點-法律行爲解釋의 本質 및 方法에 관하여-, 서울대 法學 제41권 1호(2000), 148면 참조. 동 견해는 상대방의 유무를 불문하고 "당사자의 진정한 의사"를 탐구하는 것이야말로 법률행위 해석의 의의 내지 본질이라고 보면서 이하에서 살펴보는 의사표시 본질론에 따른 법률행위 해석방법론에 대한 견해 대립은 "당사자의 진정한 의사"가 갖는 의미에 대한 견해 대립이라고 파악하고 있다. 전게논문, 149면 참조.
3) 엄동섭, 법률행위의 해석, 41면.

이로부터 비롯한 것이므로 이에 관해 간단히 개관할 필요가 있다.[4]

먼저 Savigny가 주창한 意思主義이론(Willenstheorie)은 표의자의 의사 그 자체를 의사표시의 본질로 보고 있다. 의사주의에 따르면 "본래 意思 그 자체야말로 유일하게 중요하고 효력있는 것"[5]으로서 표시는 이러한 의사를 공표하기 위한 징표에 불과하기 때문에, 법률행위의 해석 역시 표의자의 진정한 내심의 의사를 탐구하는 것을 그 목적으로 삼는다. 반면 Danz로 대표되는 表示主義 이론(Erklärungstheorie)은 "법률행위의 구성요건요소로서의 의사표시란 모든 사정들을 고려하여 거래통념에 따라 판단할 때 일반적으로 어떤 특정의 의사를 가지고 있는 것으로 추론될 수 있는 개인의 행동"[6]이라고 정의내리면서 내심의 의사가 중요한 것이 아니라 그 의사표시가 갖는 거래통념상의 의미, 즉 만약 합리적인 인간이 표의자의 지위에 있었다면 그 행위를 통해 표현하고자 의욕하였을 의사가 중요하다고 본다.[7] 의사주의와 표시주의 간의 대립에 대한 절충적 입장으로 Larenz는 소위 效力主義 이론(Geltungstheorie)을 주장하였다. 의사와 표시는 서로 분리될 수 없는 것으로서 의사표시란 효과의사가 법적으로 효력을 갖게 하기 위한 표시, 즉 주관적 의미와 객관적 의미의 단일체라는 것이다.[8] 이러한 효력주의에 따르면 법률행위의 해석은 상대방의 신뢰보호(객관적 측면) 뿐만 아니라, 해석 결과를 표의자에게 귀속시킬 수 있을 것인지(주관적 측면)까지 모두 고려하여야 한다.[9]

---

4) 의사표시 본질론과 그에 따른 법률행위 해석방법론에서의 견해 대립의 역사적 발전과정과 정치적·철학적 배경에 대해서는 HK/Vogenauer, §§133, 157, Rdnr.34 ff. 참조. 의사표시 본질론에 관한 우리 학계의 동향에 관해서는 池元林, 意思表示의 本質, 韓國民法理論의 發展(I), 博英社, 1999, 61면 이하 참조.

5) Savigny, System des heutigen Römischen Rechts, 3.Bd., 1840, S.258.

6) Danz, Die Auslegung der Rechtsgeschäfte(3.Aufl.), 1911, S.14.

7) 전게서, S.15.

8) Larenz, Allgemeiner Teil des deutschen Bürgerliches Rechts(3.Aufl.), 1975, S.278 ff.

9) 전게서, S.281.

이하에서는 과연 유언의 법적 성격에 비추어 보았을 때 위에서 살펴 본 의사주의, 표시주의 및 효력주의 간의 논쟁이 유언 해석의 목적을 확정함에 있어 어떠한 역할을 할 수 있는지, 그리고 위 각 이론이 실제로 유언 해석의 목적에 관해 어떠한 견해를 펼치고 있는지에 관해 살펴보고, 마지막으로 우리 현행 민법상 유언 해석의 목적을 어떻게 파악하여야 할 것인지에 관해 - 특히 현행 상속법 조문에 비추어 볼 때 의사도그마를 정당화할 수 있는지 여부를 중심으로- 논하기로 한다.

제2절 遺言의 法的 性格에 비추어 본 유언 해석의 목적

I. 유언 해석의 목적에 관한 전통적 견해

유언 역시 의사표시 내지 법률행위의 일종이기 때문에 일견 위와 같은 의사표시 본질론 및 법률행위 해석론을 둘러싼 논쟁이 그대로 적용될 것처럼 보인다. 그러나 실제로 유언해석의 목적을 무엇으로 볼 것인가에 대한 학자들의 견해는 그가 의사표시 본질론에 관하여 어떠한 입장을 취하고 있느냐에 따라 수미일관되게 나타나고 있는 것은 아니다. 과거에는 객관적 해석을 중시하는 표시주의나 효력주의를 주장하는 학자들도 유언의 해석에 있어서만큼은 遺言者의 眞正한 意思를 탐구하는 것을 그 목적으로 삼고 있는 경우가 많았다. 각 견해별로 살펴본다.

1. 意思主義 이론

의사주의적 입장에 있는 학자들은 다른 법률행위의 해석에 있어서와 마찬가지로 유언의 경우에도 당연히 표의자(유언자)의 의사를 탐구하는 것이 해석의 목적이 되어야 한다고 보고 있다. 상대방 있는 법률행위를 해석함에 있어 표의자의 의사에 따른 법률효과를 부여하여야 한다면, 보호받을 가치가 있는 상대방이 존재하지 아니하는 유언의 경우에는 더욱 더 그러하다는 것이다. 특히 의사주의를 현대에 계승하면서도 자기 책임의 원리에 따른 법률행위 해석의 규범적 성격을 강조하고 있는 Flume[1] 역시 유언의 해석에 있어

서는 오로지 유언자의 의사 실현만이 중요한 의미를 갖는다고 한다. 유언자
가 방식에 적합한 유언을 하면서 그 의사표시를 통해 자신의 의사에 상응하
는 지시를 한다고 생각한 때에는 설령 유언의 문언에 반하더라도 그 의사에
따른 효과를 인정해야 한다는 것이다.

2. 表示主義 이론

표시주의를 취하고 있는 학자들 역시 유언의 해석에 있어서는 종래의 객
관적 해석방법론을 포기하고 예외적으로 유언자의 의사를 중시하는 경우가
대부분이다. 가령 객관적 해석방법론의 대표적 학자인 Danz에 따르면 사인
처분은 거래행위가 아니기 때문에 독일민법 제157조가 적용될 여지가 없으
며, 오로지 피상속인이 당해 문언에 어떠한 의미를 부여하고자 하였는지 만이
중요한 의미를 갖는다고 한다.[2] 또한 F. Leonhard는 의사주의 이론은 독일의
실정법규에 저촉될 뿐만 아니라 형평과 거래의 안전성에 비추어 보더라도 허
용될 수 없는 것이라고 비판하면서도[3], 다만 유언의 경우에는 내심의 의사가
해석기준이 되어야 함을 인정하고 있다. 유언은 유언자에 의해 언제든지 철회
될 수 있으며, 또한 상속인이 유언자의 의사에 어긋나게 유언자의 재산을 취
득하는 것은 바람직하지 못하기 때문이다.[4] 거래행위에 대해서는 표시주의에
따른 객관적 해석을, 비거래행위에 대해서는 의사주의에 따른 주관적 해석을
할 것을 주장함으로서 이원론적 해석방법론을 제시하고 있는 Titze[5]와
Oertmann[6] 역시 유언해석의 목적을 진정한 의사의 탐구로 보고 있다.

---

1) Flume, Rechtsgeschäft, S.331 ff. 참조.
2) Danz, S.280 f.
3) F.Leonhard, Die Auslegung der Rechtsgeschäfte, AcP 120, 73 ff.
4) 전게논문, S.84 ff.
5) Titze, Die Lehre vom Mißverständnis, 1910, S.95.
6) Oertmann, Rechtsordnung und Verkehrssitte, 1914, S.135 ff.

3. 效力主義 이론

반면 효력주의를 제창한 Larenz는 본래 유언의 해석에 관해서도 여타의 법률행위 해석과 마찬가지의 원리가 적용된다고 보았었다. 즉 유언의 경우에도 유언자의 주관적 의도에 따라 해석될 것은 아니며, 당해 의사표시가 그의 의도대로 이해될 것이라고 믿을만한 정당한 기대가 존재하는지 여부를 해석의 기준으로 삼아야 한다고 했던 것이다. 다만 상대방 있는 의사표시의 경우에는 표의자의 이해가능성 뿐만 아니라 특정 상대방의 이해가능성도 고려해야 하는 반면, 유언과 같이 상대방 없는 의사표시의 경우에는 일반적으로 당해 의사표시를 인식하는 자의 이해가능성이 상대방의 이해가능성을 갈음한다고 하였다.[7] 그러나 그 후 Larenz는 자신의 견해를 변경하면서 遺言의 경우에는 여타의 법률행위와는 다른 해석원칙이 적용된다는 입장을 명시적으로 천명하였다. 유언자는 언제든지 유언을 철회할 수 있으며 타인의 어떠한 보호가치 있는 신뢰도 존재하지 않기 때문에, 유언자의 자기책임 원리라는 측면에서도 상대방의 신뢰보호라는 측면에서도 규범적 해석을 요구할 필요가 없다는 것이다. 따라서 유언의 해석에 있어서는 유언자의 진정한 의사를 탐구하는 主觀的 解釋方法이 타당하다고 한다.[8]

---

7) Larenz, Die Methode der Auslegung des Rechtsgeschäfts, 1930, S.80 ff.
8) 전게서, S.536. 의사표시 본질론에 관한 Larenz의 입장변화에 관하여 자세히는 嚴東燮, 法律行爲의 解釋 -現代 獨逸 民法學上의 論議를 中心으로-, 私法硏究 第2輯(1994), 230면 이하 참조.

II. 遺言의 法的 性格

위에서 살펴본 바와 같이 법률행위 해석론에 관해 논하고 있는 전통적 견해들은 대부분 유언의 해석을 고유하게 다루면서 유언자의 의사를 중시하는 주관적 해석방법을 택하고 있다. 이러한 현상은, 기존의 학자들이 스스로 논증하고 있듯이, 유언이 갖는 법적 성질의 특수성으로부터 비롯한 것이다.[9] 이와 같이 해석의 목적이란 의사주의 또는 표시주의라는 이론적 구조물로부터 획일적으로 끌어낼 수 있는 것이 아니며, 해석의 대상이 되는 법률행위의 유형에 따라 얼마든지 달리 볼 수 있다.[10] 우리나라에서의 법률행위 해석론 역시 이와 같은 전통적 해석방법론과 마찬가지로 유언의 법적 성질에 주목하여 유언 해석의 목적을 여타의 법률행위와는 별개로 확정하여 왔다. 가령 宋德洙는 법률행위의 해석을 상대방 있는 법률행위의 해석과 상대방 없는 법률행위의 해석으로 구별하면서 "法律行爲를 구성하는 意思表示에는 상대방 없는 意思表示와 상대방 있는 意思表示가 있다. 상대방 없는 意思表示로서 특히 문제되는 것은 遺言이다. 이러한 意思表示에 있어서는 보호하여야 할 상대방이 없기 때문에 상대방 있는 意思表示에 비하여 表意者의 意思가 더욱 존중되어야 한다. 즉, 遺言과 같은 상대방 없는 意思表示는 상대방 있는 單獨行爲인 解除·解止·取消 등의 意思表示나 契約을 이루는 意思表示인 請約·承諾과는 다른 관점에서 다루어지는 것이 마땅하다. 따라서 法律行爲의 解釋은 상대방 없는 意思表示의 해석과 상대방 있는 意思表示의 解釋으로 나누어 살펴보아야 한다."[11]고 서술하고 있다. 이하에서는 이와 같은 관점에서 의사표시 본질론에 관하여 어떠한 결론을 내리지 아니

9) Brox/Walker, Erbrecht(22.Aufl.), 2007, Rdnr.198. ; Lüderitz, S.98 등 참조.
10) HK/Vogenauer, §§133, 157, Rdnr.42 참조.
11) 郭潤直/宋德洙, 民法注解 II, 173면. ; (同旨) 高翔龍, 371면. 양자를 구별하지 않고 있는 견해로 郭潤直, 民法總則, 223면. ; 李銀榮, 民法 I [民法總則·物權法] (第5版), 博英社, 2007, 150면 등.

하고, 유언이라고 하는 특수한 법률행위에 한정하여 그 해석의 목적을 확정하고자 한다. 본 항에서는 그와 같은 작업을 함에 있어 필수적으로 선행되어야 할 유언의 법적 성격에 대해 간단히 고찰한다.

1. 相對方 없는 法律行爲

유언의 가장 큰 특징은 무엇보다도 상대방 없는 법률행위라는 데 있다. 우리 민법은 독일민법과는 달리 상속계약(Erbvertrag)이나 부부간의 합동유언을 허용하지 않는다. 현행법상 사인처분은 유언의 형태로만 행해질 수 있다. 유언은 유언자 단독의 의사표시만으로 성립한다. 계약과는 달리 상대방의 승낙을 받을 필요도 없으며, 상대방 있는 단독행위와는 달리 의사표시가 상대방에게 도달할 필요도 없다. 심지어 유언이 그에 의해 이익(유증의 경우) 또는 불이익(부담부 유증의 경우)을 받을 자의 의사에 반할지라도 효력에 아무런 영향이 없다. 수유자는 유언자 사망 후 이를 포기할 수 있을 뿐이다(민법 제1074조 및 제1078조에 의한 제1041조 이하의 준용). 따라서 유언을 해석함에 있어서는 相對方의 信賴라는 요소가 등장할 여지가 없다. 유언은 오로지 유언자의 자유로운 의사에 의해 성립할 뿐이다.

2. 終意處分

또한 유언은 사인처분으로서의 성격을 갖는다. 즉, 유언은 성립과 동시에 그 효력을 발생하는 것이 아니라, 유언자가 사망하여야 비로소 그 효력이 생긴다(제1073조 제1항). 유언은 피상속인 사망 후의 법률관계를 규율하는 것을 목적으로 하기 때문이다. 따라서 유언자가 유언에 의해 유증 등의 처분을 하였더라도 수유자가 어떠한 권리를 취득하는 것은 아니다. 유언자가 사망하기 전에 수유자에게 어떠한 권리가 발생하지 않는다는 점은 유언자에게 遺言 撤回의 自由가 무제한적으로 부여된다는 점에 비추어 보더라도 자명하다. 우리 민법은 유언자가 언제든지 유언의 전부나 일부를 철회할 수 있으며 (제1108조 제1항), 그 철회의 권리는 이를 포기하지 못한다고 규정하고 있다 (제2항). 본래 유언은 유언자 소유의 재산을 그의 사후에 어떻게 처분할 것인가에 관한 유언자의 최종적 의사표시로서 종의처분에 해당하므로, 그의 의사가 변경되었을 때에는 언제든지 이를 반영할 수 있어야 하기 때문이다. 그렇다면 유언에 의해 이익을 받을 자가 발생하였다고 하더라도 그는 언제든지 당해 유언이 철회될 수도 있음을 감내하여야 할 것이고, 그렇기 때문에 그가 받을 이익은 권리라기보다는 일종의 '期待'에 불과하다고 할 것이다.[12] 따라서 이는 보호할만한 가치 있는 신뢰에 해당하지 아니한다. 수유자는 유언자에게 아무런 반대급부를 제공하지 아니하고 무상으로 재산을 받는 것에 불과하다는 점에서 더더욱 그러하다.[13]

III. 요약

위에서 살펴본 유언의 법적 성격은 유언의 해석 목적을 결정함에 있어 두 가지 측면에서 작용한다. 적극적 측면과 소극적 측면이 그것이다. 먼저 積極的인 측면에서 유언의 법적 성격은 의사도그마의 강력한 근거가 될 수 있다. 유언의 상대방 없는 법률행위로서의 성격과 사인처분으로서의 성격에 비추어 볼 때, 유언자의 현실적 의사는 최대한 존중받아 마땅하기 때문이다. 그러나 유언의 법적 성격만으로 바로 의사도그마를 정당화할 수 있는 것은 아

---

12) Brox/Walker, Rdnr.198. ; Lüderitz, S.98 참조.
13) Brox, Die Einschränkung der Irrtumsanfechtung - Ein Beitrag zur Lehre von der Willenserklärung und deren Auslegung, 1960, S.136 f.

니다. 의사표시 본질론에 관한 효력주의의 입장에서 볼 때 [아무리 유언이 유언자의 자유로운 의사에 의존하여 성립하는 것일지라도] 유언자의 의사란 그의 표시, 즉 유언의 문언과 분리되어 따로 존재할 수 없기 때문이다. 효력주의적 입장에서는 유언자의 내적·심리적 의사만을 중시하는 주관적 해석방법을 용납할 수 없다. 유언의 법적 성격은 오히려 消極的인 측면에서 의미를 갖는데, 표시주의 이론에 입각한 객관적 해석방법론이 유언의 해석 영역에 개입할 수 없음을 보여준다[14]는 점에서 그러하다. 표시주의는 상대방의 신뢰보호를 목적으로 당해 의사표시가 갖는 거래통념상의 의미를 탐구하고자 하는 것인데, 유언에 있어서는 보호하여야 할 상대방 내지 보호가치 있는 제3자의 신뢰가 존재하지 않기 때문이다. 그러므로 본 절에서는 유언의 해석에 있어서 유언의 객관적 의미 탐구는 그 목적이 될 수 없다는 소극적인 결론만을 내리고, 과연 유언의 해석 목적을 어떻게 파악해야 할 것인지에 관한 적극적인 논증은 다음 절로 넘기기로 한다.

---

14) Stagl, S.164 f. 참조.

제3절 意思表示 本質論에 비추어 본 유언 해석의 목적

I. 유언 해석의 목적에 관한 새로운 견해

전통적인 법률행위 해석론은 유언의 상대방 없는 법률행위로서의 법적 성격에만 주목한 결과 유언의 해석에 관해서는 일치하여 의사도그마를 지지하여 왔다. 위에서 간략히 살펴보았듯이 의사표시 본질론에 관하여 효력주의를 주창한 Larenz조차 유언자의 진정한 의사를 탐구할 것을 강조하였던 것이다. 그러나 점차 이러한 전통적인 견해에 반기를 들면서 유언의 문언을 중시하는 견해가 등장하기 시작하였다. 기존의 의사주의적 견해는 유언자의 현실적 의사탐구를 해석의 목적으로 보면서 유언의 문언과 유언자의 의사가 서로 상치되더라도 그의 진정한 의사에 따른 법률효과를 인정하여야 한다고 본 반면, 새로운 견해는 유언해석의 목적을 유언에 의해 표시된 의사 내지 유언이 갖는 법적으로 효력있는 내용의 탐구에서 찾으면서 해석의 결과가 유언의 객관적 의미와 동떨어져서는 안 됨을 강조하고 있다. 이와 같이 문언을 중시하는 입장은 기본적으로 유언자의 의사와 표시된 바를 일체로서 파악하고자 하는 效力主義 이론에 그 기반을 두고 있는 것으로 보인다. 종래의 통설적 입장인 의사주의적 견해와 새롭게 등장한 효력주의에 입각한 견해는 유언 해석의 목적에 관한 입장의 차이에서부터 구체적인 해석방법과 관련하여 소위 "暗示理論"[1]을 인정할 것인지 여부에 이르기까지 관련 쟁점에서 매우 다른 입장을 취하고 있다. 따라서 이하에서는 이러한 의사표시 본질에

---

1) 암시이론의 주된 내용에 관해서는 제5장 제2절 이하 참조.

관한 논쟁과 관련하여 독일에서 논의되고 있는 유언 해석의 목적에 관한 견해의 대립을 소개하고자 한다.

II. 遺言者의 現實的 意思의 探究를 목적으로 보는 견해

1. 내용과 근거

대부분의 학자들은 유언해석의 목적을 유언자의 現實的 意思 탐구에서 찾고 있다.[2] 전통적인 통설의 견해이다. 유언의 경우에는 보호하여야 할 상대방이 존재하지 않기 때문에 '표시' 요소를 고려할 필요가 없고, 따라서 주관적 해석방법이 타당하다는 것이다. 동 견해는 유언해석의 목적을 현실적 의사탐구로 보는 것에 대한 실정법적 근거로 특히 독일민법 제133조와 제2084조를 들고 있다.

독일민법 제133조[3]는 의사표시 해석에 관한 일반규정으로서 "의사표시의 해석에 있어서는 實際의 意思가 탐구되어야 하며 표현의 문자적 의미에 구

---

2) 가령 Brox, Der Bundesgerichtshof und die Andeutungstheorie, JA 1984, 550. ; Brox/Walker, Rdnr.198. ; Keuk, Der Erblasserwille post testamentum und die Auslegung des Testaments, 1965, S.23. ; Frieser(hrsg.)/Löhnig, Kompaktkommentar, Erbrecht, 2007[이하 KompaktKomm/Löhnig라고 약칭한다.], §2084, Rdnr.1. ; Kipp/Coing, S.139. ; Palandt/Edenhofer, Bürgerliches Gesetzbuch(64.Aufl.), 2005, §2084, Rdnr.1. ; Scherer, Grenzen der Auslegung bei Verfügungen von Todes wegen, 1999, 7 ff. ; Schlüter, Erbrecht(15.Aufl.), 2004, Rdnr.191. ; Smid, S.284. 오스트리아에서 이와 같은 태도를 취하고 있는 것으로 Eccher, Bürgerliches Recht IV Erbrecht (2.Aufl.), 2002, S.46.

3) 독일 민법 제133조의 입법연혁에 대해서는 HK/Vogenauer, §§133, 157, Rdnr.18 ff., u. 38 ff. 참조.

애되어서는 아니된다."⁴⁾고 규정하고 있다. 동 조문은 총칙규정으로서 모든
종류의 법률행위에 적용되는 것이 원칙이나, 계약과 같은 상대방 있는 법률
행위의 경우에는 "계약은 신의성실이 거래관행을 고려하여 요구하는 대로
해석되어야 한다."고 규정하고 있는 독일민법 제157조가 함께 적용되기 때
문에, 주로 유언과 같은 상대방 없는 법률행위에서 더 큰 의미를 갖는다.⁵⁾
제133조의 문언에 비추어 볼 때 유언의 해석에 있어서는 거래관행 또는 상
대방의 신뢰보호 등을 고려하지 아니하고 오로지 유언자의 현실적 의사를
탐구하여야 함이 명백하다. 그리고 그 "현실적 의사"라 함은, 독일민법 입법
자들의 견해에 따르면, 바로 心理的 또는 內心的 意思를 의미한다.⁶⁾ 그 밖
에 독일 입법자는 유언의 해석에 관한 일반규정으로서 好意的 解釋의 原則
에 관한 독일민법 제2084조를 마련하고 있다. 동 규정은 피상속인의 의사에
가능한 한 법적 효력을 부여하고, 유언자의 의사가 좌절되는 것을 방지하는
것을 목적으로 하고 있는데, 이로써 동 조문은 독일민법 제133조와 더불어
유언의 해석에 있어서 의사도그마를 완성한다.

　한편 독일 입법자는 의사표시에 하자(특히 착오)가 있는 경우 이를 무효로
돌리지 아니하고, 취소할 수 있도록 함으로써 순수한 의사주의의 채택을 거
부하였다. 그러나 유언에 있어서만은 의사주의에 기울어진 태도를 보이고 있
는데, 유언에 어떠한 착오가 있을 때에는 이를 취소할 수 있도록 하면서도
(제2078조 제1항) "피상속인이 어떠한 사정이 존재 또는 존재하지 않는 것으
로 잘못 생각했거나 기대함으로써 혹은 위법한 강박에 의하여 처분을 하게
된 때"(같은 조 제2항)에도 유언을 취소할 수 있도록 함으로써 피상속인의
動機의 錯誤를 무제한적으로 고려한 것이다. 또한 유언을 취소한 때에는 여

---

　4) 이하 독일민법의 번역에 관해서는 梁彰洙 譯, 2005년판 독일민법전, 博英社,
　　2005 참조.
　5) 그렇다고 하여 유언의 해석에 관해 독일민법 제157조의 적용이 전적으로 배제되는
　　것은 아니라는 점에 대해서는 HK/Vogenauer, §§133, 157, Rdnr.29 ff. 참조.
　6) HK/Vogenauer, §§133, 157, Rdnr.38.

타의 법률행위 취소의 경우와는 달리 손해배상책임이 발생하지 않는다(같은 조 제3항). 게다가 독일민법 제2084조가 존재하는 이상 해석은 언제나 취소에 우선한다. 취소는 법률행위의 효력을 無로 돌리기 때문에, 가능한 유언의 효력을 유지하고자 하는 제2084조의 입법목적에 반한다는 것이다. 따라서 취소보다는 해석을 통해 가능한 한 유언자의 의사를 실현시키는 것이 독일 상속법 구조에 보다 적합하다고 본다. 이 모든 것은 유언에 있어서 객관적 요소, 즉 상대방의 신뢰보다는 유언자의 진정한 의사라는 주관적 요소가 전면으로 등장함을 보여준다.[7]

2. 독일연방대법원의 판례
: BGHZ 86, 41 판결을 중심으로

유언의 해석과 관련하여 널리 인용되고 있는 독일연방대법원 1982.12.8.자 판결[8]은 법관이 유언을 해석함에 있어서 유언자의 진정한 의사를 탐구하여야 한다는 입장을 전제로 하고 있다. 이하에서 자세하게 살펴본다.

(1) 사실관계

피상속인은 1968.5.16. 원고를 제1농장의 상속인으로, 소외 1을 제2농장의 상속인으로, 그리고 피상속인의 조카들이었던 피고 1, 2를 기타 재산의 상속인으로 각 지정하는 내용의 공정증서 방식에 의한 유언을 하였다. 그러면서 피상속인은 가장 많은 재산을 상속받은 원고에게 유증의 부담을 지웠는데, 원고는 피고들에게 각 25,000 DM를 지급할 것을 명하였던 것이다. 그 후 1976. 제1농장이 수용을 당하게 되자 피상속인은 이를 피하기 위해 위 농장

---

7) Scherer, Auslegung, S.16 f.
8) BGHZ 86, 41 = NJW 1983, 672.

의 일부를 양도하고, 그 대금으로 제1부동산 등을 매입하는 한편, 대금의 나머지 부분은 은행에 예금하였다. 피상속인이 1979. 사망하자, 원고는 피상속인이 자신을 제1농장의 상속인으로 지정한 유언은 제1농장의 양도로 인해 발생한 대상물 역시 자신에게 귀속시키겠다는 취지로 해석되어야 한다고 주장하면서 피고들에게 제1부동산 소유권의 이전을 청구함과 동시에 은행에 예금되어 있는 잔존 매매대금이 자신에게 속한다는 확인을 구하였다.

(2) 사건의 경과

지방법원과 고등법원은 원고의 소를 기각하였다. 그 주된 이유는 다음과 같다. ; 유언의 문언에 따르면 피상속인은 제1농장에 관해서는 원고를, 제2농장에 관해서는 소외 1을, 그리고 기타 재산 전부에 대해서는 피고들을 상속인으로 지정하고자 하였음이 명백하다. 제1농장은 독일 농장법(Höfeordnung)[9]의 적용을 받는 농장으로서 독일법상 대위의 원리가 적용되지 않으므로, 제1농장의 매도대가로 취득한 제1부동산이나 매매대금이 '기타 재산'에 속함에는 유언의 문언상 명백하다. 유언의 해석은 유언의 의미가 다의적인 경우에만 가능하며, 해석의 결과가 최소한 유언에 암시되어 있어야 한다. 그래야만 유언 외부의 사정들을 원용하여 유언자의 의사를 확정할 수 있다. 그러나 유언에서는 피상속인이 제1농장의 대상물을 원고에게 귀속시키고자 했다는 점에 대한 아무런 암시점을 찾을 수 없다. 따라서 원고의 청구는 이유 없다.

(3) 판결의 요지

이에 대하여 독일연방대법원은 다음과 같은 취지로 설시하였다. : 독일민

---

9) 독일 농장법의 개괄적 내용에 관해서는 Dressl, Die Novellierung der Höfeordnung, NJW 1976, 1244 ff. ; Faßbender, Einzelfragen zum Höferecht, DNotZ 1978, 707 ff. 참조.

법 제133조에 따르면, 해석에 있어서는 피상속인의 실제의 의사를 탐구하여
야 하며, 표현의 문자적 의미에 구애되어서는 아니 된다. 따라서 법관은 유
언의 문언이 명백하고 일의적일지라도 유언 문서 외부에 존재하는 모든 사
정들을 고려하여 피상속인의 現實的 意思를 탐구하기 위해 노력하여야 한
다. 피상속인의 현실적 의사를 확정하는데 실패한다면, 피상속인의 추정적
의사라도 탐구하여야 하며, 그나마 실패할 경우에는 유언의 문언으로부터 합
리적 의미를 도출해내야 할 것이다. 그러나 이는 어디까지나 "차선책" 내지
미봉책에 불과한 것으로서 피상속인의 현실적 의사가 가장 중요한 의미를
갖는다. 피상속인의 현실적 의사탐구가 가장 중요하기 때문에, 그리고 "명백
하고 일의적인" 문언의 경우에도 피상속인의 의사가 문언보다 우위에 서기
때문에, 문언은 해석의 한계가 될 수 없다. 따라서 법관은, 문언이 일견 명백
해 보일지라도, 여러 사정들을 고려해 볼 때 표의자가 그 문언에 일반적 언
어용례와 다른 의미를 부여하고자 하였음을 도출해낼 수 있다면 문언에 구
속되지 아니하고 그 의사에 따른 해석을 하여야 할 것이다. 그러므로 원심은
원고가 제출한 모든 사정들을 고려하여 피상속인의 현실적 의사를 [만약 그
것이 불가능하다면 추정적 의사라도] 해명하였어야 함에도 불구하고 그러지
아니한 잘못이 있다. 게다가 동 사건의 경우 유언의 문언이 그렇게 명백한
것만은 아니며, 원고가 주장하는 바와 같이 해석할 만한 암시점들이 존재하
고 있다는 점에서 더욱 그러하다. 결국 원심은 피상속인에게 제1농장의 대상
물을 원고에게 귀속시키고자 한 현실적 또는 가정적 의사가 있었는지 여부
를 탐구하였어야 한다.

III. 遺言에 의해 表示된 意思의 탐구를 목적으로 보는 견해

1. 내용

일부 견해[10]에 따르면 유언 해석의 목적은 「遺言에 의해 表示된 意思」를 탐구하는데 있다고 한다. 유언자의 현실적 의사탐구를 중시하는 전통적 견해에 비해 유언의 문언을 중시하는 입장이다. 이러한 견해는 기본적으로 의사표시의 본질에 관하여 효력주의적 입장에 입각한 것으로 보이는데, 그 이유는 유언자의 의사로부터 멀어지지 않으면서도 유언의 문언으로부터 해방된 의사탐구에 부정적인 태도를 견지하고 있기 때문이다. 효력주의에 따르면 의사표시란 의사와 표시의 단일체로서 "효과의사가 법적으로 효력을 갖게 하기 위한 표시"를 말한다. 그러므로 이를 해석하는 작업 역시 단순히 표의자의 내적 의사를 확정하는 것이어서는 안 되며, 의사표시가 갖는 의미, 즉 표의자가 당해 의사표시에 의해 "표시한 의사"를 탐구함으로서 당해 의사표시가 갖는 법적으로 효력 있는 내용을 확정하는 것을 그 목적으로 할 수 밖에 없다. 유언 해석의 목적에 관하여 문언을 중시하면서 유언에 의해 표시된 의

---

10) Leipold, Erbrecht, Rdnr.362. ; Lange/Kuchinke, S.779. ; Leipold, Münchener Kommentar zum BGB, Band 9, Erbrecht(4.Aufl.), 2004(이하 MünchKomm/Leipold 이라고 약칭한다.), §2084, Rdnr.6 ff. ; Olzen, Erbrecht(2.Aufl.), 2005, Rdnr.560. ; Otte, Staudinger Kommentar zum Bürgerlichen Gesetzbuch mit Einführungsgesetz und Nebengesetzen, Buch 5. Erbrecht, 2003(이하 Staud./Otte라고 약칭한다.), Vorbem zu §§2064 ff. Rdnr.23. ; Stumpf, Erläuternde und ergänzende Auslegung letztwilliger Verfügungen im System privatautonomer Rechtsgestaltung, 1991, S.111. ; Wolf-Gangel, Der nicht formgerecht erklärte Erblasserwille und die Auslegungsfähigkeit eindeutiger testamentarischer Verfügungen - BGH NJW 1981, 1737 und NJW 1981, 1736, JuS 1983, 664 등.

사를 탐구하여야 한다고 보고 있는 학자들이 유언의 "법적으로 효력 있는 내용"을 확정하여야 한다는 표현을 사용하고 있는 것 역시 이러한 입장이 효력주의에 입각한 것임을 보여준다 할 것이다.

2. 근거

위와 같은 견해의 실정법적 근거로는 무엇보다 독일 민법상의 의사표시와 그 하자에 관한 규정들이 원용되고 있다. 먼저 독일민법은 그 제정과정에서 순수한 의사주의를 택하는 것을 거부하였는데, 특히 의사와 표시가 일치하지 않을 때 당해 법률행위의 효력을 무효로 돌리지 아니하고, 이를 취소할 수 있도록 규정하고 있다(가령 독일민법 제119조 제1항). 독일 입법자는 遺言의 경우에도 이러한 태도를 유지하면서 "피상속인이 그의 의사표시의 내용에 관하여 錯誤에 빠져 있는 경우 또는 이러한 내용의 의사표시를 전혀 교부하고자 하지 않았던 경우, 만약 그가 그러한 사실을 알았더라면 당해 의사표시를 교부하지 않았을 것이라는 점이 인정된다면, 그 사인처분은 取消될 수 있다."(제2078조 제1항)고 규정하고 있다. 이는 독일입법자가 유언의 의사표시를 순수한 의사주의적 입장에서 파악하고 있지 않음을 보여준다.[11]

心理留保(Geheimer Vorbehalt)에 관한 독일민법 제116조 역시 이와 같은 맥락에서 한 근거로 제시되고 있다. 동 조문은 "의사표시는 표의자가 표시된 바를 의욕하지 아니함을 내심에 유보하였다는 이유로 무효가 되지 아니한다."(제116조 전문)고 규정하고 있다. 상대방 있는 의사표시에서 상대방이 위와 같은 유보를 알고 있는 때에만 무효가 될 뿐이다(동조 후문). 유언의 경우에는 동조 후문이 적용될 여지가 없는데, 유언은 상대방 없는 법률행위에 해당하기 때문이다. 따라서 심리유보에 관한 한 유언은 언제나 동조 전문에 따

---

11) Leipold, Wille, Erklärung und Form-insbesondere bei der Auslegung von Testamenten, in : Festschrift für Wolfram Müller-Freienfels, 1986, S.434 참조.

라 有效하게 된다. 이는 피상속인이 유언이 효력을 가질 것을 사실상 의도하지 않았더라도 언제나 효력을 갖는다는 것을 의미한다. 그렇다면 피상속인의 현실적 의사를 탐구한다는 것은 아무런 의미가 없게 될 것이다.12)

위에서 살펴본 바와 같이 유언해석의 목적을 피상속인의 현실적 의사탐구로 보는 견해는 독일민법 제133조 및 제2084조를 그 근거로 들고 있다. 이에 대하여 효력주의적 입장을 취하는 학자들은 다음과 같이 반박한다. 먼저 독일민법 제133조는 순수한 내적 사실로서의 "현실적 의사"를 탐구할 것을 명하는 것은 아니라고 한다. 오히려 동 조문은 "현실적으로 表示된 意思(erklärte Wille)"를 탐구할 것을 요청하고 있다는 것이다. 위 견해는 그 근거를 제133조의 문리적 해석과 역사적 해석으로부터 도출해 내고 있는데, 먼저 동 조문은 "의사표시의 해석에 있어서는(bei der Auslegung einer Willenserklärung)" 실제의 의사를 탐구하여야 한다고 규정하고 있을 뿐, "의사표시의 해석은" 실제의 의사를 탐구하는 것이라고 규정하고 있지 않다는 점에 주목한다. 이에 비추어 볼 때 동 조문의 실질적 의미는 해석을 함에 있어 문제되는 표현의 의미를 탐구할 때 문언의 사전적 의미에 구애받지 말고, 그 외의 사정을 모두 고려하여 실제로 피상속인이 어떠한 의사를 표시하고자 하였는지를 해명하여야 한다는데 있다는 것이다. 또한 동 조문을 입법할 당시 프로이센 일반상법전(ADHGB) 제278조 및 프랑스 민법 제1156조가 그 모범이 되었었는데, 위 각 조문은 모두 "계약자들의 의사" 내지 "계약 당사자들 간의 일치된 이해"를 탐구할 것을 명하고 있다. 이에 비추어 보더라도 동 조문은 외부적으로 드러난 의사를 탐구하는 것을 전제로 하고 있다 할 것이다.13)

동 견해는 독일민법 제2084조도 해석의 목적을 피상속인의 내적인 의사탐구로 보는 주장에 대한 논거가 될 수 없다고 본다. 제2084조는 가능한 한 사인처분의 效力을 유지하고자 하는 것일 뿐, 해석에 있어서 의사도그마와

---

12) 전게논문, S.435 참조.
13) 자세히는 전게논문, S.431 ff. 참조.

는 무관하다는 것이다. 즉, 동 조문은 어쨌거나 의사표시(유언)가 존재하는 것을 전제로 하고 있는데, 이는 유언자가 유언 문언과 같은 내용의 유언을 하고자 하는 의사를 가지고 있지 않았을지라도 유언을 무효로 돌리지 않음을 의미한다.[14] 유언자의 현실적 의사에 관한 입증이 사실상 불가능에 가깝다는 점, 따라서 현실적 의사에 관한 분쟁이 발생하는 경우 그 분쟁의 해결은 거의 대부분 입증책임의 법리에 따를 수밖에 없다는 점도 유언 해석의 목적을 현실적 의사의 탐구에서 보는 견해의 한계를 보여준다.[15] 따라서 유언의 해석에 있어 유언자의 현실적 의사는 유언의 문언이나 유언 외부의 사정들과 마찬가지로 유언의 해석에 있어서 고려해야 할 하나의 요소에 불과하다고 보아야 한다는 것이 위 학설을 취하고 있는 학자들의 견해이다.[16]

3. 독일연방대법원의 판례
: BGH NJW 1993, 256 판결을 중심으로

유언해석의 목적에 관하여 문언을 중시하는 입장을 취하고 있는 학자들은 독일연방대법원 역시 이와 같은 태도를 취하고 있다고 주장하면서 주로 BGH NJW 1993, 256 판결을 인용하고 있다. 이하에서 자세하게 살펴본다.

(1) 사실관계

피고 1, 2의 부모는 1961.10.16. "우리는 이로써 서로를 단독상속인으로 지정한다. 잔존 배우자의 사망 후 우리 공동의 재산은 우리들의 두 아들[피고들], 그리고 그들의 혈육인 후손들(leiblichen Nachkommen)에게 균분하여 귀속된다."는 취지의 합동유언[17]을 하였다. 피고들의 父는 1961.10.25. 사망

---

14) MünchKomm/Leipold, §2084, Rdnr.6 ff.
15) Leipold, Wille, Erklärung und Form, S.434 참조.
16) Staud./Otte, Vorbem zu §§2064 ff., Rdnr.23.

하였고, 이를 단독상속한 母는 1988.10.1. 사망하였다. 1989.1.27. 발급된 상속증서[18])에 의하면 피고 1, 2 및 피고 1의 자녀인 원고들이 각각 1/4 지분의 상속인으로 되어 있었다. 따라서 원고들은 스스로를 祖母의 공동상속인으로 여기고, 피고 1에게 상속재산에 대한 정보 제공을 요청하는 한편, 피고들에게 상속재산의 지급도 청구하였다. 1987.4.3. 조모 소유의 부동산 매도로 인한 매매대금 200,000 DM가 특히 문제되었는데, 피고들이 이 중 각 80,000 DM를 보유하고 있었던 것이다. 피고들은 당해 상속증서가 잘못되었다고 하면서 자신들만이 그들의 母를 상속한다고 보았다. 조부모의 의사에 따르면 원고들은 후상속인(Nacherbe)으로 지정되었을 뿐이라는 것이다.

---

17) 독일민법상 합동유언(Gemeinschaftliches Testament)이란 부부가 공동으로 동시에 사인처분을 하는 것을 말한다. 합동유언은 부부 사이에서만 행해질 수 있으며(독일 민법 제2265조), 혼인이 취소되거나 이혼한 때에는 합동유언은 효력을 잃는 것으로 추정된다(제2268조 제2항). 합동유언의 경우에는 유언방식에 관한 규정이 완화되어 적용되는데, 가령 자필증서에 의한 유언인 경우, 부부 중 일방만 방식에 적합한 유언을 하고, 그 배우자는 이를 공동으로 한다는 의사표시를 자서하고, 함께 서명하며, 서명한 연월일과 장소를 기재하면, 그로써 방식이 준수된 것으로 본다(제2267조). 부부는 합동유언에서 각자 자기 재산을 자유롭게 처분할 수도 있지만, 상호 견련적(wechselbezüglich)으로 일정한 처분을 할 수도 있다. 상대방 배우자의 처분이 없었더라면, 일방의 처분도 없었으리라는 점이 인정되는 경우가 그러한데, 소위 베를린 유언의 사안, 즉 나중에 사망하는 배우자가 먼저 사망하는 자의 상속인이 된다고 지정하는 종류의 유언이 대표적인 예이다. 이러한 견련적 처분의 경우에는 상속계약에 관한 규정들이 준용되어 철회가 배제된다(제2271조).

18) 독일민법상 상속증서(Erbschein)란 피상속인 사망 후 상속재산법원(Nachlaßgericht)이 신청에 의해 상속증서발급절차(비송)를 거쳐 발급해주는 증서를 말한다. 상속증서는 피상속인, 상속인, 상속권의 범위 및 상속재산에 관한 상속인의 처분권한을 제한하는 피상속인의 지시들, 후상속 또는 유언집행 등에 관한 공적인 증거 역할을 하며, 상속개시 당시를 기준으로 작성된다. 실체법적으로 법률효과를 확정짓는 구속력을 갖는 것은 아니지만, 상속증서에 상속인으로 기재된 자는 그에 상응하는 권리를 갖는 것으로 추정되며, 상속증서의 내용 역시 올바른 것으로 추정되는 효과가 있다.

(2) 사건의 경과

지방법원은 피고 1에게 상속재산의 상태에 관한 정보를 제공할 것을 명함과 함께 피고들에게 각 17,000 DM를 원고들에게 지급하라고 판결하였다. 이에 피고들이 항소하였으나, 고등법원은 항소를 기각하면서, 피고 1에게 잔존 매매대금 40,000 DM에 관한 상세한 정보를 원고들에게 제공하라고 판결하였다. 항소법원은 원고들이 조부모의 합동유언에 의해 피고들과 더불어 공동상속인으로 지정되었다고 본 것이다. 항소법원의 판시이유에 따르면, 이는 유언의 문언상 명백하다고 한다. 물론 유언의 문언이 명백하더라도, 여러 사정을 종합하여 볼 때 유언자가 유언의 문언에 일반적인 언어용례와는 다른 의미를 부여하였음을 인정할 수 있다면 그 문언에 구속되지 않을 수 있고, 동 사안에서도 조부모가 원고들을 단순히 후상속인을 지정하였다고 해석할 여지가 없는 것은 아니나, 피고들은 단지 피상속인이 피고들을 그녀의 유일한 상속인으로 간주하였음을 주장하고 있을 뿐인바, 합동유언은 부부 쌍방의 일치된 의사에 의해 성립하는 것이므로, 피고들의 위와 같은 주장만으로는 유언의 명백한 문언에 반하는 해석을 하기에 충분치 않다는 것이다.

이에 피고들이 상고하였고, 독일연방대법원은 원심판결을 파기, 환송하였다.

(3) 판결요지

독일연방대법원이 원심판결을 파기한 이유는 다음과 같다. 먼저 ① 합동유언의 경우에는 일방 배우자의 의사표시 해석으로부터 도출되는 결과가 상대방 배우자의 의사에도 상응하는지 여부를 항상 심사하여야 하며, 부부 쌍방 간의 의사가 서로 일치하지 않는 경우에는 피상속인의 의사를 고려함과 동시에 상대방 배우자의 이해가능성에 따라 판단하여야 함에도 불구하고, 항소심은 피상속인이 유언 성립 당시 피고들만을 그녀의 상속인으로 지정하고자 하였다는 의사가 합동유언의 다른 당사자인 피상속인의 남편의 의사에도 부합하는지 여부에 대해 전혀 심사하지 않고 있고, ② "후손(Nachkommen)"
이라는 용어 자체도 자녀만을 말하는 것인지, 직계비속을 말하는 것인지, 아
니면 모든 비속을 말하는 것인지, 몇 촌까지의 비속을 말하는 것인지 여부가
명백하지 않을 뿐만 아니라, ③ 자녀를 상속인으로 지정하면서 피상속인의
손자 또는 증손자들이 새로 태어날 때마다 피고들의 상속분이 감소되는 것
과 같이 상속분을 불명확하게 만드는 경우는 이례적인 경우에 속한다는 점,
피상속인이 1987.4.3.자 부동산 매매 대금 중 상당 부분을 피고들에게만 분
배하고 손자들에게는 주지 않았다는 점 등을 고려해 볼 때, 피상속인의 의사
는 피고들만을 상속인으로 지정하고자 했던 것으로 볼 여지가 있어 항소법
원으로서는 이러한 점을 종합하여 유언을 해석하였어야 함에도 불구하고 그
러지 아니한 잘못이 있으므로, 이를 더 이상 유지할 수 없다는 것이다.

　유언해석의 목적을 "표시된 의사의 탐구"에서 찾고 있는 학자들이 독일연
방대법원 역시 이와 같은 견해를 취하고 있다고 주장하면서 그 근거로 위 판
결을 들고 있는 주된 이유는, 독일연방대법원이 동 판결에서 유언의 해석이
란 "의사표시의 구속으로부터 해방된 意思의 탐구가 아니라, 피상속인이 그
文言을 가지고 무엇을 말하고자 했는가라는 문제를 해명하는 것"이라고 명
시적으로 밝히고 있는데 있다. 피상속인의 순수한 내심적 의사를 탐구하는
것이 아니라, 표시된 효과의사를 탐구하여야 한다는 것이다. 그러나 동 판결
역시 BGHZ 86, 41 판결과 마찬가지로 기본적으로는 "유언을 해석함에 있어
서는 피상속인의 현실적 의사를 탐구하여야 하며, 표현의 문자적 의미에 구
애되어서는 안 되므로(독일민법 제133조), 사실심 법관은 문언의 분석에 제
한되지 아니하고, 유언자의 의사를 발견하는데 도움이 될 수 있는 유언 외부
에 있는 사정들을 모두 고려하여야 한다."는 입장을 채택하고 있는바, 과연
"피상속인이 그 문언을 가지고 무엇을 말하고자 했는가라는 문제를 해명"해
야 한다는 판시만으로 동 판결이 기존의 의사주의적 입장을 포기했다고 볼
수 있을지는 의문이다.

IV. 요약

결국 유언 해석의 목적을 무엇으로 볼 것인지는 유언이라는 의사표시의 본질을 어떻게 파악할 것인지에 따라 결정된다. 意思야말로 의사표시의 본체라고 보는 견해에 따르면 유언자의 현실적 의사탐구를 유언해석의 목적으로 삼는 반면, 의사와 표시는 서로 분리될 수 없다는 효력주의적 입장을 취한다면 유언자가 당해 의사표시를 통해 表示한 意思, 즉 유언자에게 법적으로 귀속시킬 수 있는 의미를 탐구하지 않을 수 없다. 그런데 의사표시의 본질은 단순히 개념법학적 사고에 따라 결정할 수 있는 것은 아니다. 의사표시는 본래 법률행위의 법적 효력을 결정하기 위해 발전된 개념으로서 실정법 체계와 밀접한 관련을 갖고 있다. 따라서 이하에서는 우리 민법, 특히 상속법이 유언이라는 의사표시의 본질에 관하여 어떠한 태도를 취하고 있는지, 즉 유언자의 의사를 의사표시의 본체로 상정하고 있는지 아니면 의사와 표시의 단일체로서 파악하고 있는지 여부를 살펴봄으로써 유언 해석의 목적을 확정하고자 한다.

제4절 現行民法의 태도에 비추어 본
유언 해석의 목적

I. 우리 민법의 개별 조문에 비추어 본
유언 해석의 목적

독일 민법에서 의사도그마를 주장하는 학자들이 그 실정법적 근거로 의사표시 해석원칙에 관한 독일민법 제133조 및 제2084조를 들고 있음은 위에서 살펴본 바와 같다. 우리 민법은 이와 같은 해석에 관한 일반규정을 마련하고 있지 않으므로, 의사도그마에 관한 직접적인 근거조항을 찾아보기 힘들다. 그러나 우리 민법이 규정하고 있는 여러 개별 조문들에 비추어 의사표시 해석에 있어서 당사자의 意思가 갖는 중요성을 추단해 볼 수 있다.

1. 解釋의 基準

먼저 우리 민법은 제105조에서 "法律行爲의 當事者가 法令 중의 善良한 風俗 기타 社會秩序에 關係없는 規定과 다른 意思를 表示한 때에는 그 意思에 依한다."고 규정하는 한편, 제106조에서 "法令 중의 善良한 風俗 기타 社會秩序에 關係없는 規定과 다른 慣習이 있는 경우에 當事者의 意思가 明確하지 아니한 때에는 그 慣習에 의한다."고 규정하고 있다. 동 조문들은 법률행위 해석의 기준으로서 임의규정 또는 관습을 제시하면서도 위 기준들이 당사자의 意思보다 열후적 지위에 있음을 간접적으로 시사한다. 임의규정이나 관습은 누구나 그 존재와 내용을 쉽게 인식할 수 있는 객관적 기준에 해당하므로 상대방의 신뢰보호나 법적 안정성에 기여할 수 있음에도 불구하고, 당사자의 의사를 이에 앞세웠다는 것은 우리 민법이 사적자치의 이념에 입각하여 당사자의 현실적·주관적 의사실현을 우선적으로 고려하고 있음을 보여준다.

뿐만 아니라 우리 민법상 유언에 의한 상속재산 처분의 가장 핵심적 지위를 차지하고 있는 유증과 관련하여 입법자는 일련의 해석규정을 두면서도 "유언자가 유언으로 다른 의사를 표시한 때에는 그 의사에 의한다."는 취지를 부기하고 있는바, 이는 유언의 해석에 있어서 유언자의 의사를 무엇보다 중시하고 있는 민법의 태도를 단적으로 보여준다. 가령 "受贈者가 承認이나 抛棄를 하지 아니하고 死亡한 때에는 그 相續人은 相續分의 限度에서 承認 또는 抛棄를 할 수 있다. 그러나 遺言者가 遺言으로 다른 의사를 表示한 때에는 그 意思에 의한다."고 정하고 있는 민법 제1076조나 "受贈者는 遺贈의 履行을 請求할 수 있는 때로부터 그 目的物의 果實을 取得한다. 그러나 遺言者가 遺言으로 다른 意思를 表示한 때에는 그 意思에 의한다."는 제1079조의 규정 등이 그러하다.

2. 意思表示의 取消

우리 민법은 錯誤로 인한 의사표시라도 당연히 무효로 돌리지 아니하고, 표의자가 이를 取消할 수 있도록 하고 있다(제109조 제1항). 이런 한에서 우리 민법은 표시주의적 태도에 기울어져 있다고 볼 수 있다. 우리 민법은 독일 민법과는 달리 유언에 관해 착오를 이유로 하는 취소를 인정하는 법조문을 따로 마련하고 있지 아니하나, 遺言의 경우에도 역시 제109조 제1항이 적용된다는 것이 통설적 견해이다.[1] 우리 민법상 유언의 법정사항 중에는

---

1) 郭潤直, 相續法(改訂版), 博英社, 2004, 247면. ; 金疇洙/金相瑢, 親族·相續法 (제9판), 法文社, 2008, 674면. ; 金光培, 遺言의 基本法理에 관한 硏究, 한양대

가족법적 의사표시를 내용으로 하는 것[2]과 재산법적 의사표시를 내용으로 하는 것[3]이 있는데, 후자의 경우에는 당연히 민법총칙상의 규정들이 적용된다는 것이다. 우리 민법은 유언의 취소에 관해 특칙을 정하지 않고 있으므로, 독일민법과 같이 동기의 착오에까지 널리 유언의 취소가 인정되지도 않는다. 이런 점에서 우리 민법은 유언에 관해 독일민법보다도 의사주의적 태도로부터 더욱 멀리 떨어져 있다고도 할 수 있다.

그러나 다른 한편 유언의 취소를 인정하고 그 적용범위를 확장하는 것이 반드시 유언자의 의사실현에 봉사하는 것은 아니다. 본래 유언의 취소는 유언자가 이미 사망한 후에야 비로소 실익이 있다. 유언자는 언제든지 자신의 유언을 자유롭게 철회할 수 있으므로, 착오 또는 사기·강박 등이 있더라도 굳이 이를 취소할 필요가 없기 때문이다. 따라서 유언의 취소권은 유언자 자신보다는 유언자의 상속인이나 유언집행자 등에 의해 행사되는 것이 통상이며, 그 취소의 효과는 유언자의 法定相續人에게 유리하게 작용한다. 유언이 취소되면 법정상속이 개시되기 때문이다. 결국 취소는 유언에 의해 법정상속의 규율로부터 벗어나고자 한 유언자의 의사를 좌절시키는 효과를 갖는다. 따라서 한정된 범위에서만 유언의 취소를 인정하는 현행 민법의 태도가 반드시 의사도그마와 대척지점에 있다고 볼 수는 없을 것이다.

학교(석사학위논문), 1993, 59면 이하 ; 金宰浩, 包括的 遺贈, 裁判資料 第78輯 相續法의 諸問題, 法院圖書館, 1998, 339면 이하 등.
2) 친생부인(민법 제850조), 인지(민법 제859조 제2항), 후견인의 지정(민법 제931조), 친족회원의 지정(민법 제962조 참조) 등이 그것이다.
3) 상속재산 분할방법의 지정 또는 위탁(민법 제1012조 전단), 상속재산 분할금지(민법 제1012조 후단), 유증(민법 제1074조 이하), 재단법인 설립을 위한 재산출연행위(민법 제47조 제2항), 신탁법상의 신탁행위(신탁법 제2조) 등이 그것이다.

3. 行爲能力 제도

그 밖에 부수적인 것이기는 하지만 유언에 대해 無能力者 제도에 관한 민법총칙상의 규정들의 적용을 배제하고 있는 민법 제1062조 역시 가능한 피상속인의 의사를 존중하고자 했던 입법자의 사고를 보여주고 있다고 할 수 있다.[4] 우리 민법은 미성년자라도 만 17세에 달한 자는 누구든지 유언을 할 수 있으며(제1061조), 금치산자 역시 의사능력이 회복된 때에는 법정대리인의 대리 또는 동의 없이 단독으로 유효한 유언을 할 수 있다(제1063조 제1항)고 규정하고 있다. 한정치산자에게 유언능력이 인정됨은 물론이다. 상속재산의 처분 등에 관해서는 거래의 안전이나 법적 안정성보다는 피상속인의 의사 실현이 더욱 중요한 의미를 갖기 때문에, 객관화된 행위능력제도를 적용하지 않는 것이다.[5]

II. 상속의 형태에 비추어 본 유언 해석의 목적

상속의 형태는 크게 법정상속과 유언상속으로 나누어 볼 수 있다. 法定相續이란 상속에 관한 규율을 법률의 규제에 의하도록 하는 상속형태를, 遺言相續이란 이를 피상속인의 의사에 맡기는 상속형태를 말한다.[6] 대개 법정상

---

4) 金光培, 19면 참조.
5) 金疇洙, 註釋 民法[相續(2)], 韓國司法行政學會, 2005, 193면 이하 참조.
6) 郭潤直, 相續法, 12면. 이에 반해 金疇洙/金相瑢, 468면은 "법정상속이란 상속인이 될 자의 범위와 순위가 법률상 정해져 있는 상속형태를, 유언상속이란 피상속인이 유언으로 상속인을 지정하는 상속형태를 말한다."고 하고 있으나, 이러한 정의는 법정상속과 유언상속을 유언에 의한 상속인 지정의 허용 여부에 따라 도식적으로 판단하게 만들 위험이 있으므로, 이를 택할 수 없다. 반면 상속에 관한 입법주의를 법정상속주의와 자유상속주의로 나누고, 상속인, 상속순위, 상속분 등을 모두

속은 피상속인의 혈족에게 상속인으로서의 지위를 부여하고 있으므로, 결국 법정상속이냐 유언상속이냐의 문제는 피상속인의 혈족을 보호할 것인가 아니면 피상속인의 자유로운 선택과 결정을 중시할 것인가의 문제로 귀결된다. 우리 민법이 법정상속을 채택하고 있느냐, 유언상속을 채택하고 있느냐에 대해서는 학설의 대립이 있다. 다수의 견해[7]는 우리 민법상 유언에 의한 재산처분(특히 포괄적 유증)이 허용되고 있음을 들어 遺言相續을 채택하고 있는 것으로 보는 반면, 일부 견해[8]는 법정상속이냐 유언상속이냐를 구별하는 가장 중요한 기준은 유언에 의한 상속인 지정이 허용되는지 여부에 있다고 보면서 우리 민법은 혈족상속을 기초로 하는 법정상속을 원칙으로 하되, 다만 포괄적 유증을 통해 수유자에게 상속인과 같은 지위를 부여할 수 있다는 점에서 유언상속과 법정상속을 절충한 소위 "自由遺贈主義"를 채택하고 있다고 보고 있다.

　사실 법정상속과 유언상속은 일종의 "原形"에 불과하다. 고대 게르만법이 유언제도를 수용한 이래[9]로 순수한 의미의 법정상속이나 유언상속은 사실상 찾아볼 수 없다. 대부분의 법제에서는 양 제도가 병존하고 있다. 우리 민법

　개인의 의사와는 관계없이 법률로써 정하고, 개인의 의사에 의한 변경은 인정하지 않는 것을 법정상속주의, 그렇지 않은 것을 자유상속주의라고 하면서, 자유상속주의 중에서도 피상속인이 상속인을 유언으로 지정할 수 있게 하는 것이 유언상속이라고 보고 있는 견해로 金宰浩, 327면 이하.

7) 金容漢, 親族相續法(補訂版), 博英社, 2003, 277면. ; 金疇洙/金相瑢, 469면. ; 朴正基·金演 共著, 家族法-親族相續法-, 三英社, 2005, 339면 이하. ; 李庚熙, 家族法(五訂版), 法元社, 2006, 338면. ; 전혜정, 151면 이하 ; 한봉희, 가족법, 도서출판 푸른세상, 2005, 264면 등.

8) 郭潤直, 相續法, 12면 이하. 그러나 이와 같이 상속인지정의 허용 여부에 따라 도식적으로 법정상속과 유언상속을 구별하는 태도는 따르기 힘든데, 독일민법 역시 제정 당시 일찍부터 상속인 지정을 전면적으로 허용하기로 결정하였음에도 불구하고, 상속법의 기본태도를 유언상속으로 할 것인가 법정상속으로 할 것인가에 대해서는 다툼이 있었던 것이다. 이에 관해 자세히는 제2장 제5절 II. 이하 참조.

9) 玄勝鍾/曺圭昌, 게르만法, 568면 이하 참조.

역시 유언에 의한 상속재산의 처분을 허용함과 동시에 피상속인과 일정한 친족관계에 있는 자에게 법정상속권을 부여하고 있다는 점에서 법정상속과 유언상속의 성격을 겸유하고 있다고 할 것이다.[10] 문제는 오히려 이 중 어느 것을 우리 상속법의 기본형태로 삼았는가에 있다. 물론 법정상속이냐 유언상속이냐의 문제가 의사도그마의 인정 여부와 논리필연적인 관계에 있는 것은 아니다. 그러나 만약 우리 법제가 유언상속을 상속법의 기본형태로 삼고 있다면, 상속법 상의 개별규율을 해석함에 있어서 뿐만 아니라 개개인의 유언을 해석함에 있어서도 유언상속의 이념, 즉 피상속인의 의사실현을 최대한 고려하는 것이야말로 입법자의 의도에 부합하는 것일 것이고, 따라서 우리 민법이 유언상속을 채택하였다는 것은 의사도그마에 대한 강력한 실정법적 근거가 될 수 있을 것이다.

그러나 생각건대, 우리 상속법은 독일 민법과는 달리 법정상속을 그 기본형태로 삼고 있다고 할 것이다.[11] 조선시대 초기에는 법정상속보다 유언의 자유가 우선적으로 적용되었으며, 유언에 의해 상속인을 폐제하거나 상속분을 지정하는 등의 행위가 널리 행해졌음을 들어 전통적으로 우리 상속법제는 유언상속을 기본으로 삼고 있었다고 보는 견해[12]도 없지 않으나, 적어도 우리 현행 민법상 유언은 법정상속에 대한 예외로서의 지위를 갖고 있을 뿐이다. 상속법의 구조가 이미 이러한 법정상속과 유언 간의 관계를 보여주고 있는데, 민법 제5편은 먼저 제1장에서 「相續」이라는 표제 하에 법정상속에 관해 규율하고, 제2장에서야 비로소 「遺言」에 의한 상속재산의 처분에 관해 규율하고 있는 것이다. 또한 민법 제정 당시 피상속인의 의사에 의한 소위 "相續人의 廢除"를 인정하자는 鄭一亨 의원 외 33인의 친족상속편 수정안

---

10) 박동섭, 친족상속법(개정판), 博英社, 2006, 441면.

11) (同旨) 金容浩, 329면.

12) 김민정, 조선초기 상속법제에서 유언 자유의 의미, 법사학연구 제37권(2008), 5면 이하 참조. 동 견해 역시 일제 지배로 인해 이러한 유언상속을 상속법의 기본형태로 삼는 法史가 단절되었다고 보고 있다는 점에 유념할 필요가 있다.

제의가 있었음[13])에도 불구하고, 이를 채택하지 아니한 입법연혁에 비추어 보더라도 피상속인의 자유로운 유언보다는 혈족상속을 우선하고자 하였던 것이 입법자의 의사였음을 알 수 있다. 우리 상속법은 상속인이나 상속분의 지정을 허용하지 않고 다만 포괄적 유증 또는 특정유증을 통한 상속재산의 처분을 인정하고 있을 뿐이며, 遺留分權 역시 금전반환청구권으로 구성하지 아니하고 상속분적 구성을 취하고 있는바[14]), 유언상속보다는 법정상속을 그 기초로 삼고 있는 프랑스 민법과 유사한 태도를 취하고 있는 것으로 보인다. 따라서 현행 민법상 유언상속 체계를 근거로 유언 해석의 목적을 유언자의 현실적 의사탐구로 보는 것은 정당화하기 힘들다고 본다.

III. 상속법상 개별조문에 비추어 본 유언 해석의 목적

유언상속을 기본 형태로 택하고 있는 것은 아니지만, 우리 상속법은 여러 측면에서 피상속인의 의사를 최대한 존중하기 위해 노력하고 있다. 무엇보다도 유증제도가 이를 잘 보여준다. 피상속인은 유언에 의해 자신의 재산을 자유롭게 처분할 수 있다. 물론 독일민법과 같이 유언에 의해 상속인을 지정하거나 일본민법과 같이 상속분을 임의로 지정하는 것은 허용되지 않지만, 피상속인은 포괄적 유증이나 특정유증을 활용하여 이와 유사한 효과를 발생시킬 수 있다. 즉, 包括的 遺贈은 사실상 피상속인의 법률행위에 의한 상속인 지정과 다를 바 없는데, 수유자는 상속인과 동일한 권리의무를 갖기 때문이

---

13) 鄭光鉉 著, 韓國家族法研究 附錄編, 서울대학교 出版部, 1967, 131면 참조.
14) 그럼에도 불구하고 우리 민법상 減殺에 관한 규정이 없음을 들어 유류분반환청구권을 채권적 청구권으로 이해하고 있는 견해로 가령 郭潤直, 相續法, 292면 이하 등 참조.

다(제1078조). 또한 법정상속인 중 일부에게 특정유증을 하는 것은, 비록 특정유증에 채권적 효력이 인정될 뿐일지라도, 종국적으로 법정상속인 간의 상속분을 조정하는 효과가 있다.

물론 우리 민법은 유언에 관하여 일정한 한계를 설정하고 있다. 유류분제도가 그것이다. 유류분은 "婚姻과 家族生活은 個人의 尊嚴과 兩性의 平等을 기초로 成立되고 유지되어야 하며, 國家는 이를 보장한다."고 규정하고 있는 헌법 제36조 제1항에 근거하여 인정되고 있는 법정상속인의 親族相續權에 기초를 둔 것15)으로서 이를 폐지하는 것은 헌법의 요청상 허용되지 않는다고 한다.16) 그러나 법정상속인의 유류분을 침해하지 않는 한 피상속인의 의사는 언제나 친족상속권에 우선한다고 할 것이다. 우리 민법 제1008조의2 제3항이 이러한 입법자의 태도를 상징적으로 드러낸다. 즉, 법정상속인 중 피상속인을 특별히 부양하거나 피상속인의 재산의 유지 또는 증가에 특별히 기여한 자가 있을 때에는 그에게 寄與分이 인정(제1008조의2 제1항)되는데, 입법자는 이러한 기여분을 계산함에 있어 상속개시 당시 피상속인의 재산가액에서 遺贈의 가액을 공제한 액을 넘지 못하도록 규정하고 있다(같은 조 제3항). 법정상속인들의 기대 내지 신뢰보다 유언자의 자유로운 처분(유증)이 우선한다는 것이다.

유언의 撤回와 관련된 조문들 역시 우리 민법이 상속법 분야에서 유언자의 자유로운 의사 실현을 얼마나 중요하게 여기고 있는지를 보여준다. 본래 유언이란 피상속인의 종의처분에 해당하는 것이기 때문에, 유언자 생전에는 언제든지 이를 철회할 수 있도록 하는 것이 당연하다 할 것이다. 그러나 고대 로마법상 유언의 철회는 오로지 엄격한 방식을 갖춘 새로운 유언에 의해서만 가능하였으며,17) 유언자가 유언을 철회할 의사로 유언 서면을 파훼한

---

15) 김수정, 185면 이하 참조.
16) 尹眞秀, 相續制度의 憲法的 根據, 憲法論叢 제10집(1999.12.), 178면 이하 참조.
17) Kaser, Das römische Privatrecht I, S.691.

경우에도 유언은 여전히 효력을 유지하였다.[18] 이러한 원칙은 고전기시대가 진행되면서 점차 무너지기 시작했는데, 유언의 방식보다 유언자의 의사가 우선적으로 관철되면서 유언의 방식에 의하지 아니한, [즉 순전히 유언자의 意思에 기한] 철회가 인정되었던 것이다. 가령 유언자가 유언을 철회할 의사로 유증의 목적물을 양도[19]하거나(Paulus D 34.4.15) 증여한 경우(Modestin D 34.4.18)에는 유언이 철회된 것으로 보았을 뿐만 아니라, 유언자가 유언 서면을 파훼하거나 유언 내용 중 일정 부분을 말소한 경우(Ulpianus 15 ad Sab. D.28.4.1.pr)에도 그러하였다.

우리 민법 역시 이와 같은 로마법상의 의사주의적 태도를 그대로 이어받고 있다. 민법 제1108조 제1항은 "遺言者는 언제든지 遺言 또는 生前行爲로써 遺言의 全部나 一部를 철회할 수 있다."고 규정함으로써 유언자가 유언의 방식에 의하지 아니하고도 자유롭게 유언철회의 의사를 표시할 수 있도록 일반조항을 마련하고 있을 뿐만 아니라, "遺言후의 生前行爲가 遺言과 抵觸되는 경우에는 그 抵觸된 部分의 前遺言은 이를 撤回한 것으로 본다(민법 제1109조)."거나 "遺言者가 故意로 遺言證書 또는 遺贈의 目的物을 破毁한 때에는 그 破毁한 部分에 관한 遺言은 이를 撤回한 것을 본다(민법 제1110조)."는 규정에 비추어 보더라도 방식에 적합하게 표시된 유언보다 유언자의 철회의 의사가 우선적으로 고려되었음을 알 수 있다. 유언 철회의 자유를 절대적으로 보장하려는 입법자의 태도는 우리 민법이 택하고 있는 사인처분의 제도가 오로지 "遺言" 한 가지 뿐이라는 점에서도 드러나는데, 사인처분에 일정 부분 구속력을 부여하는 상속계약이나 합동유언 등의 제도를 도입하지 아니함으로써 상속재산은 오로지 피상속인 1인의 의사에 의해서만 좌우되도록 하고 있는 것이다.

---

18) 전게서, S.692.
19) 다만 유언자가 궁박에 의해 어쩔 수 없이 양도한 경우에는 그러하지 아니하다 (Ulpianus 2.fideicomm. D 32.11.12.).

우리 민법상 유증과 관련된 각종 해석규정들을 분석하여 보더라도 우리 상속법이 기본적으로 의사도그마에 입각하여 있음을 간취해낼 수 있다. 가령 우리 민법 제1087조 제1항은 "遺言의 目的이 된 權利가 遺言者의 死亡 當時에 相續財産에 속하지 아니한 때에는 遺言은 그 效力이 없다."고 규정하고 있는데, 유언자가 유증 후 그 목적물을 양도 또는 증여하는 등의 사정으로 인해 그것이 더 이상 상속재산에 속하지 않은 때 유언이 효력을 갖지 못함은 이미 민법 제1109조에 의해 당연한 결과라고 할 수 있다.20) 따라서 동 조문은 유증의 목적이 된 권리가 유언 성립 후에 비로소 상속재산으로부터 이탈한 경우를 예정한 것이 아니라, 주로 유언 성립 당시부터 아예 상속재산을 구성하고 있지 않았던 경우를 상정하고 있는 조문이라 할 것21)이다. 유언

---

20) 대법원 1998.5.29. 선고 97다38503 판결(公 1998, 1751)은 "망인이 이 사건 유언증서를 작성한 후 재혼하였다거나, 이 사건 유언증서에서 피고에게 유증하기로 한 소외 한일여객운송 주식회사의 주식을 처분한 사실이 있다고 하여 이 사건 제1토지에 관한 유언을 철회한 것으로 볼 수 없다."고 판시하고 있으나, 이는 ① 피고에 대한 한일여객운송 주식회사 주식 유증에 관한 처분과 ② 원고에 대한 이 사건 제1토지에 관한 유증에 관한 처분이 하나의 유언증서에 들어가 있는 경우, ① 처분과 저촉되는 생전행위가 있었다고 하여 ② 처분까지 철회된 것으로 볼 수 없다는 것일 뿐, 유언자의 주식양도행위로 인해 주식 유증에 관한 처분이 철회되지 않는다는 것을 의미하는 것은 아니라고 할 것이다.

21) 이러한 의미에서 우리 대법원 1998.6.12. 선고 97다38510 판결(集 46-1, 403)이 유언과 저촉되는 유언 후의 생전행위로 인해 유언의 목적인 특정재산이 상속재산으로부터 이탈하게 된 경우, 민법 제1087조 제1항을 적용하여 그 유언의 효력 여부를 결정하지 아니하고, 민법 제1109조만을 적용하고 있는 것은 긍정적으로 평가된다. 즉, 피상속인이 유언 후 유언의 목적이 되는 특정재산에 관하여 처분행위를 하였으나, 사실은 본래의 유언을 철회할 의사는 없었던 사안에서 대법원은 제1087조 제1항 단서를 적용하여 당해 유언의 효력을 유지하지 아니하고, 민법 제1109조를 합목적적으로 해석하여 그 요건을 유연하게 구성함으로써 법정철회의 효과가 발생하지 않는다고 보았던 것이다. : "유언 후의 생전행위가 유언과 저촉되는 경우에는 민법 제1109조에 의하여 그 저촉된 부분의 전유언은 이를 철회한 것으로 봄은 소론과 같으나, 이러한 생전행위를 철회권을 가진 유언자 자신이 할 때 비로소 철회 의제 여부가 문제될 뿐이고 타인이 유언자의 명의를 이용하여 임의로 유언의 목적

자가 유언 당시에는 사망하기 전에 스스로 취득하여 유증하려는 의사로써 타인 소유의 물건을 유증의 목적으로 하였으나 사망할 때까지 목적물을 취득할 수 없었던 경우 내지 유언자가 자기 소유로 믿었으나 사실은 타인 소유의 물건이었던 경우 등이 그러하다.[22] 이러한 경우에는 본래 불가능한 것을 목적으로 하는 유언으로서 아무런 효력이 없는 것이 원칙(동조 본문)일 것이나, 우리 상속법은 이 경우에도 역시 "遺言者가 自己의 死亡當時에 그 目的物이 相續財産에 속하지 아니한 경우에도 遺言의 효력이 있게 할 意思인 때에는 遺贈義務者는 그 權利를 取得하여 受贈者에게 移轉할 義務가 있다."(동조 단서)고 함으로써 유언자의 의사를 우선적으로 고려하고 있다. 이때 유언자의 의사란 유언 성립 당시에 피상속인이 가졌던 현실적 의사를 의미하는 것이며, 유언 성립 후 비로소 갖게 된 사후적 의사 또는 가정적 의사를 의미하는 것은 아니다.

그렇다면 유증의 목적이 된 권리가 애초부터 상속재산에 속하지 않았던 것도 아니고(즉, 제1087조 제1항의 적용대상이 아니고), 유언자의 생전행위에 의해 비로소 상속재산으로부터 이탈한 것도 아닌 경우(즉, 제1109조의 적용대상도 아닌 경우)에는 이를 어떻게 해결할 것인가. 이에 관해 규정하고 있는 것이 바로 우리 민법 제1083조이다. 동 조문은 "遺贈者가 遺贈 目的物의 滅失, 毀損 또는 占有의 侵害로 인하여 第三者에게 損害賠償을 청구할 권리가 있는 때에는 그 權利를 遺贈의 目的으로 한 것으로 본다."고 규

인 특정 재산에 관하여 처분행위를 하더라도 유언철회로서의 효력은 발생하지 아니하며, 또한 여기서 말하는 '저촉'이라 함은 전의 유언을 실효시키지 않고서는 유언 후의 생전행위가 유효로 될 수 없음을 가리키되 법률상 또는 물리적인 집행불능만을 뜻하는 것이 아니라 후의 행위가 전의 유언과 양립될 수 없는 취지로 행하여졌음이 명백하면 족하다고 할 것이고, 이러한 저촉 여부 및 그 범위를 결정함에 있어서는 전후 사정을 합리적으로 살펴 유언자의 의사가 유언의 일부라도 철회하려는 의사인지 아니면 그 전부를 불가분적으로 철회하려는 의사인지 여부를 실질적으로 그 집행이 불가능하게 된 유언 부분과 관련하여 신중하게 판단하여야 한다."

22) 金疇洙, 274면 참조.

정하고 있다. 이는 유언 성립 후 비로소 상속재산으로부터 이탈하기는 하였지만 유언자가 이러한 사태를 스스로 야기한 것은 아닌 경우, 당해 유언을 일방적으로 무효로 돌리지 아니하고 만약 유언자가 이와 같은 사정을 알았더라면 그 대위물인 손해배상청구권이라도 유증하였을 것이라는 가정 하에 유언자의 의사를 최대한 실현시키고자 하는 것이다. 이러한 태도는 유증 목적물의 양도가 궁박에 의한 것이었던 경우에는 유언 철회의 효력을 인정하지 아니하였던 로마법상의 입장23)으로부터도 한 발 더 나아간 것이라고 볼 수 있는데, 첫째는 요건과 관련하여 궁박 이외에 유언자의 의사에 기하지 아니한 사정변경을 널리 고려하고 있다는 점에서 그러하고, 둘째는 단순히 유언의 효력을 유지시키는 것에서 더 나아가 적극적으로 수유자에게 대위물에 관한 권리를 인정하였다는 효과의 측면에서 그러하다.

　본래의 유언에 따른 유증의무를 이행할 수 없는 사정이 발생한 경우 적극적으로 유언자의 가정적 의사를 탐구하여 이를 실현시키고자 하는 우리 민법상의 해석경향은 민법 제1084조에서도 드러난다. 유증의 목적물이 債權인 경우, 유언 성립 후 채무의 변제 등으로 인해 당해 채권이 소멸하였다면, 유증 역시 효력을 잃는 것이 원칙일 것이다. 그러나 이러한 경우에도 우리 민법은 유언자가 변제받은 물건이 상속재산 중에 있는 때에는 그 物件을(제1084조 제1항), 그 채권이 금전채권인 경우에는 설령 그 채권액에 상당하는 금전이 상속재산 중에 없는 때에도 그 金額을(동조 제2항) 유증의 목적으로 한 것으로 보고 있다. 이는 당해 채권이 변제로 소멸한 때에는 유증 자체가 효력을 잃는 것으로 보았던 로마법상의 태도(Inst.2.20.21.)와는 사뭇 대비되는 것이지만, 특정물 유증의 경우와는 달리 채권 유증의 경우에는 "채권" 자체보다는 당해 채권을 통해 얻을 수 있는 급부(가령 특정물채권이라면 특정물, 금전채권이라면 그 상당액)를 수유자에게 취득시키고자 하는데 유언자의 진정한 의사가 있다고 보는 것이 보다 합리적이라는 점에서 납득할만하다.24)

---

23) Ulpianus 2.fideicomm. D.32.11.12.

우리 민법이 로마법보다도 더욱 유언자의 의사를 중시하고 있음을 보여주는 또 다른 조문으로는 민법 제1085조를 들 수 있다. 동 조문은 "遺贈의 目的인 物件이나 權利가 遺言者의 死亡 당시에 第三者의 權利의 目的인 경우에는 受贈者는 遺贈義務者에 대하여 그 第三者의 權利를 消滅시킬 것을 請求하지 못한다."고 규정하고 있다. 이 역시 이와 유사한 사안을 다루고 있는 로마법상의 개소(Inst.2.20.12)와 비교하여 보면, 의사주의적 태도가 더욱 선명하게 드러난다. 위 개소에서 Severus와 Caracalla 황제는 다음과 같이 답변하였는데, 유언 성립 후 유증의 목적물인 부동산이 擔保로 제공된 경우 그에 의해 유증이 철회되는 것은 아니며, 따라서 수유자는 채권자로부터 부동산을 반환받아 올 것을 상속인에게 소구할 수 있다는 것이다. 즉, 로마법은 유증 목적물의 양도 또는 증여의 경우와는 달리 담보제공의 경우에는 이를 유언철회로 보지 아니하고, 수유자의 권리를 우선적으로 보호하였다. 유언자의 합리적 의사에 비추어 볼 때 담보제공만으로는 유언철회의 의사가 있었던 것으로 볼 수 없음은 물론이나, 일단 피상속인에 의해 유증 목적물이 담보로 제공되었음에도 상속인이 수유자에게 담보물권의 제한 없는 완전한 물건을 취득하도록 하는 것은 지나치게 수유자의 보호에 치중한 것으로 보인다. 그러한 의미에서 이러한 경우 수유자는 담보물권의 제한 내에서만 당해 유증 목적물을 취득할 수 있도록 하고 있는 민법 제1085조가 오히려 유언자의 의사를 충실하게 반영하고 있다고 할 수 있을 것이다.

또한 우리 민법은 상속법의 기본구조에 관하여는 법정상속주의를 택하면서도 일단 유언자에 의해 일정한 처분이 행해진 경우에는 법정상속인, 즉 혈족보다 유언자의 의사를 우선적으로 존중하는 해석의 태도를 보이고 있다. 이러한 태도는 독일민법과 비교해 볼 때 더욱 두드러지게 나타나는데, 독일

---

24) 우리 민법 제1084조와 동일한 내용을 규정하고 있는 독일민법 제2173조에 대해서도 그와 같이 보는 것이 피상속인의 의사에 부합한다고 보는 것이 통상이다. 가령 Schlichting, Münchener Kommentar zum BGB, Band 9, Erbrecht(4.Aufl.), 2004(이하 MünchKomm/Schlichting이라고 약칭한다.), §2173, Rdnr.1 참조.

민법은 우리 민법과는 반대로 유언상속을 원칙으로 하면서도 유언을 해석할 때에는 최대한 법정상속 순위에 따르게 하려는 경향을 나타내고 있기 때문이다.[25] 가령 독일민법 제2068조는 "피상속인이 그의 자녀들을 따로 특정하지 아니하고 유증하였는데, 그 중 한 자녀가 유언 성립 전에 직계비속을 남겨 두고 사망하였다면, 그 직계비속이 법정 상속순위에 있어서 자녀의 지위를 대신하는 한 그가 유증을 받는 것으로 추정한다."고 규정하고 있으며, 제2069조는 "피상속인이 그의 직계비속에게 유증하였는데 수유자가 유언 성립 후에 사망하였다면, 수유자의 직계비속이 법정상속 순위에 있어서 그를 대신하는 한, 그가 유증을 받는 것으로 추정한다."고 규정하고 있는바, 피상속인으로부터 유증을 받을 자가 法定相續人에 해당하는 직계비속인 때에는 유언 효력발생 당시 당해 수유자가 사망하였더라도 당해 유언이 효력을 잃지 아니하고[26] 법률상 그를 代襲相續할 수증자의 직계비속이 대신 유증을 받을 수 있도록 하고 있는 것이다. 이러한 해석규정은 설령 유증이라 할지라도 그 효과가 최대한 법정상속순위에 부합하도록 만드는 결과를 수반한다. 반면 우리 민법 제1089조는 "遺贈은 遺言者의 死亡 前에 受贈者가 死亡한 때에는 그 效力이 생기지 아니한다."고 규정하고 있을 뿐이다. 즉, 수유자의 인적 성질, 특히 그가 유언자의 자녀 또는 직계비속(법정상속인)인지 혹은 제3자인지 여부를 전혀 고려하지 않고 있는 것이다. 따라서 우리 민법상 대습유증은 허용되지 않는 것이 원칙이다.[27] 이에 비추어 볼 때 우리 상속법은 적어도 유언에 의한 재산의 처분행위를 해석함에 있어서는 법정상속순위를 전혀 염두에 두고 있지 않음을 알 수 있다.

이와 같은 현행 상속법상의 각종 조문들을 고려하여 보았을 때, 우리 민법

---

25) v.Lübtow, Erbrecht, 1.Halbband, 1971, S.282 ff. 참조.
26) 본래 독일 민법상으로도 상속개시 당시 수유자가 이미 사망한 때에는 그 유증은 효력이 없는 것이 원칙이다. ; 독일민법 제2160조 [수유자의 선사망] 수유자가 상속개시 당시 더 이상 생존해 있지 않다면 유증은 효력이 없다.
27) 金疇洙, 278면 이하.

은 [적어도 피상속인에 의해 일단 유언이 행해진 경우에는] 법정상속인의 보호보다 당해 유언이 유언자의 의사에 충실하게 실현될 수 있도록 하는데 더 많은 노력을 경주하고 있다고 할 수 있을 것이다.

제5절   小結

본 절에서는 의사표시 본질론과 관련하여 의사주의자들이 취하고 있는 주관적 해석방법과 표시주의자들이 취하고 있는 객관적 해석방법의 대립, 그리고 그에 대한 대안으로서 등장한 효력주의에 따른 법률행위 해석의 방법론에 관해 간단히 살펴보고, 유언의 법적 성격에 비추어 볼 때 유언의 해석에 있어서는 표시주의가 적용될 수 없음을 지적함과 아울러 의사표시 본질론으로부터 비롯한 유언의 해석 목적에 관한 견해 대립의 현황, 특히 의사표시의 본질에 관한 의사주의적 견해와 효력주의에 입각한 견해 간의 대립을 소개하였다. 그리고 우리 민법은 유언상속 체계를 택하고 있지는 않지만, 첫째, 법률행위 해석에 있어서 당사자의 의사를 가장 중요한 기준으로 삼고 있는 점, 둘째, 법정상속인에 의한 유언의 취소를 가급적 좁게 인정함으로써 피상속인의 의사실현에 간접적으로 이바지하고 있는 점, 셋째, 우리 상속법이 인정하고 있는 유증제도, 기여분 산정방식, 유언 철회 및 유증과 관련된 각종 해석규정 등에 비추어 볼 때 우리 입법자가 유언에 관하여 최대한 유언자의 의사를 존중하려는 태도를 취하고 있음을 논증하여 보았다.

그러므로 우리 민법에 있어서도 유언을 해석할 때에는 유언자의 現實的 意思를 탐구하는 것을 그 목적으로 삼아야 할 것이다. 이러한 입장은 법률행위의 해석방법을 자연적 해석, 규범적 해석 및 보충적 해석으로 구별하면서, 유언과 같이 상대방 없는 단독행위에 있어서는 자연적 해석만이 적용되어 표의자의 내심적 효과의사를 확정하는 것으로 족하다고 보고 있는 우리 학계의 통설적 견해[1]와도 사실상 일치하는 것이다. 우리 대법원 역시 이와 같

---

1) 이러한 견해를 취하고 있는 것으로 제1장 제1절 각주 4)의 문헌 참조. 그 밖에 유언의 해석에 관하여 명시적으로 의사주의적 태도를 견지하고 있는 것으로 보이는 견

은 입장에서 "당해 유증이 포괄적 유증인가 특정유증인가는 유언에 사용한 문언 및 그 외 제반 사정을 종합적으로 고려하여 탐구된 유언자의 의사에 따라 결정되어야"[2]한다고 함으로써 유언을 해석함에 있어서는 유언의 문언에 구속되지 아니하고, 유언자의 현실적 의사를 자유롭게 탐구하여야 한다고 보고 있다.

다만, 한 가지 유념해야 할 것은 유언해석의 목적에 관하여 의사를 중시하는 입장을 취하느냐 문언을 중시하는 입장을 취하느냐라는 입장은 사실 결론에 있어서 결정적인 차이를 가져오지 않는다는 점이다. 효력주의에 입각하여 유언해석의 목적을 파악하는 견해 역시 유언이 갖는 법적으로 효력있는 내용을 확정함에 있어 피상속인의 의사를 가장 중요하게 고려해야 한다는 점을 인정하고 있기 때문이다.[3] 즉 수령을 요하는 의사표시와는 달리 유언은 보호가치 있는 신뢰를 수반하지 않으므로, 유언의 해석은 여타의 법률행위에 비해 유언자의 의사를 더 중시할 수밖에 없으며 결론에 있어서도 더욱 자유롭다는 것이다. 게다가 이와 같은 견해를 취하고 있는 학자들이 말하는

해로 金容漢, 389면. : "유언의 해석에 있어서는 모든 자료를 참작하여 유언자의 진의를 밝히는 것이 필요한데, 그 해석자료로서 관습·임의법규·조리 등을 참작하여야 할 것은 물론 유언 이외의 문서, 예컨대 일기·초고·호적등본·부동산등기등본·참여인 또는 수증자와의 특수관계·유언자의 재산상태·습관·직업·취미·학식 등도 유언의 해석자료가 된다."

2) 대법원 2003.5.27. 선고 2000다73445 판결(公 2003,1419) ; "당해 유증이 포괄적 유증인가 특정유증인가는 유언에 사용한 문언 및 그 외 제반 사정을 종합적으로 고려하여 탐구된 유언자의 의사에 따라 결정되어야 하고, 통상은 상속재산에 대한 비율의 의미로 유증이 된 경우에는 포괄적 유증, 그렇지 않은 경우에는 특정유증이라고 할 수 있지만, 유언공정증서 등에 유증한 재산이 개별적으로 표시되었다는 사실만으로는 특정유증이라고 단정할 수 없고, 상속재산이 모두 얼마나 되는지를 심리하여 다른 재산이 없다고 인정되는 경우에는 이를 포괄적 유증이라고도 볼 수 있다고 할 것이다."

3) Leipold, Erbrecht, Rdnr.362. ; Lange/Kuchinke, S.779 ff. ; Staud./Otte, Vorbem zu §§2064 ff. Rdnr.25 등.

"유언의 법적으로 의미있는 내용을 확정한다."는 것은 결국 표의자, 즉, 유언자의 효과의사를 밝힌다는 것을 의미하므로, 결국 유언자의 의사를 확정하는 것과 다르지 않다고 한다.4) 효력주의적 입장을 택하고 있다고 일컬어지는 독일연방대법원 BGH NJW 1993, 256 판결이 결론에 있어서는 모든 사정을 고려하여 피상속인의 의사를 확정하여야 함을 강조하고 있는 사실 역시 이를 뒷받침한다. 결국 유언의 해석에 있어서 가장 중요한 것은 "유언자가 진정으로 의도한 바"가 무엇인지 여부인 것이다.

---

4) Stumpf, S.111.

遺言의 解釋方法

제4장

제1절 遺言의 解明的 解釋

I. 遺言의 解明的 解釋의 對象

1. 유언의 의사표시

해석의 대상은 유언의 의사표시 그 자체이다.[1] 이는 유언해석의 목적을 유언자의 현실적 의사 탐구로 볼 것인가 혹은 유언에 의해 표시된 의사의 탐구로 볼 것인가에 관한 견해의 대립과 무관하다.[2] 법률행위의 해석은 응당 해석되어야 할 해당 법률행위 그 자체를 대상으로 삼는 것이기 때문이다. 특히 유언은 요식행위로서 민법에서 정한 방식에 의하지 아니하면 효력이 없기 때문에(민법 제1060조), 오로지 방식에 적합하게 표시된 유언만이 해석의 대상이 될 수 있다.[3] 즉, 일반적인 법률행위의 해석에 있어서는 당사자들의 사전 교섭행위 기타 부수적 사정들이 모두 해석의 대상이 되는데 반해, 유언과 같은 요식행위의 해석에 있어서는 방식에 적합하게 표시된 의사표시에 해석 대상으로서의 우선적 지위가 부여된다는 특색이 있다.[4] 따라서 유언의

---

1) MünchKomm/Leipold, §2084, Rdnr.3. ; 南孝淳, 148면.
2) 가령 유언자의 현실적 의사탐구를 유언의 해석 목적으로 보고 있는 학자들도 유언의 문언이 해석의 대상이자 출발점이 된다는 점에 대해서는 일치된 견해를 보이고 있다. 가령 Kipp/Coing, S.143. ; Palandt/Edenhofer, §2084, Rdnr.1.
3) v.Lübtow, Erbrecht, S.265.
4) Häsemeyer, Die gesetzliche Form der Rechtsgeschäfte -Objektive Ordnung und privatautonome Selbstbestimmung im formgebundenen Rechtsgeschäft-, 1971, S.122 참조. 다만 Häsemeyer는 이와 같이 해석의 대상을 방식에 적합한 의사표시로 한정하고, 그 외의 사정들을 해석의 수단으로서만 고려하는 태도에 반대하면서 기타 사

의사표시 외부에 존재하는 사정들, 가령 유언을 전후로 행해진 구두의 의사표시들, 당사자의 기타 행위 등은 해석의 대상이 될 수 없다. 이는 유언자의 의사를 탐구하기 위한 해석의 수단으로 고려될 수 있을 뿐이다.[5] 이와 같이 유언의 대상을 방식에 적합하게 표시된 유언 자체로 제한하는 것은 우리 입법자가 취하고 있는 방식주의를 존중하기 위한 것이다.[6] 한편 유언은 반드시 하나의 처분만을 포함하고 있는 것은 아니며, 하나의 유언에 의해 여러 개의 처분이 동시에 행해질 수도 있다. 피상속인이 서로 다른 수유자에게 각각 유증을 하는 경우 등이 그러하다. 이러한 경우에는 개개의 처분을 별개로 해석할 것이 아니라 전체적으로 종합하여 그 의미를 파악하여야 할 것이다.[7] 피상속인은 하나의 유기적인 계획 속에서 각각의 처분을 행하였을 가능성이 높기 때문이다.

2. 해석적격

본래 법률행위의 해석이란 문언의 불명확한 의미를 탐구하여 그 내용을 밝히는 작업이다. 따라서 문언만으로는 의사표시의 내용을 명백하게 알 수 없는 경우에야 비로소 해석이 개입함이 원칙이다. 그런데 언어는 다소간 불명료한 점을 수반할 수밖에 없기 때문에, 이러한 언어에 의해 표현되는 의사표시는 대부분 해석의 대상이 된다. 명확성을 확보하기 위해 정립된 섬세한 法律用語가 사용된 경우라도 해석을 완전히 배제할 수는 없다.[8] 법률가가

정들도 모두 해석의 대상이 되어야 한다는 입장을 취하고 있다. 전게서, S.151 ff. 참조.

5) Larenz/Wolf, Allgemeiner Teil des deutschen Bürgerliches Rechts(9.Aufl.), 2004, S.533.

6) 전게서, S.123 f. 참조.

7) Lange/Kuchinke, S.782. ; MünchKomm/Leipold, §2084, Rdnr.10.

8) 반면 영미법계에서는 당해 유언에서 사용된 문언의 "법적 의미(legal meaning)"가

아닌 일반인으로서는 법률용어로서의 용법과 일상용어로서의 용법을 혼동하는 등의 이유로 그 의미를 정확하게 이해하지 못하는 경우가 종종 있으므로 성급하게 법률상의 의미를 갖는 것으로 결론지어서는 안 되기 때문이다.[9] 유언 작성 과정에 공증인이 참여한 경우에는 대부분 정확한 법률용어를 구사하였을 것으로 추정되나[10], 공정증서에 의한 유언에서 법률용어가 사용되었다고 하여 반드시 법률상의 의미를 갖는 것은 아니므로 이 역시 해석을 요한다.[11]

문제는 문언의 의미가 明白한 경우[12]이다. 일상적인 언어용례에 따르면 당해 문언이 갖는 의미가 명확해서 누구라도 동일한 내용으로 이해되는 경우에는 굳이 해석이 개입할 필요가 없는 것처럼 보이기 때문이다. 그런데 유언의 해석에 있어서는 오로지 유언자의 현실적 의사만이 중요한 의미를 갖는다는 의사도그마에 따르면, 문언이 명백하더라도 이와 별도로 유언자의 현실적 의사를 탐구하여 법률행위의 내용을 확정하여야 할 것이다. 따라서 명백하고 일의적인 문언의 경우에도 유언자가 당해 문언을 거래 통념상의 의미와 다른 의미로 사용하였음을 입증하여 해석에 의해 당해 문언에 유언자의 의사대로의 효과를 부여하는 것이 허용될 수 있을 것인지 여부가 문제된다. 이는 명백하고 일의적인 문언도 해석을 요하는가라는 시각에서 보면 해석의 대상으로서의 문제이나, 명백하고 일의적인 문언의 경우에는 유언자의

명백한 경우에는 이를 더 이상 해석의 대상으로 삼지 않고, 문언에 따른 효과를 부여하려는 경향이 있다. 이에 대해 자세히는 Atkinson, p.811 참조.

9) MünchKomm/Leipold, §2084, Rdnr.10. ; Lüderitz, S.74 ff. 선상속인(Vorerbe)과 후상속인(Nacherbe) 같은 단어도 해석적격이 있다고 본 BGH NJW 1983, 277 참조.

10) KompaktKomm/Löhnig, §2084, Rdnr.7 등.

11) Staud./Otte, Vorbem zu §§2064 ff. Rdnr.67. 다만 이 경우에는 법률가의 도움을 받아 작성하는 것이 통상이므로, 특별한 사정이 없는 한, 일응 법률적 의미를 갖는 것으로 추정되어야 할 것이다.

12) 문언이 일의적이라 할지라도 해석의 대상이 될 수 있다는 견해로 白泰昇, 法律行爲의 解釋에 관한 判例의 態度, 저스티스 제32권 제1호(1999), 148면 참조.

현실적 의사탐구를 목적으로 하는 해석작업이 더 이상 행해질 수 없는가라는 시각에서 보면 해석의 한계로서의 성격을 갖는다. 본서는 의사도그마의 관점에서 유언의 해석을 논하고 있으므로, 여기에서는 명백한 문언도 해석의 대상이 된다는 점에 대해서만 지적하고, 이에 관한 자세한 논의는 해명적 해석의 한계 부분으로 넘기기로 한다.[13]

II. 遺言의 解明的 解釋의 方法

1. 文言에 따른 해석

유언의 해명적 해석은 그 유언이 갖는 객관적 의미를 탐구하는 것으로부터 출발함이 원칙이다.[14] 유언은 종의처분으로서 유언자에게 중요한 의미를 갖기 때문에 유언자 스스로도 거래통념에 따른 의미를 좇아 자신의 의사를 표현할 문구를 선택하고, 당해 문구가 다른 사람들에게도 그와 같은 의미로 이해될 것이라고 기대하는 것이 통상이다.[15] 따라서 특별한 사정이 없는 한, 유언의 해석은 유언 문언이 갖는 일상적 언어용례에 따른 의미를 탐구하는 것으로 족하다.[16] 이러한 객관적 의미와 상이한 해석을 하기 위해서는 이와 다른 유언자의 의사가 존재함에 대한 확실한 입증이 있어야만 한다.[17] 그렇지 아니하고 손쉽게 문언과 배치되는 해석을 인정하게 되면, 오히려 유언자의 진정한 의사가 날조될 위험이 증가하기 때문이다.[18] 또한 자기책임의 원

---

13) 이하 제4장 제1절 III. 이하 참조.
14) MünchKomm/Leipold, §2084, Rdnr.9. ; Olzen, Rdnr.564.
15) Lange/Kuchinke, S.783.
16) Olzen, Rdnr.564.
17) 전게서, Rdnr.568. ; Wolf-Gangel, S.668.
18) MünchKomm/Leipold, §2084, Rdnr.12.

칙에 비추어 보더라도 유언자가 유언이 갖는 거래통념상의 의미와 다른 의
사를 가졌음을 쉽게 인정하는 것은 바람직하지 않다.[19]

2. 유언 문서 이외의 사정의 고려

(1) 일반론

문리적 해석만으로는 당해 유언의 의미를 확정할 수 없는 경우 또는 유언
자의 현실적 의사와 문언의 객관적 의미가 서로 상이하다는 주장이 제기된
경우, 법관은 유언자의 진정한 의사가 무엇이었는지를 탐구하여야 한다. 그
럼에 있어 법관은 유언 문서 외부에 존재하는 모든 사정들을 고려할 수 있
다.[20] 유언 해석의 대상은 방식에 적합하게 표시된 유언 그 자체로 제한되지

---

19) a.a.O.
20) Brox, JA 1984, 550. ; Brox/Walker, Rdnr.200. ; Palandt/Edenhofer, §2084, Rdnr.2.
; Leipold, Erbrecht, Rdnr.363f. ; KompaktKomm/Löhnig, §2084 Rdnr.11. ; Lüderitz,
S.179. ; Mayer-Maly, Münchener Kommentar zum BGB, Band 1, Allgemeiner
Teil(4.Aufl.), 2001(이하 MünchKomm/Mayer-Maly라고 약칭한다.), §133 Rdnr.29. ;
Staud./Otte, Vorbem zu §§2064 ff. Rdnr.59. ; Schlüter, Rdnr.192. ; Erman/Schmidt,
Bürgerliches Gesetzbuch(10.Aufl.), 2000, S.4480. 독일연방대법원도 이와 같은 태도를
취하고 있다. 가령 위에서 살펴본 BGHZ 86, 41 판결 참조. ; "법관은 문언의 분석
에 제한되지 아니하고, 유언 문서 외에 그가 접근할 수 있는 모든 사정들을 원용하
고, 피상속인의 진정한 의사를 탐구하는데 도움이 되는 모든 사정을 고려할 때에만
해석의 임무를 완전하게 수행할 수 있다. 요식행위를 해석함에 있어서는 방식주의
의 요청에 따라 문서에 기재되지 아니한 사정들을 전혀 고려해서는 안 된다는 식
의 견해는 방식에 관한 문제를 그 내용 탐구 이전에 미리 배제해버린다는 점에서
허용될 수 없다." 그에 반해 유언 문서 외부에 존재하는 사정을 해석에 원용하는
것은 방식의 입증기능에 반한다는 이유로 유언은 오로지 그 자체에 근거하여서만
해석되어야 한다고 보는 견해로 Stumpf, S.241 ff. 참조. 유언 문서 외부에 존재하는
증거들을 원용하여 진의를 탐구하는 것은 유언의 문언이 갖는 입증기능과 관련하
여 일정한 한계를 가질 수밖에 없다고 보고 있는 일본의 견해로 浦野由紀子, 遺

만, 해석을 함에 있어서는 의사표시 외부에 존재하는 모든 사정들을 해석 수
단으로 원용할 수 있는 것이다. 상대방 있는 법률행위의 경우에는 그 해석에
있어서 상대방이 인식할 수 있는 사정들만을 고려할 수 있다고 할 것이나,
유언의 경우에는 이와 달리 그 신뢰를 보호받아야 할 상대방이 존재하지 않
기 때문에 고려할 수 있는 사정에 아무런 제한이 없다.21) 이러한 "解釋對象
의 制限과 解釋手段의 自由 간의 모순(Antinomie zwischen Beschränkungen
des Auslegungsgegenstandes und Freiheit der Auslegungsmittel)"22)은 요식행위
의 해석에만 드러나는 특수한 현상으로서 [해석 대상을 제한함으로써] 민법
이 택하고 있는 방식주의를 존중하면서도 [해석 수단의 범위를 확장하여] 방
식주의가 지나친 형식주의(Formalismus)로 경도되는 것을 방지하기 위한 타
협점으로서의 성격을 갖는다.23)

　이와 같이 유언 자체에 전혀 드러나지 않는 사정들을 고려한다고 해서 이
것이 方式主義에 위반되는 것은 아니다. 해석의 대상은 여전히 일정한 방식
을 갖추어 유효하게 표시된 유언 그 자체이며, 유언 외부의 사정은 그 유언
의 법적 의미를 파악하기 위해 원용된 것에 불과하기 때문이다. 방식주의는
해석의 대상이 되는 의사표시 그 자체에 적용되는 것일 뿐, 해석의 수단에까
지 적용되는 것이 아니다.24) 오히려 방식주의를 빌미로 문서에 드러나지 않
은 사정들을 고려하지 않는 것이야말로 방식의 문제와 내용탐구, 즉 해석의
문제를 혼동한 것으로서 허용되어서는 아니 될 것이다.25) 요식행위의 해석
에 있어 서면에 드러나는 사정들만을 고려하는 태도를 관철하는 것은 현실

言の解釋, 遺言と遺留分 第1卷 遺言(編集代表 久貴忠彦), 日本評論社, 2001,
　　223면 이하 참조.
21) Brox, JA 1984, 552.
22) Lüderitz, S.214.
23) Häsemeyer, S.122 ff.
24) v. Lübtow, Erbrecht, S.271.
25) Schmidt-Kessel, Erbrecht in der Rechtsprechung des Bundesgerichtshofes 1985 bis
　　1987, WM 1988, Beil. Nr.8., S.7 f.

적으로도 불가능한데, 문언의 의미가 불명확한 경우가 대부분인 결과 문서 외부에 존재하는 사정을 원용하지 않고서는 피상속인의 의사를 탐구·확정한 다는 해석의 목적을 달성하는 것이 사실상 불가능하기 때문이다.[26]

(2) 구체적 사정들

유언의 해석에 있어 고려될 수 있는 사정들은 개별 사안에 따라 다양하게 나타날 수 있다. 유언이 행해진 지역의 관습이나 언어관행, 피상속인과 수유자 등의 연령, 직업, 교육정도 및 재산[27], 유언자와 유언에 언급되고 있는 자 간의 관계(가족관계, 친소관계 등) 등이 대표적인 예이다.[28] 유언 성립 당시 참가한 자(가령 공증인[29])의 진술이나 유언 성립을 전후한 유언자 본인의 구두진술(가령 수유자에 대한 구두의 의사표시)도 유언자의 의사를 탐구하기 위한 자료가 될 수 있다.[30] 물론 유언자의 구두의 의사표시를 원용하는 데에는 입증의 어려움이 따른다.[31] 유언자의 의사라도 유언 성립 당시 이미 존재하였던 것이 아니라, 그 후에야 비로소 형성된 것이라면 이를 고려할 수 없다.[32]

---

26) Wolf-Gangel, S.664 참조.

27) 우리 대법원 역시 피상속인의 재산상태를 참작하여 유언의 내용을 확정할 수 있다 고 보고 있다. 가령 대법원 1978.12.13. 선고 78다1816 판결(集 26-3, 312). ; "유증 한 재산이 개별적으로 표시되었다는 사실만으로는 특정유증이라고 단정할 수 없고 망 천연수의 상속재산이 얼마가 되느냐를 심리하여 다른 재산이 없다고 인정되지 않는 한 이를 포괄적 유증으로 볼 수도 있는 바[이다.]"

28) MünchKomm/Leipold, §2084, Rdnr.27. ; Lüderitz, S.327 f. ; Staud./Otte, Vorbem zu §§2064 ff. Rdnr.61 ff.

29) 다만 공증인은 그의 직무상 비밀 준수 의무로 말미암아 진술할 수 없는 경우가 있 다. ; Schlüter, Rdnr.192 참조. ; 공증인의 비밀 준수 의무와 피상속인의 현실적 의 사탐구 간의 충돌문제에 관하여 자세히는 Edenfeld, Die anwaltliche und notarielle Schweigepflicht nach dem Tod des Erblassers, ZEV 10/1997, 391 ff. 참조.

30) Lüderitz, S.181 참조.

31) MünchKomm/Leipold, §2084, Rdnr.29.

그 밖에 유언 성립 당시를 전후하여 피상속인이 작성한 유언 이외의 문서,
가령 유언의 초안, 방식을 갖추지 않고 작성된 유언서, 철회된 유언 등이 해
석에 원용될 수 있다.[33] 다만 이 때에는 유언의 초안이 작성된 후 또는 본래
의 유언이 효력을 잃은 후 유언자의 의사가 변경되었을 가능성을 염두에 두
어야 한다.[34] 따라서 후에 유효하게 성립된 유언에서 드러나고 있는 피상속
인의 의사를 밝히기 위해 예전의 무효인 유언을 고려하는 것은 무방하나, 나
중의 유언에 포함되어 있지 않은 부분을 보충하기 위해 예전의 유언을 원용
하는 것은 허용될 수 없다.[35]

(3) 피상속인의 개인적 언어용례

유언을 해석함에 있어 특히 고려해야 할 사정 중의 하나로 피상속인의 個
人的 言語用例(individueller Sprachgebrauch)를 들 수 있다. 개인적 언어용례
란 표의자가 평소 특정 단어를 거래 통념상의 의미와 다른 고유한 의미로 사
용하여 온 경우를 말한다. 문헌에서 많이 논해지고 있는 소위 "書庫
(Bibliothek)" 사안, 즉 표의자가 자신의 포도주 저장고를 평소 '서고'라고 지
칭하여 온 경우가 그 대표적인 예이다. 이러한 개인적 언어용례는 당사자가
의식적으로 거래 통념과 다른 표시를 선택하였다는 점에서 착오에 의한 의
사표시에 해당하는 것은 아니지만, 표의자의 의사와 그 표시된 바가 서로 일
치하지 않는다는 점에서 전형적인 객관적 오표시에 해당한다고 볼 수 있다.
따라서 의사표시의 상대방이 표의자의 현실적 의사를 인식하고 있었고, 그
결과 양자의 이해가 서로 일치되었다면, 오표시 무해의 원칙이 적용되어 표
의자가 의도한 바대로의 효력이 발생한다. 유언과 같이 상대방 없는 법률행

---

32) KompaktKomm/Löhnig, §2084, Rdnr.11. ; 이에 대해 자세히는 제4장 제1절 II. 3.
   이하 참조.
33) Lüderitz, S.181 참조.
34) MünchKomm/Leipold, §2084, Rdnr.28. ; Leipold, Erbrecht, Rdnr.364.
35) Staud./Otte, Vorbem zu §§2064 ff. Rdnr.69.

위에서도 오표시 무해의 원칙의 적용을 인정하는 학자들[36]은 이와 같은 맥락에서 개인적 언어용례의 경우에도 당연히 유언자가 의도한 바대로의 효력이 발생한다고 보고 있다. 그러나 유언에 관해 오표시 무해의 원칙의 적용을 부정하는 경우에도 개인적 언어용례에 대해서는 이를 유언의 해석시 고려할 수 있다고 보는 것이 전반적인 견해이다.[37] 개인적 언어용례는 1회에 한정된 것이 아니라, 유언자가 지속적으로 당해 단어를 다른 의미로 사용해 왔다는 점에서 통상적인 오표시의 경우와 구별된다. 때문에 개인적 언어용례를 인정하는 것은 단순히 유언자의 내적 의사에 효과를 부여하는 것이 아니며, 표의자는 그 단어를 통해 자신의 의사를 충분히 표시하고 있다고 볼 수 있다.[38] 즉, 주관적으로는 오표시가 아닌 것이다. 그러므로 유언의 해석에 있어서 유언 문서 이외의 사정들을 원용하여 유언자의 개인적 언어용례임을 입증함으로써 문언과 배치되는 유언자의 현실적 의사에 법률효과를 부여하는 것도 허용된다고 할 것이다. 그 결과 위 "서고" 사안에서 유언자가 유언에 '서고'라는 문언을 사용하였더라도 이를 포도주 저장고로 이해할 수 있게 된다.[39]

---

36) 이에 대해서는 제4장 제3절 III. 이하 참조. 가령 Häsemeyer, S.279 f. ; v.Lübtow, Erbrecht, S.268 f. 등 참조.

37) Lange/Kuchinke, S.784. ; Einsele, Münchener Kommentar zum BGB, Band 1, Allgemeiner Teil(4.Aufl.), 2001(이하 MünchKomm/Einsele라고 약칭한다.), §125, Rdnr.35. ; HK/Vogenauer, §§133, 157, Rdnr.49. 일본에서 유언의 해석에 관해 규범적 해석을 주장하고 있는 伊藤昌司 역시 유언자가 평소에 사용하여 오던 일상적인 언어용례는 이를 고려할 필요가 있음을 인정한다. ; 伊藤昌司, 85면 참조.

38) Leipold, Wille, Erklärung und Form, S.433. ; Foerste, S.87 f. 유언자는 자신의 의사를 표시할 단어를 임의로 선택할 수 있음을 특히 지적하고 있는 것으로 Barak, p.307, 309 참조.

39) 이러한 결론은 로마 법률가들의 일치된 견해이기도 하다. Liebs, S.50 f. 참조.

3. 유언 성립 이후 발생한 사정의 고려 가능성

(1) 문제의 소재

유언의 해석의 목적은 피상속인의 진정한 의사를 탐구하는데 있다. 그러나 탐구되어야 할 의사의 시점을 언제로 볼 것인지와 관련해서는 의문의 여지가 있다. 대개 생전행위의 경우에는 법률행위가 성립과 동시에 효력을 발생함에 반해 유언은 유언자의 사망에 의해 비로소 효력을 발생하기 때문에, 유언 성립 후 그 효력발생 전까지의 사이에 그 기초가 된 사실관계 또는 유언자의 의사에 변경이 생기는 경우가 종종 있다.40) 사실관계에 변화가 있었던 경우 유언을 어떻게 해석할 것인지의 문제는 유언자의 가정적 의사를 탐구하는 작업으로서 보충적 해석의 영역에 속하는 것인 반면, 순전히 유언자의 의사에만 변경이 있었으나 유언자가 이를 새로운 유언에 의해 방식에 적합하게 표현하지 않은 경우 이를 어떻게 고려할 것인가의 문제는 해명적 해석의 영역에 속한다. 특히 유언자의 변경된 의사가 그 이전의 유언 문언과 일치하는 경우에는 더욱 그러하다. 가령 피상속인이 그의 妻를 단독 상속인으로 지정한 후 그녀가 사망하자 다른 여자와 재혼하였는데, 피상속인의 사망 당시 그는 이제 후처를 단독 상속인으로 지정하려는 의사를 가지고 있음에도 불구하고 이에 관해 새로 유언하지 아니한 경우 또는 피상속인이 그의 포도주 저장고를 유증할 생각으로 "書庫"이라는 표현을 사용하였는데, 후에 마음을 바꿔 실제로 서고를 유증하고자 한 경우, 피상속인의 변경된 의사를 고려하여 그에 따른 해석을 인정할 것인지가 문제되는 것이다.41)

---

40) Keuk, S.16.
41) 유언자의 사후적 의사변경의 구체적 사안들에 대해서는 Lüderitz, S.213 참조.

(2) 견해의 대립

1) 遺言成立時說

독일의 통설은 유언 성립 시점의 의사를 탐구하여야 하며, 그 후 발생한 사후적 의사 변경을 고려해서는 안 된다고 한다.[42] 다른 모든 법률행위의 해석과 마찬가지로 유언의 해석 역시 유언 성립 당시 유언이 갖는 법적 의미를 탐구하는 것이므로, 그 당시에 유언자가 가졌던 현실적 의사에 구속된다는 것이다. 유언을 해석하기 위해 유언 문서 이외의 사정들을 모두 고려할 수 있다고 할지라도, 유언 성립 이후에 발생한 사정들은 그것이 유언 성립 당시 유언자의 의사를 해명하는데 도움이 되는 한도에서만 원용될 수 있다.[43] 따라서 피상속인이 구두 또는 서면에 의해 자신이 행한 유언에 유언 성립시점과 다른 의미를 부여하겠다는 의사를 표시하더라도, 이러한 사후적 의사변경은 고려될 수 없다. 그렇지 않으면 유언의 철회 또는 변경은 유언의 方式에 의하도록 한 법률의 태도에 반하기 때문이다.[44] 설령 유언 성립 후 변경된 유언자의 현실적 의사가 해석의 대상이 되는 유언의 문언과 일치하여 마치

---

42) Brox, Irrtumsanfechtung, S.156 ; Erman/Schmidt, S.4480. ; Frank, Erbrecht(4.Aufl.), 2007, S.77. ; Häsemeyer, S.282. ; Kipp/Coing, S.145 ; Lüderitz, S.214 ; MünchKomm/Leipold, §2084, Rdnr.23. ; KompaktKomm/ Löhnig, §2084, Rdnr.1. ; Olzen, Rdnr.569. ; Palandt/Edenhofer, §2084, Rdnr.2. ; Schmoeckel, Erbrecht, 2006, §22 Rdnr.16 ff. ; Staud./Otte, Vorbem zu §§2064 ff. Rdnr.76. 이에 대해 Foer, Die Berücksichtigung des Willens des Testators, AcP 153, 498 ff.는 유언 성립 시설을 취하면서도 예외를 인정하여 적어도 독일민법상 의사해석규범 내지 의사보충규범이 적용되는 영역의 경우에는 유언 성립 이후 유언자의 의사변경을 고려할 수 있다고 주장하는데, 위 규범들이 적용되기 위해서는 먼저 문제되는 유언이 사후적으로 "다의적"인 의미를 갖게 되었을 것이 요구되는바, 바로 이러한 다의성 때문에 당해 유언이 어떠한 의미를 갖는 것으로 해석되더라도, 그리고 설령 그 의미가 유언자의 사후적 의사에 기인한 것일지라도, 방식주의와 충돌하지 않기 때문이라고 한다.

43) MünchKomm/Leipold, §2084, Rdnr.23. ; Staud./Otte, vor §§2064 ff., Rdnr.78

44) Lüderitz, S.214

방식이 준수된 것처럼 보이는 경우라도 마찬가지이다.[45] 이러한 견해는 이미 고로마 시대부터 존재해 왔던 것인데, 유언 작성 당시 유언자가 사망하였더라면 무효였을 유증은 시간의 경과로 인하여 유효로 되지 않는다는 취지의 카토의 法原則(regula Catoniana)[46]에 따르면, 유언 성립 이후 등장한 사정은 이를 고려할 수 없음이 원칙이었기 때문이다. 이는 법률행위의 모든 요건이 당해 요식행위가 성립할 당시 존재할 것을 요구하였던 당시의 동형유언의 방식과 밀접한 관련이 있는 것으로 보인다.[47]

2) 遺言 效力發生時說

반면 소수설은 유언 성립 당시가 아니라 피상속인 사망 당시 유언자가 가졌던 의사를 탐구하여야 한다고 주장하는데, 유언이란 사인처분으로서 피상속인 사망 시에야 비로소 효력을 갖기 때문이라는 것이다.[48] 즉 유언자는 유언으로써 그의 사망 후의 법률관계를 규율하고자 하는 것이고, 이에 대한 유언자의 의사는 유언 성립 후에도 종종 변경되곤 하므로, 유언자가 사망할 당시 그 유언으로 의도하고자 했던 바를 탐구하는 것이야말로 유언자의 진정한 의사를 실현한다는 유언 해석의 목적에 부합하는 것이라고 한다.[49] 다만 독일민법은 유언의 철회 또는 변경은 반드시 유언의 방식에 의하도록 규정하고 있는바(독일민법 제2254조), 이와 같이 사후적으로 변경되었으나 방식에 적합하게 표시되지 아니한 유언자의 의사를 고려하는 것은 결국 방식

---

45) Häsemeyer, S.282. ; Lüderitz, S.214.
46) 카토의 법원칙의 내용과 의의에 관하여 자세히는 崔秉祚, 카토의 法原則, 237면 이하 참조.
47) Wieling, Testamentsauslegung, S.217 Fn.77 참조. 이에 반하여 카토의 법원칙은 공화정기 법률가들에 의한 학설법의 형태로 발전한 것일 가능성이 크다고 보고 있는 견해로 崔秉祚, 카토의 法原則, 238면 참조.
48) Lange/Kuchinke, S.782. ; Keuk, S.105 ff.
49) Lange, Die Verwirklichung des wahren lezten Willens des Erblassers, JhJb 82(1932), 11. ; Keuk, S.16 f.

주의에 위배될 가능성이 있다. 따라서 소수설을 주장하는 학자들은 이러한 방식주의의 요청을 충족시키기 위해 해석에 의해 탐구된 유언 성립 후의 유언자의 의사는 유언의 객관적 의미와 일치할 때에만 존중받을 수 있다고 한다.[50]

(3) 독일 판례의 태도 : BayObLG NJW 1996, 133 판결을 중심으로

독일 바이에른 고등법원[51]은 통설과 마찬가지로 유언을 해석함에 있어서는 유언 성립 시점의 유언자의 의사를 탐구하여야 하는 것이며, 그 이후에 발생한 사정은 오로지 유언 성립 시점에서의 유언자의 의사를 탐구하는데 도움이 되는 한에서만 원용될 수 있다고 보고 있다.[52] 이하에서 자세히 살펴본다.

① 사실관계

피상속인은 1948년 신청인 1의 母와 혼인하고, 1954.11.19. 공정증서 방식에 의한 합동유언(제1유언)을 하였는바, 피상속인과 그의 처는 서로를 단독상속인으로 지정하면서 신청인 1이 둘 중 나중에 사망한 자의 상속인이 된다고 유언하였었다. 그들은 1958년 이혼하였다가 1961년 재결합하여 1991년 처가 사망할 때까지 혼인관계를 유지하였다. 한편 피상속인의 처는 1986.6.24. 자필증서 방식에 의해 "우리 A 부부는 이로써 서로를 단독상속인으로 지정한다. 우리 중 오래 산 자가 사망한 후에 우리의 재산은 다음과 같이 우리 자녀들에게 넘긴다. : 2/3는 딸 E에게, 1/3은 딸 H(신청인 1)에게"라는 취지의 유언(제2유언)을 한 바 있다. 그녀가 사망하자, 피상속인은 제1유

---

50) Lange, S.18 ff. ; Keuk, S.106 f.
51) 바이에른 고등법원은 2006.7.1.자로 폐원되었다.
   http://de.wikipedia.org/wiki/Oberlandesgericht 참조.
52) BayObLG NJW 1996, 133.

언에 의하든, 제2유언에 의하든지 간에 자신이 처를 상속한다고 주장하면서 처의 재산을 단독 상속하였다. 그 후 피상속인은 1992.2.1. 자필증서 방식에 의해 유언을 하면서 그의 반려자(Lebensgefährtin, 신청인 2)를 그의 재산에 대한 단독 상속인으로 지정하였다(제3유언).

② 사건의 경과

피상속인이 사망하자, 신청인 1은 제1유언에 기초하여 자신을 단독 상속인으로 하는 상속증서의 발급을 신청하였다. 반면 신청인 2는 1958년 피상속인 부부의 이혼으로 위 유언이 실효되었음을 주장하면서, 제3유언에 따라 자신을 단독 상속인으로 하는 상속증서의 발급을 신청하였다. 상속재산법원(Nachlaßgericht)은 신청인들과 증인들을 심문한 후 신청인 2를 단독 상속인으로 하는 상속증서를 발급하였다. 이에 대해 신청인 1이 항고하자, 지방법원은 합동유언이 부부의 이혼으로 인해 효력을 잃었더라도, 그 부부가 재혼하면 다시 효력을 갖는다는 이유로 원심결정을 파기하였다. 이에 신청인 2가 재항고하였다.

③ 판결의 요지

부부의 이혼으로 실효된 합동유언의 효력이 그들의 재혼으로 당연히 부활하는 것은 아니다. 지방법원은 부부가 재혼할 당시 합동유언을 부활시키려는 의사를 가지고 있었다면, 그 유언은 재혼에 의해 다시 효력을 갖는다는 견해를 택하고 있지만, 이는 따를 수 없다. 실효된 유언을 다시 부활시키기 위해서는 그와 같은 내용의 유언을 다시 방식에 적합하게 표시해야만 하는 것이다. 물론 독일민법 제2268조 제2항에 따르면 합동유언은 혼인이 해소되더라도 그와 같은 처분을 하였을 것이라는 점이 인정되는 한 여전히 효력을 가질 수 있으므로, 해석에 통해 유언 성립 당시 부부에게 이혼의 경우에도 위 합동유언을 유지시키고자 하는 현실적 또는 추정적 의사가 존재하였는지 여부를 밝힘으로써 당해 유언의 효력을 인정할 수 있다. 따라서 지방법원은 부부에게 이러한 의사가 존재하였는지 여부를 심사하였어야 할 것이다. 그럼에 있어 판단기준은 [재혼 당시가 아니라] 유언이 성립하는 시점이 되어야 하며, 그 후에 등장한 사정들은 이미 그 시점에 존재하였던 피상속인의 의사에 대한 징표로서 고려될 수 있을 뿐이다. 그런데 이 사안의 경우 여러 사정을 고려해 볼 때 위 합동유언을 유지시키고자 하는 추정적 의사가 존재하였던 것으로 판단할 수 있으므로, 결국 지방법원의 결론은 옳다고 할 것이다.

(4) 소결

판단컨대, 유언의 해석 시점은 유언 성립 당시로 보아야 할 것이다. 즉, 유언 성립 후 유언자의 事後的 意思變更은 이를 고려하여서는 아니 된다. 이는 유언의 의사표시를 반드시 법률에서 정한 방식에 의하도록 한 입법자의 결단과 충돌하기 때문이다. 유언의 문언이 다의적이라든가, 유언자의 변경된 의사와 유언의 문언이 일치한다는 등의 사정이 있어 일견 방식주의와의 모순을 피할 수 있는 것처럼 보이는 경우에도 마찬가지이다. 이러한 우연한 사정을 빌미로 방식을 갖추지 아니한 유언의 변경을 인정하기 시작하면 방식주의를 택한 목적을 달성할 수 없게 될 뿐만 아니라[53], 정확한 문언을 선택한 유언자보다 애매모호하게 표현한 피상속인의 의사가 더욱 우대받는 부정의를 초래할 수 있고[54], 유언자가 방식주의에 따른 구속을 모면하기 위해 의식적으로 다의적인 표현을 사용할 위험도 높아지며, 유언자의 사후적 의사변경의 입증을 둘러싸고 분쟁이 발생할 여지가 커지게 될 것이기 때문이다.[55] 물론 우리 민법은 독일민법과 달리 生前行爲에 의한 遺言의 撤回[56]를 인정

---

53) Lüderitz, S.214.

54) Staud./Otte, Rdnr.77. 참조.

55) Brox, Irrtumsanfechtung, S.155. ; Staud./Otte, Rdnr.77. ; Kipp/Coing, S.145.

56) 이 때 "생전행위"의 의미를 아무런 방식의 제한 없는 불요식행위로 볼 것이 아니라, "유언 철회의 방식을 완화하는 규정으로 보고 생전행위란 유언과 같은 엄격한

하고 있다(민법 제1108조)는 점에서 유언자의 사후적 의사변경을 고려할 여지가 전혀 없는 것은 아니다. 그러나 유언자의 사후적 의사변경은 오로지 유언이 철회되었는지 여부, 즉 유언의 존부에 대한 해석에 관하여서만 이를 고려할 수 있을 뿐이며, 유언의 내용을 밝히는 해석이 문제되는 한에서는 유언성립 당시 유언자의 의사를 밝히는 것으로 그 과제를 한정하여야 할 것이다.

III. 遺言의 解明的 解釋의 限界

1. 문제의 소재

위에서 간단하게 언급한 바와 같이 해명적 해석의 한계와 관련하여 유언의 문언이 明白하고 一義的인 경우(Fälle des klaren und eindeutigen Wortlauts)에도 이를 해석할 수 있느냐의 문제가 제기되고 있다. 본래 법률행위의 해석이란 문언의 불명확한 내용을 탐구하여 그 의미를 밝히는 작업인 이상, 문언이 그 자체로 이미 명백하다면 더 이상 해석이 개입될 여지가 없다고 볼 여지가 있기 때문이다. 과거 독일 판례와 일부 학설은 유언의 해석과 관련하여 이러한 입장을 고수하면서 명백하고 일의적인 문언의 경우에는 해석의 대상이 되지 않는다고 보았다. 유언의 해석 결과는 명백하고 일의적인 문언과 모순되어서는 아니 되며, 그러한 문언은 해석에 대해 극복할 수 없는 한계가 된다는 것이다.[57] 이를 가리켜 소위 "明白性原則(Eindeutigkeitstheorie)"[58]이라 한다. 이하에서는 유언의 해명적 해석에 대

요식성은 요하지 않지만 적어도 유언자의 진의를 확보할 수 있을 정도의 명시적 의사표시에 의한 유언의 철회를 의미하는 것"이라고 보아야 한다는 견해로 金宰浩, 334면.

57) RGZ 70, 391 ; RGZ 160, 109 ; BGHZ 32, 60 usw.

58) 영미법권에서는 소위 Plain Meaning Rule이라고 일컬어지는 명백성 원칙은 본래 법

한 한계로서 이러한 명백성 원칙을 인정할 수 있는지 여부에 관해 자세히 살펴보기로 한다.

2. 명백성 원칙에 관한 학설의 대립

(1) 肯定說

명백성 원칙은 로마법에 그 기원을 두고 있는 것[59]으로서 제국법원 시절부터 이미 인정되어 오던 것이다. 위 원칙에 의하면, 일상적인 언어용례에 따르면 일의적이고 명백해서 누구에 의하더라도 동일한 의미를 갖는 것으로 이해되는 개념은 해석을 할 필요가 없고, 해석적격도 없다고 한다. 따라서 주관적 해석방법에 의하더라도 유언에 사용된 개념의 거래통념상의 의미만이 효과를 갖게 되며, 유언자의 의사에 따른 해석은 허용되지 않게 된다.

그 근거로는 무엇보다도 법적안정성과 입증의 확보, 피상속인 의사의 사후적 날조에 대한 위험, 그리고 경솔한 유언 방지를 위한 교육적 효과 등이 제시되어 왔다.[60] 이러한 명백성 원칙의 근거는 사실상 후술할 암시이론의 근거 내지 유언 방식의 목적과 일치하는바, 요식행위의 해석에 있어서 암시이론이 지배적 위치를 차지하게 되어 감에 따라 명백성원칙은 점차 암시이론의 한 내용으로 흡수되기에 이르렀다.[61] 명백성 원칙은 암시이론을 극단

률행위 일반에 적용되던 것이었으나, 점차 요식행위 해석의 경우를 제외하고는 사실상 별다른 의미를 갖지 못하게 되었다고 한다. 구체적 내용에 관해서는 Lüderitz, S.65 ff. 참조. 명백성원칙의 발달과 쇠퇴 과정에 대해서는 HK/Vogenauer, §§133, 157, Rdnr.75 ff.

59) Paulus ad Neratium D 32, 25, 1 : "cum in verbis nulla ambiguitas est, non debet admitti voluntatis quaestio(문언상 불명확한 것이 없을 때에는 의사는 탐구되어서는 안 된다)."

60) Stumpf, S.114.

61) 명백성원칙과 암시이론의 관계에 관해 자세하게 논증하고 있는 것으로 Häsemeyer,

적으로 적용한 것에 다름 아닌데, 문언이 명백한 경우 유언서면 이외의 기타 사정들을 고려하여 유언자의 의사를 탐구하는 것은 방식심사에 들어가지 않더라도 이미 무익한 일이 된다. 유언의 문언이 이미 명백하다면 그와 배치되는 유언자의 의사에 대한 암시점은 존재할 수 없기 때문이다.

물론 독일 판례는 동 원칙을 매우 유보적으로만 적용하였다. 실제 사안에서 문언이 명백하고 일의적이라고 인정한 경우는 드물었던 것이다.[62) 그러나 명백성원칙을 지지하는 견해는 문언이 명백하고 일의적인 경우가 드문 것이 아니라, 오히려 명백하고 일의적인 문언이 분쟁의 대상이 되는 경우가 드물다는 점을 지적하고 있다. 특히 공정증서에 의한 유언의 경우에는 법률 전문가의 참여에 의해 유언이 명백하게 작성되며, 유언의 문언대로 상속이 처리되는 경우가 대부분이라는 것이다. 이러한 사정 하에서 명백하고 일의적인 문언의 경우에도 해석을 허용하는 것은 상속인 간의 법적 분쟁을 조장하는 것으로서 법정책적으로 바람직하지 않다는 것이 긍정설의 입장이다.[63)

(2) 否定說

명백성원칙은 학자들에 의해 많은 비판을 받아 왔다. 그 비판의 중심에는 독일민법 제133조가 있다. 즉 법률행위의 해석, 특히 유언과 같은 상대방 없는 법률행위의 해석에 있어서는 "표현의 문자적 의미에 구애받지 말[고]" 표의자의 진정한 의사를 탐구할 것을 법률이 명하고 있음에도 불구하고, 한편으로는 이와 같은 주관적 해석방법을 인정하면서도 다른 한편으로는 명백하고 일의적인 문언의 경우에 거래통념에 따른 의미에 구속된다고 보는 것은 서로 배치된다는 것이다.[64) 독일민법 제157조에 따른 객관적 해석을 요구하

S.128 ff. 참조.

62) 전게서, S.129.

63) Leipold, Wille, Erklärung und Form, S.427 f.

64) Brox, Irrtumsanfechtung, S.108 f. ; MünchKomm/Mayer-Maly, §133 Rdnr.46. ; Smid, S.285 f. ; Staud./Singer, §133 Rdnr.9.

는 계약의 영역과는 달리 유언의 해석에 있어서는 이와 같은 명백성원칙을
채택함으로써 보호받을만한 제3자가 존재하지 않는다는 점[65]에서도 명백성
원칙은 존재근거를 잃는다. 명백성원칙이 달성하고자 하는 법적안정성이나
피상속인의 진정한 의사의 확보, 경솔한 유언의 방지 등의 목적은 굳이 명백
성원칙을 택하지 않더라도 '방식주의'에 의해 충분히 달성할 수 있는 것이
다.[66] 게다가 많은 경우, 당해 문언의 의미가 명백한지 여부 자체가 불분명
하다. 명백하고 일의적인 문언인지 여부는 유언 외부의 사정 등을 모두 종합
하여 해석한 후에야 비로소 판명되는 것이 순서이다.[67] 그런데 해석의 결과
만을 두고 문언이 명백하므로 더 이상 해석을 요하지 않는다고 하는 것은 실
제로 법관이 행한 해석 작용을 은폐해버릴 위험이 있다. 실제로 문언의 명백
성 여부를 결정한 개별사안에서 법원의 판단기준이 자의적이었다는 의심을
피할 수 없다.[68]

3. 독일 판례의 태도
: 특히 BGHZ 80, 246 판결을 중심으로

독일연방대법원은 제국법원 이래 명백성 원칙을 줄곧 고수하여 왔으나,
1980년대에 들어서면서 드디어 이를 부정하기에 이르렀다. 명백성 원칙에
대하여 처음으로 의문을 제기한 것은 독일연방대법원의 1981.4.9.자 판결[69]
이었다.

65) Brox/Walker, Rdnr.197.
66) Stumpf, S.116 ff.
67) Lange/Kuchinke, S.783. ; v.Lütow, Erbrecht, S.265. ; MünchKomm/Mayer-Maly,
§133, Rdnr.46. ; Staud./Otte, Vorbem zu §§2064 ff. Rdnr.55.
68) Stumpf, S.115. ; Wolf/Gangel, S.667.
69) BGHZ 80, 246.

(1) 사실관계

1973.3.7. 사망한 피상속인에게는 가족으로 그의 婚姻外 子(신청인 2), 그의 母(신청인 1), 그리고 신청인 1의 前婚에서 출생한 異姓兄弟 1명(소외 1)이 있었다. 사망 당시 피상속인은 이혼한 상태였는데, 그는 배우자와의 이혼소송이 진행 중이던 1971.10.29.경 '그의 배우자는 상속인이 될 수 없으며, 그 밖의 점에 대해서는 법정상속순위에 따른다.'는 취지의 공정증서에 의한 유언을 하였다. 피상속인 사망 후 신청인 1과 신청인 2는 각각 자신이 유일한 상속인이라고 주장하면서 상속증서 발급을 신청하였다. 신청인 2는 자신이 피상속인의 혼인외 자로서 그의 유일한 법정상속인이 된다고 주장한 반면, 신청인 1은 자신이 단독상속인이 된다고 주장하였다. 본래 피상속인은 母인 자신을 단독상속인으로 지정하고자 하였는데, 그 당시 유언에 참가하였던 공증인이 -혼인외 자의 존재를 알지 못했기 때문에- "법정상속순위"라는 표현을 선택했을 뿐이라는 것이다.

(2) 사건의 경과

구법원(Amtsgericht)은 신청인 2의 상속증서 발급신청을 기각하고, 신청인 1(母)에 의해 신청된 상속증서를 발급하기로 결정하였으나, 지방법원은 이와 반대로 판단하였다. "법정상속인"이라는 표현에 비추어 볼 때, 당시 유일한 법정상속인이었던 신청인 2가 상속해야 함은 명백하다는 것이다. 이에 母가 재항고하였다. Frankfurt 고등법원은 재항고가 이유 있다고 보고, 먼저 피상속인의 의사를 확정할 것을 지시하면서 판결을 지방법원으로 파기·환송하고자 하였다. 그러나 "법정상속인"이라는 용어의 의미가 명백함에도 불구하고, 그와 다른 피상속인의 의사를 인정하는 것은 "명백하고 일의적인 의사표시는 해석의 대상이 되지 않는다"고 보아 온 연방대법원의 판례와 배치될 가능성이 있었기 때문이 고등법원은 이를 연방대법원에 제청(Vorlage)하였다. 독일연방대법원은 고등법원의 제청을 적법한 것으로 보고, 이에 대해 판단하였다.

(3) 판결의 요지

독일연방대법원은 "독일민법 제133조에 따르면 유언을 해석함에 있어서는 피상속인이 진정한 의사를 탐구하여야 하고, 표현의 문자적 의미에 구애되어서는 아니 된다. 그 동안 독일연방대법원이 고수하여 온 명백성 원칙이 과연 사실심 법관에게 부여된 표의자의 의사탐구라고 하는 과제와 서로 조화를 이룰 수 있겠는가라고 하는 것은, 설령「명백하고 일의적인」 문언이라는 특수한 사례들로 한정해 보더라도, 사실 의문의 여지가 있다."고 하면서 설령 문언의 의미가 명백하더라도 법관은 해석의 대상이 되는 의사표시에 당해 문언과 상이한 의미를 부여할 수 있다고 판시하였다. 따라서 "법정상속순위"의 의미가 명백하더라도, 피상속인이 그로써 무엇을 의미했는지를 탐구해야 한다는 것이다. 다만, 독일연방대법원은 위와 같은 설시를 통해 명백성 원칙을 사실상 폐기하면서도 결론에 있어서는 법정상속순위에 따라 피상속인의 혼인외 자가 단독상속인이 된다고 판단하였는데, 피상속인이 "법정상속인"이라는 표현으로써 그의 모를 단독상속인으로 지정하고자 하였다는 의사가 유언에 적어도 암시적으로나마 나타나고 있지 않기 때문에, 피상속인의 의사에 따른 해석결과는 방식주의에 위반되어 허용되지 않는다는 것이다. 따라서 동 사건에서는 명백성원칙과 무관하게 암시이론에 따라 피상속인의 의사에 따른 주관적 해석이 받아들여지지 아니하였다.

그 후 독일연방대법원은 1982.12.8.자 판결[70])에서 "피상속인의 현실적 의사 탐구가 중요하기 때문에, 그리고 현실적 의사가,「명백하고 일의적인」 문언이라는 드문 경우에도, 이러한 문언보다 우위에 서기 때문에, 문언은 해석에 대해 아무런 한계가 될 수 없다."고 명시적으로 설시함으로써 위

---

70) BGHZ 86, 41.

1981.4.9.자 판결이 명백성원칙에 대해 의문을 제기하였음을 다시 한 번 분명히 밝힌 바 있다.

4. 小結

유언의 해석은 유언 그 자체를 대상으로 한다. 그 유언의 문언이 다의적이고 불명확한지 아니면 그 의미가 명백하고 일의적인지 여부는 중요치 않은데, 아무리 그 객관적 의미가 명백하더라도 피상속인이 그 문언을 통해 일반적 언어용례와는 다른 것을 말하고자 하였다면 그 진정한 의사를 해명하는 것이 유언해석의 목적이기 때문이다.[71] 의사도그마를 진지하게 받아들이는 한, 명백성원칙은 수용할 수 없다. 따라서 명백하고 일의적인 문언이라도 해석에 아무런 한계가 되지 아니한다. 명백한 문언은 유언자의 의사가 문언과 일치할 것이라는 추정을 가능케 할 뿐이다.[72] 다만, 유언의 요식행위로서의 성격에 비추어 볼 때 유언자가 문언의 객관적 의미와 다른 의사를 가지고 당해 문언을 사용하였을 때, 현실적 의사에 따른 효과를 부여하는 것이 과연 방식주의에 비추어 허용될 수 있을 것인지 여부가 문제될 수 있을 뿐이다. 이것이 바로 유언에 대하여 오표시 무해의 원칙을 적용할 수 있을 것인지 여부[73], 그리고 유언의 해석에 암시이론을 적용할 것인지 여부[74]의 문제이다. 사실 독일에서 한 때 많이 논의되었던 명백성원칙을 둘러싼 논쟁이 결론에 있어서는 별다른 실익이 없었던 것으로 밝혀진 이유도 바로 여기에 있다.[75] 독일연방대법원[76]은 암시이론을 채택함으로써, 설령 해석에 의해 유언의 문

---

71) Palandt/Edenhofer, §2084, Rdnr.1.
72) Staud./Otte, Vorbem zu §§2064 ff. Rdnr.58.
73) 이에 대해서는 제4장 제3절 이하 참조.
74) 이에 대해서는 제5장 이하 참조.
75) Leipold, Wille, Erklärung und Form, S.424.
76) BGHZ 80, 242 외 다수.

언과 상이한 유언자의 의사가 존재함이 확정되었다 할지라도, 그 의사가 유언의 문언에 암시적으로나마 표현되고 있지 않다면 방식주의에 반하는 것으로 보아 그 의사에 따른 효과를 인정하지 않았던 것이다.

IV. 요약

유언의 해명적 해석은 유언의 문언이 갖는 객관적 의미를 밝히는 것으로부터 출발한다. 법관은 유언자의 진정한 의사가 유언의 문언과 상치된다는 점에 대한 주장·입증이 있는 경우에 비로소 유언자의 의사에 따른 주관적 해석 작업을 하게 되는데, 유언자의 현실적 의사를 탐구하기 위해서는 유언에 전혀 드러나 있지 않은 유언 외부의 사정들도 모두 고려하여 해석할 필요가 있다. 특히 유언자의 개인적 언어용례는 유언의 해석에 있어서 중요한 의미를 갖는다. 다만, 유언의 해석을 통해 발견하고자 하는 것은 유언 성립 당시의 유언자의 의사이기 때문에, 유언 성립 후 유언자의 사후적 의사변경은 이를 고려하여서는 아니 될 것이다. 설령 유언의 문언이 일응 명백하고 일의적으로 보일지라도 이는 해석의 한계가 되지 아니한다. 명백한 유언의 해석을 금지하는 것은 지나친 형식주의에의 경도로 이어져 유언자의 현실적 의사탐구라는 유언 해석의 목적 실현을 불가능하게 만들 가능성이 있기 때문이다.

제2절 遺言의 補充的 解釋

I. 유언의 보충적 해석의 許容 與否

1. 補充的 解釋의 의의와 근거 등

(1) 보충적 해석의 意義

유언의 보충적 해석에 관해 본격적으로 논의하기에 앞서 일반 법률행위, 특히 계약의 해석과 관련하여 우리나라와 독일에서 발전하여 온 보충적 해석의 의의와 그 근거, 그리고 법적 성질에 관해 간단하게 살펴보기로 한다. 먼저 보충적 해석이란 해석의 대상이 되는 법률행위에 어떠한 사항에 관해 따로 규율하지 아니한 欠缺(Lücke)이 있는 경우, 만약 당사자가 당해 사항에 관해 규율하였더라면 어떻게 하였을 것인가라는 가정적 의사(hypothetischer Parteiwille)를 탐구함으로써 당해 의사표시의 내용을 확정하는 작업을 말한다.1)

(2) 보충적 해석의 許容 與否

이러한 보충적 해석의 단계는 비교적 일찍부터 해석의 독자적 영역으로 인정되어 왔다.2) 물론 보충적 해석에 관해서는 "존재하지도 않는 계약의 목

---

1) 尹眞秀, 法律行爲의 補充的 解釋에 관한 獨逸의 學說과 判例, 民法論攷 I, 博英社, 2007, 200면.
2) 가령 Oertmann, S.154, 174 ff. ; 이에 반해 해명적 해석이든 보충적 해석이든 언제나 법률행위의 해석은 법률효과를 확정짓는 것으로서 보충에 해당한다고 하면서 보충적 해석의 독자적 성격을 부인하고 있는 견해로 Danz, S.135. ; Titze, S.481,

적으로부터 존재하지도 않는 추정적·가정적 의사를 추론해내는 것은 해석자가 주관적으로 보았을 때 합리적인 것으로 보이는 내용이라면 무엇이든 당사자에 의해 합리적으로 의도된 것으로 간주되어 당해 의사표시의 내용이될 수 있다고 보는 것"[3]이므로 결국 "해석자의 자의에 따라 존재하지도 않는 법률관계를 존재하는 것으로, 존재하는 법률관계를 존재하지 않는 것으로 만들어"[4] 버린다는 점에서 허용되어서는 안 된다는 비판이 없는 것은 아니다. 하지만 독일의 압도적 통설[5]은 이를 인정하고 있으며, 우리나라에서도 이러한 입장은 그대로 유지되고 있다.[6] 다만 그 근거를 어디에서 찾을 것인가에 관해서는 학설의 대립이 있는데, 이는 기본적으로 보충적 해석의 법적 성질을 무엇으로 볼 것인가에 관한 견해의 대립에 기인한다. 따라서 이하에서는 먼저 보충적 해석의 법적 성질에 관한 학설의 대립을 소개하고, 그에 기초해 보충적 해석의 근거를 살펴보고자 한다.

(3) 보충적 해석의 法的 性質과 根據

Brox가 적절하게 지적하고 있듯이 보충적 해석(die ergänzende Auslegung)

---

485 ff. 참조. 보충적 해석이 적용되는 영역도 결국 해명적 해석의 방법에 의해 이를 해결할 수 있다고 보고 있는 Fikentscher, Schuldrecht(6.Aufl.), 1976, S.97도 보충적 해석의 독자적 성격을 부인하고 있다는 점에서 이와 유사한 것으로 보인다.

3) Ernst Wolf, Allgemeiner Teil des bürgerlichen Rechts(2.Aufl.), 1976, S.331.

4) a.a.O.

5) 가령 Brox, Irrtumsanfechtung, S.117 ff. ; Flume, Rechtsgeschäft, S.321 ff. ; Palandt/Heinrichs, §157, Rdnr.2 ff. ; MünchKomm/Mayer-Maly, §157, Rdnr.25 ff. ; Roth, Staudinger Kommentar zum Bürgerlichen Gesetzbuch mit Einführungsgesetz und Nebengesetz, Buch 1., Allgemeiner Teil 4., 2003[이하 Staud./Roth라고 약칭한다.], §157, Rdnr.3 ff. 등.

6) 金相容, 民法總則, 430면 이하 ; 白泰昇, 民法總則, 374면 이하 ; 郭潤直/宋德洙, 民法注解 II, 205면 이하 ; 嚴東燮, 法律行爲의 補充的 解釋, 韓國民法理論의 發展(I), 博英社, 1999, 81면 이하 ; 尹眞秀, 補充的 解釋, 200면 이하 ; 李英俊, 295면. ; 李銀榮, 150면 이하 등.

이란 그 자체로 논리적으로 모순되는 용어이다. 본래 解釋이란 현재 존재하고 있는 법률행위의 의미를 탐구하는 것, 즉 이미 의사표시 안에 담겨져 있는 무엇인가를 끄집어내는 것을 의미하는 것임에 반해, 補充이란 규율이 존재하지 않는 부분에 대한 가정적 의사를 탐구하는 것, 즉 의사표시에 담겨져 있지 않은 무엇인가를 외부로부터 첨가하는 작업이기 때문이다.[7] 그 결과 독일에서는 이러한 보충적 해석의 법적 성질을 어떻게 파악할 것인가에 관해서 두 가지 견해의 대립이 등장하게 되었는데, 이를 여전히 법률행위 해석의 일종으로 보아야 한다는 견해(해석작용설)와 객관적인 법적용의 일종으로 보아야 한다는 견해(법적용설)가 그것이다.

1) 解釋作用說

해석작용설[8]에 따르면 법률행위의 보충적 해석 역시 계약의 목적 및 전체적인 이익상황을 고려하여 당사자의 의사를 수미일관하게 발전시킬 경우 필연적으로 도달하게 되는 결과를 가지고 그 흠결을 보충하는 것이기 때문에 결국 본래의 법률행위에 나타난 당사자의 의사를 형성하는 해석작용의 일환으로 보아야 한다고 본다. 이러한 견해는 "계약은 신의성실이 거래관행을 고려하여 요구하는 대로 해석되어야 한다"고 규정하고 있는 독일민법 제157조 및 당사자의 사적자치를 보충적 해석의 근거로 들고 있다.

2) 法適用說

반면 법적용설[9]은 흠결의 존재 여부를 확정하는 것은 해석의 임무이나,

---

7) Brox, Irrtumsanfechtung, S.117.

8) Brox, Irrtumsanfechtung, S.130. ; Flume, Rechtsgeschäft, S.322 f. ; Larenz, Allgemeiner Teil, S.464 ff. ; Lüderitz, S.392 ff. ; 해석작용설의 자세한 내용에 관해서는 嚴東燮, 補充的 解釋, 83면 이하 ; 尹眞秀, 補充的 解釋, 203면 이하 참조.

9) v. Lübtow, Probleme des Erbrechts, 1967, S.60 f. ; 법적용설의 자세한 내용에 관해서는 嚴東燮, 補充的 解釋, 85면 이하 ; 尹眞秀, 補充的 解釋, 204면 이하 참조.

그 흠결의 보충은 더 이상 당사자의 의사로부터 도출해낼 수 없으며, 오히려 객관적 관점에 의해 탐구될 수 있을 뿐이므로, 이는 결국 객관적 법적용으로서의 성격을 갖는다고 본다. 따라서 흠결의 보충은 (해석에 관한 일반조항인 독일민법 제157조가 아니라) 신의칙에 관해 규정하고 있는 독일민법 제242조 내지 당사자 간의 이익조정에 의해 정당화될 수 있을 뿐이라고 한다. 이는 사실상 의사표시의 의미를 확정하는 것이 아니라 법관이 신의성실의 원칙에 근거하여 당사자 간의 충돌하는 이익을 형량함으로써 계약의 내용을 형성하는 행위라는 것이다.

(4) 小結

보충적 해석의 법적 성질론에 관한 논의는 본래 보충적 해석과 임의법규 간의 적용순위 및 착오에 의한 취소 가능성 등의 문제를 해결하는 것과 관련하여 실익을 갖는다고 한다. 즉, 해석작용설에 따르면 해석을 통해 밝혀진 법률행위의 내용은 당연히 임의규정의 적용을 배제할 수 있다고 보는 것이 논리적으로 타당하므로, 보충적 해석은 언제나 任意法規보다 우선하여 적용되어야 할 것이다. 또한 해석작용설에 의한다면 보충적 해석에 의해 확정된 의사표시의 내용이 당사자의 현실적 의사와 일치하지 않는 경우, 당사자는 錯誤를 이유로 당해 의사표시를 취소할 수 있다고 보는 것이 논리적으로 당연한 귀결일 것이다. 법적용설에 따르면 각각의 사안에서 이와 반대의 결론이 도출될 수 있다.

그런데 실제로 위의 각 문제에 관하여 양 견해를 주장하고 있는 학자들 간에 일관된 학설 대립은 찾아보기 힘들다. 가령 해석작용설을 주장하는 학자들도 임의규정이 보충적 해석보다 우선하여 적용된다고 보는 경우가 대부분이며,10) 착오로 인한 취소도 허용되지 않는다고 보는 견해가 많다.11) 우

---

10) Flume, Rechtsgeschäft, S.324 f. ; Larenz, Allgemeiner Teil, S.295 f., 466 ff. 등 참조.
11) Flume, Rechtsgeschäft, S.325 f. ; Larenz, Allgemeiner Teil, S.469 f. 참조.

리나라에서의 논의 상황도 마찬가지이다. 즉, 대부분의 학자들이 보충적 해석을 해석작용의 일종으로 보면서도 "보충적 해석은 임의법규로 법률행위의 틈을 규율할 수 있는 경우에는 문제되지 않는다."[12]는 견해를 취하고 있다. 이에 대해 일각에서는 어차피 이러한 결론을 인정할 것이라면 논리적 정합성을 위해 법적용설을 취하는 것이 보다 타당하다는 소수설이 주장되고 있다.[13]

생각건대, 보충적 해석의 법적 성격은 단순히 임의규정과의 관계나 착오 취소 문제의 해결과 관련하여서만 판단할 것은 아니며, 오히려 보충적 해석의 근거를 무엇으로 볼 것인가, 그리고 보충적 해석의 방법과 그 한계를 어떻게 설정할 것인가와 같은 보다 근본적인 맥락에서 판단하여야 할 것으로 보인다. 이에 대해서는 유언의 보충적 해석과 관련하여 상술한다.

2. 遺言의 보충적 해석의 허용 여부 등에 관한 獨逸에서의 논의

(1) 문제의 소재

위에서 살펴본 바와 같이 독일에서 보충적 해석은 일반적으로 당사자의 사적 자치 및 독일 민법 제157조에 의해서(解釋作用說) 또는 당사자 간의 이익조정 및 독일민법 제242조에 의해서(法適用說) 정당화되고 있다. 그러나 유언의 영역에서는 이와 같은 논거가 그대로 적용될 수 없는데, 이는 유

---

12) 白泰昇, 民法總則, 374면. ; (同旨) 金相容, 民法總則, 431면. ; 郭潤直/宋德洙, 民法注解 II, 206면 이하. ; 李英俊, 306면 이하.
13) 嚴東燮, 補充的 解釋, 88면 이하. ; 尹眞秀, 補充的 解釋, 224면. 별다른 근거를 밝히지 않으면서 법적용설을 취하고 있는 것으로 李銀榮, 152면. 이에 대해 법률의 착오도 역시 취소의 대상이 되기 때문에 법적용설은 타당하지 않다고 보는 견해로 李英俊, 308면 참조.

언의 법적 성격, 즉 상대방 없는 단독행위로서의 성격에 기인한다. 독일 민법 제157조는 계약과 같이 상대방 있는 법률행위에만 적용되는 것이므로 유언의 해석에 관해서는 적용될 여지가 없고, 단독행위에서는 당사자 간의 이익조정이라는 이념도 상정하기 어렵기 때문이다.14) 따라서 유언에 있어서 보충적 해석을 허용할 것인지 여부, 그리고 그 근거를 무엇으로 볼 것인지에 관해서는 계약의 보충적 해석과는 다른 측면에서 논의가 진행되고 있다.

(2) 견해의 대립

1) 否定說

먼저 유언의 보충적 해석이 허용되어서는 안 된다고 보는 견해에 관해 살펴본다. Endemann이 이러한 입장을 취하고 있는 대표적인 학자인데, 그는 법률에 규정된 의사보충규범 외에 유언의 보충적 해석을 허용하는 것은 피상속인의 의사라는 명목 하에 법관의 자의적 결정을 관철시키는 것에 다름 아니기 때문에 이를 인정할 수 없다고 한다.15) 상속법상 의사결정의 자유를 진정으로 확보하기 위해서는 "표시되지 않은 바(Unerklärte)"를 고려하여서는 안 되는데, 보충적 해석은 피상속인의 가정적 의사라는 수단을 통해 유언에서 규율되지 않은 부분에 대한 보충을 시도하고 있다는 점에서 이미 수용할 수 없다는 것이다.16) 이러한 견해의 연원은 로마법에서부터 찾아볼 수 있는데, 이미 쿠리우스 송사17)에서 [문언에 따른 해석을 주장하였던] Scaevola가 [의사에 따른 해석을 주장하였던] Crassus에게 대항하기 위한 논거로서 피상속인에게 태아가 아예 출생하지 않은 경우에까지 Curius를 상속인으로 지정하고자 한 현실적 의사가 존재하지 않았음을 전제로 어떻게 전혀 존재하

---

14) 자세한 내용에 관해서는 MünchKomm/Leipold, §2084 Rdnr.67 참조.
15) Endemann, Lehrbuch des Bürgerlichen Rechts Band.3, Teil.1, 1919, S.258 f.
16) a.a.O.
17) 쿠리우스 송사에 대해서는 위 제2장 제2절 II. 2. (3) 이하 참조.

지도 않는 가정적(또는 추정적) 의사에 효력을 부여할 수 있겠느냐고 논변하였던 것이다.[18]

2) 肯定說

반면 독일의 통설[19]은 유언의 보충적 해석을 인정하고 있다. 법률이 일정한 사안에 대해 보충규범을 마련해 놓고 있다고 해서 당연히 그 외의 사안에 대한 보충적 해석이 허용되지 않는다고 볼 것은 아니라는 것이다. 입법자가 흠결이 문제되는 모든 사안을 일일이 열거하여 규정하는 것은 사실상 불가능하기 때문이다. 다만, 그 근거에 관해서는 역시 보충적 해석의 성격을 어떻게 파악하느냐에 따라 견해가 서로 대립하고 있으므로, 해석작용설의 입장과 법적용설의 입장으로 나누어 보기로 한다.

① 解釋作用說

먼저 해석작용설[20]은 유언의 보충적 해석 역시 고유한 의미의 해석과 전혀 다르지 않다고 한다. 그 이유는 다음과 같다. 먼저 유언의 보충적 해석은 유언이라는 의사표시의 법적 의미를 탐구함으로서 피상속인의 내심적 효과의사에 법적 효과를 부여하는 것을 그 출발점이자 목적으로 하고 있다.[21] 또

---

18) Manthe, S.81 참조. 이 때 Crassus가 피상속인에게 위와 같은 내용의 현실적 의사가 있었다고 주장한 것인지 혹은 가정적 의사가 있었다고 주장한 것인지는 명백하지 않은데, Scaevola는 두 가지 경우를 모두 상정하여 만약 현실적 의사가 존재한다는 주장이라면 그러한 현실적 의사가 존재하지 않았다는 점을, 만약 가정적 의사가 존재한다는 주장이라면 가정적 의사의 탐구는 허용되지 않는다는 점을 각각 지적하였다.

19) Brox, Irrutumsanfechtung, S.143 f. ; Flume, Rechtsgeschäft, S.336. ; Gerhards, Ergänzende Testamentsauslegung wegen postmortaler Ereignisse, 1996, S.7 ff. ; MünchKomm/Leipold, §2084, Rdnr.67 f. ; v.Lübtow, Probleme, 56 f. ; Olzen, Rdnr. 577. ; Staud./Otte, Vorbem. §2064, Rdnr.84. ; Schmoeckel, S.137 f. ; Stumpf, S.168 등. 오스트리아에서 같은 입장을 택하고 있는 것으로 Eccher, S.46.

20) Kipp/Coing, S.142. ; MünchKomm/Leipold, §2084, Rdnr.66. ; Staud./Otte, Vorbem. §2064, Rdnr.82 f. ; Stumpf, S.168 등.

한 이는 실재하지 아니하는 허구를 창출해내는 것이 아니라, 이미 존재하고
있는 의사표시(유언 내지 유언자의 의사지향점)에 기초하여 피상속인이 유언
을 통해 달성하고자 하는 목적에 적합한 가정적 의사를 추출해내는 작업[22]
이다. 따라서 이는 결국 해석작용의 일환일 수 밖에 없다는 것이다. 이러한
해석작용설은 독일 헌법상 보장되고 있는 遺言의 自由 및 독일민법 제2084
조에 의해 유언의 보충적 해석이 정당화될 수 있다고 한다. 유언의 자유와
사적자치에 기초한 피상속인의 자기결정을 최대한 보장하는 한편, 유언이 다
의적으로 해석될 수 있을 때에는 유언의 효력이 인정될 수 있는 방향으로 해
석할 것을 규정하고 있는 독일민법 제2084조의 입법목적, 즉 가능한 한 유언
에 효력을 부여함으로써 피상속인의 의사를 가급적 존중한다는 소위 "意思도
그마"를 충실하게 실현하기 위해서는 단순히 유언 문언의 의미를 탐구하는
것을 넘어서서 피상속인이 미처 규율하지 못한 부분에 대한 가정적 의사까지
탐구되어야 한다는 것이다.[23] 그 밖에 법률행위 해석에 관한 일반규정인 독
일민법 제133조 및 유언의 보충적 해석을 예정하고 있는 다수의 조문들(가령
독일민법 제2069조[24], 제2077조[25] 등)도 그 근거로 원용되고 있다.[26] 법률의

---

21) MünchKomm/Leipold, §2084 Rdnr.66.
22) Kipp/Coing, S.142. ; Staud./Otte, Vorbem. §2064 Rdnr.83 참조.
23) Gerhards, Testamentsauslegung, S.38 ff. ; Kipp/Coing, S.143. ; MünchKomm/Leipold, §2084 Rdnr.68 f. ; Olzen, Rdnr.577. ; Staud./Otte, Vorbem. §2064 Rdnr.85.
24) 독일민법 제2069조 [피상속인의 직계비속] 피상속인이 그의 직계비속에게 유증하 였는데, 이 자가 유언 성립 전에 사망하였다면, 법정상속의 경우 그를 대습상속하 였을 그의 직계비속이 유증을 받는 것으로 추정한다.
25) 독일민법 제2077조 [혼인 또는 약혼의 해소로 인한 사인처분의 무효] ① 피상속인 이 그의 배우자에게 유증하는 내용의 사인처분은 그 혼인이 피상속인 사망 전에 해소되었다면 효력이 없다. 피상속인 사망 당시 이혼 요건이 존재하였고, 피상속인 이 이혼의 소를 제기하였거나 이혼에 동의하였던 경우에도 혼인 해소의 경우와 동 일하게 본다. 피상속인이 사망 당시 혼인 취소권을 가지고 있었고, 취소의 소를 제 기하였던 경우도 마찬가지이다.
② 피상속인이 자신의 약혼자에게 유증하는 내용의 사인처분은 피상속인 사망 전 에 약혼이 해소된 경우에는 효력이 없다.

규정 자체가 보충적 해석을 예정하고 있다면, 법유추(Rechtsanalogie)를 통해 판례로써 보충적 해석을 인정하는 것도 가능하다는 것이다.

② 法適用說

반면 법적용설[27]은 유언과 관련하여 당사자의 가정적 의사를 탐구하는 작업은 고유한 의미에서의 해석(ergänzende Testamentsauslegung)이 아니라 법관에 의한 "補充(Testamentsergänzung)"에 해당한다고 보고 있다. 유언에 흠결이 있는 경우, 이에 관한 당사자의 의사 또는 의사표시라는 것은 존재하지 않기 때문에 법관은 이를 탐구할 것이 아니라 스스로 유언의 내용을 형성하여야 한다는 것이다. 다만, 유언의 해석에 있어서는 유언자의 의사가 최대한 존중되어야 하며 보호하여야 할 상대방이 존재하지 않기 때문에 법관은 독일민법 제242조가 아닌 선량한 풍속 위반에 관한 독일민법 제138조[28]를 그 보충의 기준으로 원용하여야 한다고 본다. 이러한 법적용설의 입장에 따르면 법률행위 해석에 관한 일반규정인 독일민법 제157조나 유언의 해석에 관한 일반규정인 독일민법 제2084조는 유언의 보충작업에 관한 법적 근거로 원용할 수 없다. 그럼에도 불구하고 법적용설 역시 유언의 보충적 해석이 허용되어야 한다는 점에 대해서는 아무런 의문을 제기하고 있지 않은데, 유언의 보충에 관한 독일민법 내의 여러 개별 규정들로부터 유추해 봄으로써 이러한 유언의 보충을 정당화할 수 있다고 한다.[29]

---

③ 피상속인이 그러한 경우에도 역시 그 사인처분을 하였으리라는 점이 인정되는 때에는 처분이 무효로 되지 아니한다.

26) Gerhards, Testamentsauslegung, S.45 ff. ; MünchKomm/Leipold, §2084, Rdnr.69. ; Stumpf, S.198 ff.

27) 대표적인 견해로 v.Lübtow, Probleme, S.62 ff.

28) 독일민법 제138조 [良俗違反의 法律行爲 ; 暴利] ① 선량한 풍속에 반하는 법률행위는 무효이다.

29) v.Lübtow, Probleme, S.65.

(3) 독일 판례의 태도 : RG 99, 82 판결을 중심으로

독일 연방대법원 역시 독일의 통설과 마찬가지로 유언의 보충적 해석을 인정하고 있다. 유언의 보충적 해석을 최초로 인정한 판결[30]은 제국법원 시절로 거슬러 올라간다. 동 판결의 사실관계는 다음과 같다. 1919.3.1. 80세의 나이로 사망한 피상속인은 1916.11.9. 그녀의 조카 2명을 상속인으로 지정하는 취지의 유언을 하였다. 그러나 상속인으로 지정된 조카 중 일인은 1918.2.26. 사망하여 상속개시 당시 이미 존재하지 않았다. 대신 그에게는 10명의 자녀가 있었는데, 이 자녀들 중 1명(신청인)이 아버지를 대습상속한다고 주장하면서 상속증서의 발급을 신청하였다. 이러한 사실관계는 독일민법 제2069조의 적용범위에 속하는 것은 아니다. 수유자가 피상속인의 직계비속이 아니었기 때문이다. 따라서 법률의 규정에 의해서는 신청인이 상속인으로 될 수 없다. 그러나 제국법원은 이에 대하여 사인처분의 경우에는 아직 효력이 발생하기 전에 유증의 목적물 또는 수유자의 인적범위에 변경이 발생할 가능성이 높으므로 생전행위보다 해석이 허용될 여지가 많을 뿐만 아니라, 독일민법 역시 이와 관련된 해석규정들을 마련해 놓고 있는바, 객관적 또는 주관적 변경이 있는 경우 해석을 통해 피상속인이 처분 당시 나중의 사정변경을 예견하였더라면 무엇을 의도했을 것인지를 그의 의사지향점에 따라 탐구하는 소위 보충적 해석이 허용될 수 있다고 판시함으로써 사망한 조카의 자녀들이 그를 대신하여 대습상속을 받을 수 있음을 긍정하였던 것이다.

---

30) RG 99, 82.

3. 유언의 보충적 해석의 許容 與否와 그 根據

(1) 유언의 보충적 해석의 허용 여부

유언의 보충적 해석이란 유언자의 현실적 의사 또는 유언자가 당해 유언으로 말하고자 했던 바를 탐구하는 해명적 해석의 단계를 거친 후에도 여전히 유언에 일정한 흠결이 있는 경우 당사자의 가정적 의사를 탐구함으로써 그 흠결을 보충하는 것을 목적으로 한다. 유언은 그 성립 시로부터 효력이 발생할 때(피상속인의 사망)까지 장기간의 시간이 소요되는 것이 통상이기 때문에 계약보다도 보충적 해석의 필요성이 더욱 절실하다. 그 기간 중의 사정변경으로 말미암아 당사자의 규율목적을 실현시키는 것이 불가능해질 가능성이 높기 때문이다.[31] 유언이 효력을 발생할 당시 유언자는 이미 사망해 있어 변경된 사정에 따라 새로운 처분을 할 수 있는 가능성이 원천적으로 봉쇄된다는 점에서도 역시 그러하다.[32] 따라서 보충적 해석을 허용하지 않는 것은 "현실적으로 해결을 필요로 하는 문제에 대하여 해답의 제시를 거부하는 것"[33]이어서 받아들이기 어렵다.[34] 게다가 유언의 보충적 해석을 부정할 경우, 만약 계약이었다면 행위기초론에 의해 손쉽게 해결할 수 있었을 사안도 개별 사정에 따른 구체적 해결을 도모하기가 어려워지는데, 행위기초론은 계약의 구속력과 그 기능에 기반을 두고 이익형량의 도구로 재단된 것으로서 유언의 영역에는 적용될 수 없기 때문이다.[35] 유언

---

31) Keuk, S.68. ; Schlüter, Rdnr.193.
32) Brox/Walker, Rdnr.202. ; Staud./Otte, Vorbem. §2064, Rdnr.85.
33) 尹眞秀, 補充的 解釋, 206면.
34) (同旨) 郭潤直/宋德洙, 民法注解 II, 205면. 일본에서 같은 이유로 유언의 보충적 해석을 인정하고 있는 견해로 浦野由紀子, 遺言の補充的解釋(二) -ドイツにおける遺言完成後の事情變更と遺言の效力をめぐる議論を中心として-, 民商法雜誌 115卷 2號(1996), 240면 이하 ; 中川善之助/泉久雄, 484면 이하 참조.
35) Lange/Kuchinke, S.785 ; MünchKomm/Leipold, §2084, Rdnr.72.

의 보충적 해석은 그 성질을 어떻게 이해하건 간에 문제의 올바른 해결을 위하여 없어서는 안 될 수단인 것이다. 따라서 유언의 보충적 해석을 인정하지 않을 수 없다.[36)]

(2) 유언의 보충적 해석의 법적 성질

위에서 살펴본 바와 같이 유언의 보충적 해석은 그 현실적 필요성 때문에 인정하지 않을 수 없다. 그러나 우리 민법은 보충적 해석을 명문으로 인정하는 규정을 두고 있지 않기 때문에, 그 실정법적 근거를 어디에서 찾을 것인지가 문제된다. 유언의 보충적 해석의 근거를 제시하기 위해서는 먼저 유언의 보충적 해석의 법적 성격을 규명하여야 하는데, 위에서 살펴본 바와 같이 그 법적 성격에 따라 보충적 해석의 근거도 달라질 수밖에 없기 때문이다.

생각건대, 보충적 해석 역시 문제되는 법률행위를 출발점으로 하여 이를 통해 당사자가 규율하고자 했던 바, 즉 당사자가 의도하였었을 법률행위의 진정한 의미를 탐구하는 것을 그 종국적인 목적으로 한다는 점에서 고유한 의미의 법률행위 해석과 그 성격을 같이 한다고 보아야 할 것이다. 법관은 보충적 해석을 함에 있어 존재하지도 않는 당사자의 의사를 탐구하는 것이 아니라, 이미 존재하고 있는 당사자의 의사를 수미일관하게 관철함으로써 그의 가정적 의사를 형성하는 것이기 때문이다. 특히 유언의 해석에 있어서 법적용설과 같이 법관에 의한 객관적 보충을 인정하는 것은 보충적 해석을 함

---

36) (同旨) 金相容, 民法總則, 431면. ; 白泰昇, 民法總則, 374면. ; 高翔龍, 380면. : "문제는 유언자가 전혀 예상하지 않았던 사정변경이 발생한 경우, 유언의 해석자는 그러한 새로운 사정을 유언 해석을 하는데 고려할 수 있는가 또는 고려하여야 하는가 하는 것이다. 이러한 경우 만약 유언자가 그러한 사정을 알았더라면 그 사정에 따라 유언을 고쳤을 것이라는 것이 유언의 문면상 또는 유언 이외의 사유로부터 명백한 경우에는 이에 따라서 해석하여야 할 것이다." 그에 반해 단독행위에 관해서는 보충적 해석이 행해질 여지가 없다고 보는 견해로 尹亨烈, 契約의 補充的 解釋, 比較私法 第15卷 2號(2008), 3면 참조.

에 있어 법관이 특히 유념하여야 할 사항, 즉 그 흠결의 보충은 제3자의 지
위에서 객관적으로 행해지는 것이 아니라, 피상속인의 입장에서 최대한 그의
의사를 실현하기에 적합한 방식으로 행해져야 한다는 意思도그마의 주된 요
구를 은폐할 가능성이 있다37)는 점에서도 받아들이기 힘들다.

　법적용설이 주장하는 바와 같이 해석작용설을 취한다고 해서 임의법규와
의 적용순위 내지 착오로 인한 취소 가능성 등의 쟁점 해결과의 관계에서 논
리적 정합성이 파괴되는 것은 아니다. 이미 Flume가 적절하게 지적하고 있듯
이 임의법규를 먼저 적용할 것이냐 보충적 해석을 먼저 할 것이냐의 문제는
당해 사안이 법률에서 정하고 있는 전형적 사안에 해당하는지 여부에 따라
판단될 문제에 불과하다.38) 또한 해석작용설을 택한다고 하여 바로 보충적
해석의 결과에 대해 착오로 인한 취소를 인정하여야 하는 것도 아니다. 보충
적 해석의 결과 탐구된 당사자의 가정적 의사에 대해서는 규범적으로 법률
효과가 부여될 뿐, 그것이 바로 현실적으로 존재하였던 내심적 효과의사의
일부가 되는 것은 아니므로 의사와 표시간의 불일치가 존재한다고 볼 수 없
기 때문이다.39)

(3) 유언의 보충적 해석의 근거

　이러한 해석작용설의 전제에서 볼 때 우리 민법상 유언의 보충적 해석은
헌법 제10조로부터 도출되는 私的自治와 遺言의 自由40), 그리고 우리 민법
입법자가 상정하고 있는 소위 "意思도그마"에 의해 이를 정당화할 수 있다
고 본다. 먼저 우리 민법은 독일 민법과 같이 "의사의 해석에 있어서는 실제

---

37) Staud./Otte, Vorbem. §2064, Rdnr.83 참조.
38) Flume, Rechtsgeschäft, S.325. ; Larenz, Allgemeiner Teil, S.469. ; Stumpf, S.204 f.도
　　참조.
39) Larenz, Allgemeiner Teil, S.469 참조.
40) 유언의 자유의 헌법적 근거에 관해서는 尹眞秀, 憲法論叢 제10집, 173면 이하 ;
　　Kroppenberg, S.151 ff. 참조.

의 의사가 탐구되어야 하며 표현의 문자적 의미에 구애되어서는 아니된다."
(독일민법 제133조)거나 "계약은 신의성실이 거래관행을 고려하여 요구하는
대로 해석되어야 한다."(독일민법 제157조)와 같은 법률행위 해석에 관한 일
반조항을 마련해 놓고 있지 않다. 소위 호의적 해석의 원칙에 관한 독일민법
제2084조와 같은 내용의 조문이 존재하고 있지 않음도 물론이다. 그러나 흔
히 법률행위 해석의 원칙을 정하고 있다고 일컬어지고 있는 우리 민법 제
105조는 "法律行爲의 當事者가 法令 중의 善良한 風俗 기타 社會秩序에
關係없는 規定과 다른 意思를 表示한 때에는 그 意思에 依한다."고 규정하
고 있고, 이러한 당사자의 의사는 법률행위 해석에 있어서 임의규정 뿐만 아
니라 사실인 관습보다도 우선하는바(민법 제106조), 의사표시를 해석함에 있
어서는 표의자의 의사가 가장 중요한 해석기준으로 작용하고 있음을 알 수
있다. 특히 위에서 살펴본 바와 같이 유언의 해석에 있어서는 최대한 유언자
의 의사를 실현하여야 한다는 소위 의사도그마가 적용되기 때문에 더욱 그
러하다. 여기에서 유언자의 의사란 단순한 내심적 효과의사만을 의미하는 것
은 아니며, 올바른 동기에 기초하여 형성된 진정한 효과의사를 의미한다고
보아야 할 것이다.41)

그런데 유언자의 현실적 의사를 더 이상 탐구할 수 없다는 이유로 바로
해석을 중단한다면, 유언자의 진정한 의사를 관철시킬 수 있는 영역이 매우
좁아질 수밖에 없다. 게다가 여타의 법률행위의 경우에는 해석의 결과와 표
의자의 의사간에 불일치가 있을 때 표의자가 이를 취소하고 새로운 의사표
시를 함으로써 본래의 목적을 실현할 가능성이 남아 있지만, 유언의 경우 그
취소는 바로 법정상속의 개시로 이어지는데, 이러한 결과는 법정상속의 규율
로부터 벗어나 유언에 의해 상속재산을 처분하고자 한 유언자의 의사에 명
백하게 배치되는 결과를 초래한다.42) 따라서 헌법상 보장되고 있는 피상속

---

41) Stumpf, S.209 참조.
42) Brox, Irrtumsanfechtung, S.144 참조. 이를 가리켜 浦野由紀子, 遺言の補充的解

인의 유언의 자유 및 민법상 유언의 해석에 관한 지도적 원리인 의사도그마, 그리고 유언 우대의 원칙(favor testamenti)에 비추어 볼 때 유언의 보충적 해석에 의해 유언자가 당해 유언을 통해 달성하고자 한 본래의 목적을 최대한 실현시킬 수 있도록 조력하여야 할 것이다.

또한 우리 상속법 규정을 유추하여 보더라도 유언의 보충적 해석을 허용하지 않을 수 없다. 가령 "遺贈者가 遺贈 目的物의 滅失, 毁損 또는 占有의 侵害로 인하여 第三者에게 損害賠償을 청구할 권리가 있는 때에는 그 權利를 遺贈의 目的으로 한 것으로 본다."고 규정하고 있는 우리 민법 제1083조나 "債權을 遺贈의 目的으로 한 경우에 遺言者가 그 辨濟를 받은 物件이 相續財産 중에 있는 때에는 그 物件을 遺贈의 目的으로 한 것으로 본다."고 규정하고 있는 민법 제1084조는 이른바 의사보충규범으로서 유언 성립 당시에는 존재하였던 유증의 목적물에 어떠한 사정변경이 생긴 경우, 유언자가 그러한 사정을 알았더라면 위와 같이 처분하였으리라고 여겨지는 가정적 의사에 따른 효과를 부여하고 있다. 유언의 보충적 해석을 예정하고 있는 것이다. 물론 이와 같이 우리 민법이 일정한 경우 보충적 해석에 관한 규정을 마련하고 있는 것에 비추어 그 밖의 경우에는 더 이상 보충적 해석이 허용되지 않는다고 볼 여지가 없는 것은 아니다. 그러나 이와 같이 위 조문들을 반대해석하는 것은 통상적인 입법자의 의도에 부합하지 않는다. 입법자가 일정한 사안에 대해 해석규범을 조문화할 때에는 그 외의 사안들에 대해서 해석을 허용하지 않겠다는 의사를 갖고 있기 보다는 대개 입법 당시 전형적으로 예상할 수 있는 사안들에 대해서는 법률로 규정하지만 그 밖의 경우에 대해서는 장차 사안의 구체적 해결을 도모한다는 의사를 갖고 있는 것이 통상이기 때문이다. 따라서 법률의 흠결이 있는 사안의 경우 법유추(Rechtsanalogie)[43]를 통해 법률의 규정이 존재하는 사안과 유사하게 이를 규

釋(一), 37면은 소위 "사적자치에 의해 형성된 상속규율의 법정상속규율에 대한 우위"라고 표현하고 있다.

율하는 것이 허용된다고 할 것이다. 그렇다면 위 규정들은 우리 입법자가 유언의 보충적 해석의 허용 가능성을 염두에 두고 있었음을 보여주는 실정법적 근거가 될 수 있다고 본다.[44]

II. 유언의 보충적 해석의 方法

1. 보충적 해석의 요건 : 欠缺의 存在

(1) 흠결 유무의 판단기준

유언의 보충적 해석은 당사자의 가정적 의사를 탐구함으로써 유언에 존재하는 흠결을 보충하는 것을 그 목적으로 한다. 따라서 보충적 해석이 개시되기 위해서는 먼저 유언에 일정한 흠결이 존재하여야 한다. 여기에서 欠缺이라 함은 "당사자의 규율계획에 어긋나는 불완전성"[45]을 의미하는 것으로서 당해 흠결이 법률행위 당시 이미 존재하였는지 아니면 사후에 사정의 변경으로 인해 비로소 발생하였는지 여부를 불문한다.[46]

---

43) 법률의 흠결을 보충하는 방법으로서의 법유추(Rechtsanalogie)에 대해서는 Larenz, Methodenlehre der Rechtswissenschaft(5.Aufl.), 1983, S.368 ff. 참조.
44) 독일에서 이와 같은 법유추에 의해 보충적 해석을 근거지우고 있는 견해로 Gerhards, Testamentsauslegung, S.45 ff. 참조. 우리나라에서 법유추를 통해 대상청구권을 정당화시키고 있는 견해로 康奉碩, 代償請求權의 意義 및 要件, 民事法學 제32호(2006), 250면 이하 ; 梁彰洙, 賣買目的土地의 收用과 補償金에 대한 代償請求權 -大法院 1992년 5월 12일 판결 92다4581등사건-, 民法硏究 第3卷, 博英社, 1994, 394면 이하 참조.
45) Gerhards, Testamentsauslegung, S.14. ; MünchKomm/Leipold, §2084, Rdnr.70. ; Staud./Otte, Vorbem. §2064, Rdnr.81. ; Staud./Roth, §157, Rdnr.15. ; Stumpf, S.171. 피상속인의 의사지향점을 흠결의 존재 여부에 대한 판단기준으로 제시하고 있는 견해로 Lange/Kuchinke, S.786 참조.

다만 '당사자의 규율계획'에 반하는 경우에만 흠결이 있는 것으로 인정되기 때문에, 흠결의 존재 여부를 판단하는 작업 자체도 당사자의 의사를 확정하는 解釋의 영역에 속한다고 할 것이다.[47) 따라서 유언에 보충적 해석을 요하는 흠결이 존재하는지 여부를 판단함에 있어서도 유언의 문언이 바로 그 해석의 출발점이 된다.[48) 그러나 흠결이 존재하는지 여부는 유언의 문언에만 근거하여 도식적으로 판단할 것은 아니다. 즉, 유언에 기재되어 있지 않은 부분이 있다고 해서 무조건 흠결이 있는 것으로 보아서는 안 되는데, 우리 민법이 유언상속과 법정상속의 병용을 허용하고 있는 이상 유언자의 입장에서는 따로 유언에서 정하지 않은 부분에 대해서는 법정상속에 관한 규율이 적용될 것을 예정하고 있을 가능성이 있기 때문이다. 한편 유언에 규율이 누락되어 있는 부분에 대해서는 법정상속에 관한 법률규정이 적용된다고 하여 유언에는 절대 흠결이 존재할 수 없다고 볼 것도 아니다. 유언자가 유언행위를 하였다는 사실 자체로부터 유언자의 자기결정을 법정상속에 우선시하여야 한다는 결론이 도출될 수 있기 때문이다. 따라서 당해 유언이 보충적 해석의 대상이 될 수 있는지 여부를 판단하기 위해서는 유언 전체를 고

---

46) 이와 같이 원시적 흠결과 사후적 흠결을 구별하지 아니하고 모두 보충적 해석이 가능하다고 보는 것이 독일의 다수설이다. Brox/Walker, Rdnr.201 f. ; Palandt/Edenhofer, §2084, Rdnr.8. ; Haegele, Zur Auslegung testamentarischer Verfügungen, JurBüro, 10/1970, 845. ; Kapp, Die Auslegung von Testamenten -Ein Querschnitt durch die Rechtsprechung, BB 33, 2080. ; Lange/Kuchinke, S.785 ; MünchKomm/Leipold, §2084, Rdnr.71 ff. ; Leipold, Erbrecht, Rdnr.391. ; KompaktKomm/Löhnig, §2084, Rdnr.13. ; v.Lübtow, Probleme, S.56. ; Olzen, Rdnr.578 ff. ; Staud./Otte, Vorbem. §2064, Rdnr.91. ; Schlüter, Rdnr.193. ; Stumpf, S.171. 반면 독일의 일부 문헌은 유언의 보충적 해석과 관련하여 사후적 흠결의 사안에 대해서만 언급하고 있는데, 그것이 원시적 흠결의 경우에는 보충적 해석을 허용하지 않는다는 의미인지 여부는 명백하지 않다. ; 가령 Erman/Schmidt, §2084, Rdnr.7. ; Kipp/Coing, S.141 f.

47) Stumpf, S.174.

48) MünchKomm/Leipold, §2084, Rdnr.66.

려하여 당해 처분이 그로써 추구하고 있는 목적과 관련하여 흠결이 있는 것으로 볼 수 있는지 여부를 물어야 한다.49)

(2) 흠결의 유형 : 후발적 흠결과 원시적 흠결

흠결은 흔히 후발적 흠결과 원시적 흠결로 나누어진다. 원시적 흠결이란 법률행위 당시 이미 흠결이 존재하고 있었던 경우를 일컫는 반면, 후발적 흠결이란 유언 성립 이후 사정변경에 의해 비로소 흠결이 발생한 경우를 말한다. 각각의 경우를 나누어 살펴본다.

1) 後發的 欠缺

유언의 보충적 해석은 주로 후발적 흠결이 존재하는 경우에 등장한다. 유언은 그 성립 시점으로부터 효력발생 시점(피상속인의 사망)까지 장기간이 소요되는 것이 통상이어서 유언 성립 후 피상속인이 미처 예상하지 못한 사정이 발생하는 경우가 많기 때문이다. 독일에서는 흔히 수유자가 유언 효력발생 전에 사망한 경우 또는 유증의 대상이 된 목적물이 양도되는 등의 사정이 발생한 경우 등이 대표적인 예로 제시되곤 한다.50) 우리 민법은 "遺贈은 遺言者의 死亡 前에 受贈者가 死亡한 때에는 그 效力이 생기지 아니한다."(민법 제1089조 제1항)거나 "遺言의 目的이 된 權利가 遺言者의 死亡 當時에 相續財産에 속하지 아니한 때에는 遺言은 그 效力이 없다. 그러나 遺言者가 自己의 死亡 當時에 그 目的物이 相續財産에 속하지 아니한 경우에도 遺言의 效力이 있게 할 意思인 때에는 遺贈義務者는 그 權利를 取得하여 受贈者에게 移轉할 義務가 있다."(민법 제1087조 제1항)는 취지의 해석규정을 마련해 두고 있으므로, 위와 같은 사안들은 일차적으로 위 해석규정에 의해 해결될 수 있을 것이다.

---

49) MünchKomm/Leipold, §2084, Rdnr.70.
50) Palandt/Edenhofer, §2084, Rdnr.8. ; Olzen, Rdnr.579. ; Stumpf, S.171.

그러나 피상속인이 일정한 범위 내의 사람들에게 유증을 하였는데, 그 수
유자의 범위에 속하는 인적 구성원에 변화가 있었던 경우 또는 유언 성립 당
시와 효력 발생 당시 사이에 피상속인의 재산상태에 중대한 변화가 있었던
경우51) 등과 같이 유언 성립 후 사실관계가 변경됨으로 말미암아 당해 유언
을 관철하는 것이 더 이상 불가능하게 되거나 설령 가능하더라도 그로써 피
상속인이 추구하였던 목적을 달성하는 것이 사실상 어려워지는 경우에는 유
언자의 규율계획에 어긋나는 불완전성이 존재하는 것으로 보아 보충적 해석
을 하여야 할 것이다.52) 후발적 흠결은 반드시 사실관계의 변경에 기인하는
것으로 한정되는 것은 아니며, 법질서나 경제 질서에 있어서의 사정변경 역
시 고려될 수 있다. 상속법의 개정이나 물가상승으로 인한 유증 목적물 가치
의 변화, 화폐개혁 등을 일례로 들 수 있다.53) 피상속인이 유언 성립 후 이러
한 사정변경이 있었음을 알았는지 여부는 흠결의 존재 여부를 확정함에 있
어 별다른 영향을 미치지 아니한다.54)

2) 原始的 欠缺

유언의 보충적 해석에 관한 논의가 사후적 변경의 경우를 중심으로 발전
한 것은 사실이나, 반드시 이에 한정되는 것은 아니다. 유언의 보충적 해석
은 유언 당시 이미 흠결이 존재한 경우, 즉 원시적 흠결이 있는 경우에도 역
시 허용된다. 단순히 유언의 내용이 불명확하다거나 불완전한 것에 불과한
때에는 해명적 해석이나 민법상의 해석규정을 활용하여 그 내용을 확정할
수 있다.55) 그러나 피상속인이 어떠한 사정에 관해 착오에 빠져 있었던 관계

---

51) KompaktKomm/Löhnig, §2084, Rdnr.14.
52) MünchKomm/Leipold, §2084, Rdnr.71.
53) MünchKomm/Leipold, §2084, Rdnr.71. ; Olzen, Rdnr.580. ; Erman/Schmidt, §2084, Rdnr.7. ; Stumpf, S.171.
54) MünchKomm/Leipold, §2084, Rdnr.73.
55) MünchKomm/Leipold, §2084, Rdnr.74.

로 유언 성립 당시부터 당해 유언에 흠결이 존재하였던 경우에는 보충적 해
석이 개입하지 않을 수 없다. 피상속인이 미처 인식하지 못하였음으로 인해
흠결이 발생한 경우, 즉 無意識的 欠缺(unbewusste Lücke)의 경우에는 사실
상 사후적 흠결의 경우와 그 이익상황이 별로 다르지 않은데, 유언 성립 후
에 발생한 사정과 유언 성립 전에 발생했지만 그 후에야 비로소 피상속인에
게 알려진 사정을 구별하여 서로 달리 취급하는 것은 지나치게 자의적인 것
이기 때문이다.56) 피상속인이 사실을 잘못 알고 있었던 것은 아니지만, 그에
기초한 판단을 잘못 내림으로써 흠결이 발생한 경우도 마찬가지이다.57)

그에 반해 피상속인이 유언 성립 당시 관련 사정을 모두 인식하고 있었음
에도 불구하고 의도적으로 이를 유언에서 규율하지 않은 意識的 欠缺
(bewusste Lücke)의 경우에는 의문의 여지가 있다. 계약의 보충적 해석에 있
어서는 통상적으로 의식적 흠결에 대해서도 보충적 해석이 허용된다고 보고
있으나58), 유언의 경우에는 원칙적으로 의식적 흠결에 대한 보충적 해석은
허용되지 않는다고 보아야 할 것이다.59) 이런 경우에까지 보충적 해석을 허
용하는 것은 피상속인의 자기 책임의 원리에 어긋하고, 가정적 의사와 현실
적 의사간의 모순을 야기할 수 있으며, 무엇보다도 유언에 관해 우리 민법이
채택하고 있는 방식주의의 이념에 반하기 때문이다.60)

---

56) Staud./Otte, Vorbem. §2064, Rdnr.91.
57) Palandt/Edenhofer, §2084, Rdnr.8. ; MünchKomm/Leipold, §2084, Rdnr.75. 피상속
    인이 판단을 잘못 내린 결과 유언에 원시적 흠결이 발생한 사안에서 보충적 해석
    을 인정한 판결로 BGH NJW 1978, 264 참조. 다만 단순히 법적인 판단을 잘못
    내린 것에 불과한 경우에는 흠결이 있는 것으로 인정되지 않는다. 가령 동물도 수
    유자가 될 수 있다고 생각하고 유증한 경우가 그러하다. ; Olzen, Rdnr.581.
58) 嚴東燮, 補充的 解釋, 92면. ; 尹眞秀, 補充的 解釋, 208면. ; Brox, Irrtums-
    anfechtung, S.117. ; MünchKomm/Mayer-Maly, §157, Rdnr.19, 32.
59) Lange/Kuchinke, S.787. ; Schmoeckel, S.138. ; Stumpf, S.173 f.
60) Lange/Kuchinke, S.787 참조.

2. 보충적 해석의 내용 : 欠缺의 補充

(1) 피상속인의 가정적 의사 탐구

유언에 일정한 흠결이 존재함이 확정되고 나면, 보충적 해석에 의해 그 흠결을 보충함으로써 당해 법률행위의 내용이 확정되어야 비로소 법률행위의 해석이 완결된다. 이러한 흠결의 보충은 피상속인의 假定的 意思(hypothetischer Parteiwille)[61]를 탐구하고, 그와 같이 탐구된 의사에 따라 유언 상의 개별처분의 내용을 수정(Anpassung)하는 방식으로 달성된다. 따라서 유언의 보충적 해석은 무엇보다 먼저 당사자의 가정적 의사를 탐구하는 것을 그 주된 내용으로 한다. 여기에서 피상속인의 가정적 의사란 만약 그가 사후의 전개 방향을 올바르게 예측했더라면(후발적 흠결의 경우), 혹은 유언 성립 당시의 사실관계를 정확하게 인식했더라면(원시적 흠결의 경우) 의도했을 것으로 여겨지는 피상속인의 의사를 의미한다.[62]

따라서 법관은 객관적으로 가장 정당하다고 여겨지는 결과에 의해 유언을 보충하여서는 안 되며, 스스로 피상속인의 입장이 되어 그의 관점에서 흠결을 보충하여야 한다. 객관적 입장에 입각한 흠결의 보충은 사적자치의 이념에 반하기 때문이다.[63] 한편 법관은 그 당시에 존재했던 피상속인의 현실적

---

61) 보충적 해석의 경우에는 실제로 존재하지 않는 의사가 문제되는 것임에도 불구하고, "가정적 의사"라는 표현을 사용하는 것은 현실적 의사인 것 같은 오해를 야기할 수 있으며, 보충적 해석은 단순히 내적 "의사"를 탐구하는 것이 아니라 피상속인이라면 어떤 "의사표시"를 교부하였을 것인지가 문제되는 것이라는 이유로 가정적 의사라는 표현보다 "(추정된) 비현실적 의사표시(vermutete irreale Willenserklärung)"라는 표현을 사용해야 한다는 견해로 v.Lübtow, Probleme, S.57 참조. 그럼에도 불구하고 "가정적 의사"라는 용어를 사용하는 것의 유용함에 대해 논하고 있는 것으로 Kipp/Coing, S.141 참조.
62) MünchKomm/Leipold, §2084, Rdnr.78. ; Stumpf, S.185.
63) MünchKomm/Leipold, §2084, Rdnr.77. ; Stumpf, S.186 ff.

의사를 탐구하는 것도 아니다. 보충적 해석은 해명적 해석에 의해 더 이상 피상속인의 의사를 확정할 수 없을 때에만 비로소 등장하는 것인데, 어떠한 방식으로든 피상속인이 변경된 사정 등을 고려하였다면, 보충적 해석에 의해 피상속인의 현실적 의사를 피해가는 것은 허용될 수 없기 때문이다.[64] 보충적 해석은 현실적 의사를 입증할 수 없을 때 이용하는 차선책에 불과하다. 이와 같은 보충적 해석에 의해서도 피상속인의 가정적 의사를 확정할 수 없는 경우에는 유언의 문언에 표시된 효력을 인정하거나, 혹은 [더 이상 유언의 목적을 달성할 수 없는 경우라면] 그 유언의 효력을 부정할 수밖에 없다.[65]

(2) 가정적 의사의 탐구 방법

1) 피상속인의 의사지향점

그렇다면 피상속인의 가정적 의사는 어떤 방식으로 탐구될 수 있는가. 독일의 통설은 유언 성립 당시 피상속인의 意思指向點(Willensrichtung)을 가정적 의사 탐구의 일차적 기준으로 보고 있다.[66] 여기에서 "의사지향점"이라 함은 가정적 의사 그 자체를 의미하는 것이 아니라, 피상속인이 유언 성립 당시 출발점으로 삼았던 현실적 입장을 말한다. 피상속인이 유언을 한 目的 내지 動機의 총체 정도로 설명할 수 있을 것이다.[67] 가령 유증을 함에 있어 법정상속인들을 모두 평등하게 다루고자 했다든가 수유자의 생계를 보장하고자 했다는 등의 동기가 그 대표적인 예라 할 수 있다.[68] 이러한 의사지향점은 통상적으로 해명적 해석의 방법에 의해 밝혀질 수 있는 것으로서 반드시 유언에 명시적으로 포함되어 있을 필요는 없으며, 유언 외부의 사정

---

64) MünchKomm/Leipold, §2084, Rdnr.71.
65) MünchKomm/Leipold, §2084, Rdnr.79.
66) Lange/Kuchinke, S.786 ; Olzen, Rdnr.583
67) MünchKomm/Leipold, §2084, Rdnr.82.
68) Gerhards, Ergänzende Testamentsauslegung und Formvorschrift ("Andeutungstheorie")
    -OLG Frankfurt, DtZ 1993, 216 ; LG Gießen, DtZ 1993, 217, JuS 1994, 643.

들 및 일반적 경험칙으로부터 추출할 수 있는 것으로 족하다.[69] 물론 본래의 유언에 전혀 반영되지 않은 동기는 보충적 해석에 있어서도 역시 이를 고려할 수 없다고 할 것이다.[70]

2) 사고의 관철

보충적 해석은 이러한 의사지향점을 기초로 당해 처분의 내용을 끝까지 貫徹(Zuendedenken)해 봄으로써 완결된다. 만약 피상속인이 유언 후의 사정변경을 고려했었다면, 혹은 유언 당시 관계되는 사실관계를 정확하게 인식하고 있었더라면 어떠한 내용의 유언을 하였을 것인지에 관해 당해 처분을 끝까지 사고해 보는 것이야말로 보충적 해석의 본질에 부합하는 것이기 때문이다. 가령 특정 목적물 대신 그에 상응하는 액수의 금전을 유증한다거나, 일정액 대신 물가상승률에 따라 증가된 액수만큼을 유증하는 방식으로 유언의 내용을 형성하는 것을 상정해 볼 수 있다. 다만 보충적 해석의 결과가 본래의 유언이 장래 발전하였다면 가졌을 내용, 즉 당초의 유언의 전체적 구조(Gesamtstruktur)와 모순되어서는 안 될 것이다.[71] 이는 명백히 해석의 한계를 넘어서는 것이기 때문이다.

(3) 小結

결국 보충적 해석을 함에 있어서는 유언의 문언 및 유언 성립 당시 피상속인의 의사지향점 등에 기초하여 만약 피상속인이 장래의 사정변경 등을 고려하였었다면 의욕하였을 가정적 의사를 추론해 나가야 할 것이다. 그럼에

---

69) 전게논문, S.644. ; Lange/Kuchinke, S.786. 이러한 견해에 반대하면서 기준이 불명확한 피상속인의 의사지향점을 출발점으로 삼을 것이 아니라 구체적·객관적으로 파악할 수 있는 피상속인의 효과의사를 보충적 해석의 출발점을 삼아야 한다고 주장하는 견해로 Stumpf, S.213 ff. 참조.

70) MünchKomm/Leipold, §2084, Rdnr.83.

71) Lange/Kuchinke, S.786.

있어 법관은 피상속인이 미처 인식하지 못한 개별 사정만을 상정할 것이 아니라 그의 의사형성에 영향을 미칠 수 있는 모든 사정들을 종합하여 고려하여야 한다. 해명적 해석에 있어서와 마찬가지로 가정적 의사를 탐구하기 위해 유언 문서 외부에 놓여 있는 제반 사정을 모두 참작할 수 있는 것이다.[72] 다만 장래의 사정을 세세한 부분까지 모두 예견한다는 것은 사실상 전지전능자로서의 피상속인을 전제로 하는 것으로서 오히려 비현실적이라 할 것이므로, 고려하여야 할 요소는 본질적 부분에 관한 사정에 한한다고 본다.[73]

3. 보충적 해석의 時點

(1) 문제의 소재

본래 법률행위의 해석은 당해 법률행위가 행해진 시점을 기준으로 그 법률행위의 내용을 확정하는 것이지만, 유언의 경우에는 유언의 성립 시점과 효력발생시점이 서로 일치하지 않는다는 점에서, 그리고 유언은 피상속인의 終意處分으로서의 성격을 갖는다는 점에서 그 해석의 시점을 유언 성립시로 볼 것인가 아니면 유언의 효력발생시, 즉 피상속인의 사망시로 볼 것인가를 둘러싸고 다툼이 있음은 위에서 살펴본 바와 같다. 이러한 견해의 대립은 보충적 해석에 있어서도 마찬가지로 등장하는데, 어느 견해를 취하느냐에 따라 피상속인의 가정적 의사를 탐구함에 있어서 어느 시점을 기준으로 그의 의사를 확정할 것인지 여부가 달라지게 된다. 이는 특히 유언자가 유언 성립 후에 유언에 흠결이 있었던 부분에 관하여 어떠한 현실적 의사를 표시한 경우(소위 "遺言者의 遺言 後의 意思 Erblasserswille post testamentum"의 경우), 피상속인의 사후적·현실적 의사를 우선할 것인지 아니면 유언 성립 시

---

72) Lange/Kuchinke, S.787. ; Palandt/Edenhofer, §2084, Rdnr.9 f. ; Erman/Schmidt, §2084, Rdnr.7.
73) MünchKomm/Leipold, §2084, Rdnr.78.

점을 기준으로 탐구된 가정적 의사를 우선할 것인지 여부와 관련하여서도 중요한 의미를 갖는다.

(2) 견해의 대립

1) 遺言 成立時說

이에 관해 독일의 통설[74]은 유언 성립시를 보충적 해석의 기준 시점으로 보고 있다. 보충적 해석은 유언자의 의사지향점을 기초로, 기존의 유언의 발전이라는 한계 내에서, 피상속인이 장래의 사정변경 등을 인식하였다면 무엇을 의도하였을 것인지를 탐구하는 작업인 이상, 법관은 당연히 유언 성립시점으로 돌아가 그 시점에 피상속인이 가졌을 가정적 의사를 탐구하여야 한다는 것이다.[75] 따라서 유언 성립 당시 피상속인이 유언을 하게 된 동기 또는 객관적 사정 등만이 해석을 위한 자료로 원용될 수 있을 뿐이다. 이러한 견해에 따르면 향후에 피상속인이 현실적으로 어떠한 의사를 가졌는지는 중요하지 않으며, 이를 고려하여서도 안 된다고 한다. 만약 보충적 해석에 의해 무제한적으로 피상속인의 사후의 의사를 고려할 수 있다면, 유언의 철회 또는 변경은 원칙적으로 오로지 유언의 방식에 의하도록 한 요식주의가 사실상 형해화될 위험이 있다는 것이 위 견해의 주된 논거이다.[76] 따라서 해명적 해석에 있어서와 마찬가지로 보충적 해석에 있어서도 유언 성립 당시의 유언자의 의사만이 의미를 갖는다고 한다.[77] 다만, 유언성립시설을 택한다고 해서 유언 성립 후의 피상속인의 현실적 의사가 전혀 아무런 의미를 갖지 못

---

74) Brox/Walker, Rdnr.203. ; Palandt/Edenhofer, §2084, Rdnr.10. ; Kipp/Coing, S.145. ; Lange/Kuchinke, S.790. ; MünchKomm/Leipold, §2084, Rdnr.77, 86. ; Kompakt-Komm/Löhnig, §2084, Rdnr.15. ; Olzen, Rdnr.583. ; Staud./Otte, Vorbem. §2064, Rdnr.93. ; Schlüter, Rdnr.193. ; Erman/Schmidt, §2084, Rdnr.7.
75) Palandt/Edenhofer, §2084, Rdnr.10. ; MünchKomm/Leipold, §2084, Rdnr.77, 86.
76) Brox/Walker, Rdnr.203. ; MünchKomm/Leipold, §2084, Rdnr.87. ; Olzen, Rdnr.583.
77) MünchKomm/Leipold, §2084, Rdnr.86.

하는 것은 아니다. 그러한 현실적 의사로부터 유언 성립 당시 피상속인의 가
정적 의사가 어떻게 형성되었을 것인가라는 점에 대한 단초를 얻어낼 수 있
기 때문이다.[78] 따라서 통설에 따르면 유언 후에 등장한 사정들은 피상속인
의 가정적 의사를 탐구함에 있어 귀납적 추론에 적합한 한도 내에서 고려될
수 있다고 한다.

2) 遺言 效力發生時說

이에 반해 통설과는 달리 유언 효력 발생 당시의 가정적 의사를 탐구하여
야 한다고 보는 소수설이 있다. 이러한 견해는 다시 유언의 해명적 해석에
있어서도 유언자의 효력 발생 당시의 의사를 탐구해야 한다고 보는 견해[79]
와 해명적 해석을 할 때에는 유언 성립 시점의 유언자의 의사를 탐구하더라
도 적어도 보충적 해석을 함에 있어서는 상속 개시 시점을 그 기준으로 삼아
야 한다고 보는 견해[80]로 갈라지는데, 이하에서는 후자의 견해만을 중점적
으로 살펴보기로 한다. 유언의 보충적 해석에 관하여 효력발생시설을 택하는
학자들에 따르면, '해석은 법률행위 성립 당시로부터 자유로울 수 없다'는
해석의 일반원칙은 유언의 보충적 해석에는 적용되어서는 안 된다고 한다.
본래 유언의 보충적 해석은 피상속인이 미처 고려하지 못한 사정이 발생한
경우에도 그의 유언이 관철될 수 있도록 보장하는 것을 고유한 임무로 삼고
있기 때문에 그 유언에 실제로 관철될 수 있을만한 내용이 부여되어야 하는
데, 사정변경과 관련하여 유언의 의미를 평가하는 것은 문제되는 사건이 발

78) MünchKomm/Leipold, §2084, Rdnr.88. ; v.Lübtow, Probleme, S.58. ; Olzen, Rdnr.584.
   ; Staud./Otte, Vorbem. §2064, Rdnr.94. ; Schmoeckel, S.139.
79) 위의 제4장 제1절 II. 3. (2) 2) 참조.
80) Flume, Rechtsgeschäft, S.336. ; Keuk, S.65 ff. ; Kuchinke, Der hypothetische Wille
   als Instrument zur Durchsetzung des vom Erblasser wirklich Gewollten, Ein Beitrag
   zur Methode der ergänzenden Auslegung von Verfügungen von Todes wegen, in:
   Festschrift für Hans Friedhelm Gaul : zum 70. Geburtstag 19. November 1997,
   S.361 ff.

생한 후에야 비로소 가능하므로, 유언 성립시점의 가정적 의사라는 것은 아예 문제될 여지가 없다는 것이다.[81]

이러한 견해는 피상속인의 가정적 의사를 탐구하기 위해 그의 유언 성립 후의 의사표시를 원용하는 것도 허용하고 있다. 유언은 상속이 개시됨으로써 비로소 그 효력이 발생하기 때문에, 그 전까지 피상속인이 어떠한 견해를 표명하였다면 피상속인의 "最後의 意思"를 존중하는 것이야말로 보충적 해석의 목적에 부합한다는 것이다.[82] 또한 위 견해는 이러한 사후적 의사의 고려는 입법자가 예정하고 있는 것이기도 하다는 점을 지적하고 있다. 즉, 독일 민법 입법자는 다수의 의사보충규범을 마련하고 있는데, 위 조문들은 통상적으로 "피상속인이 다른 의사를 갖고 있다는 것이 인정되는 경우"에는 적용되지 않는다는 단서 조항을 수반하고 있다. 이에 비추어 보더라도 피상속인의 사후적 의사를 고려할 수 있음은 분명하다는 것이다.[83] 이러한 견해를 수미일관하게 관철하고 있는 학자들은 유언자의 최종적 의사가 언제나 최우선적으로 고려되어야 한다고 보면서 유언 후에 등장한 사정변경에 대한 피상속인의 입장 표명이 수차례에 걸쳐 있었다면 상속개시 시점에 가장 근접한 최후의 의사가 가장 중요한 의미를 가지며, 유언 성립 시점 당시의 유언자의 현실적 또는 가정적 의사를 확정할 수 있는 경우라도 사정변경으로 인해 유언자가 견해를 변경하였다면, 이 변경된 견해가 선행한다고 한다.[84]

(3) 독일 연방대법원의 태도 : BGH NJW 1963, 1150 판결을 중심으로

독일연방대법원 역시 독일의 통설과 마찬가지로 유언 성립시설을 채택하고 있다. 유언 성립 이후에 등장한 사정들은 유언 성립 당시 유언자의 가정

---

81) Keuk, S.68.
82) 전게서, S.69 f. ; (同旨) Flume, Testamentsauslegung bei Falschbezeichnung, NJW 1983, 2011.
83) Flume, Rechtsgeschäft, S.337.
84) Keuk, S.71.

적 의사를 탐구함에 있어 필요한 한도에서 일부 고려하고 있을 뿐이다. 이러한 입장을 보여주고 있는 대표적인 판결로 독일연방대법원의 1963.1.23.자 판결을 들 수 있다.[85] 이하에서 자세하게 살펴본다.

1) 사실관계

피고의 부모는 1928.6.25. 공정증서에 의한 합동유언에 의해 서로를 선상속인으로, 子 Albert를 후상속인으로 지정하였다. 父(피상속인)는 1928.8.23. 사망하였고, 후상속인으로 지정되었던 Albert는 1934.에, Albert의 獨子였던 Gerhard는 1935.에 사망하였다. 그 후 Albert의 배우자 Gretchen은 원고와 재혼하였으나, 역시 1956. 사망하였다. 한편 피고의 母는 1954. 피고의 父로부터 상속받은 부동산의 소유권을 피고에게 이전하였다. 母는 1959.5.15. 사망하였다.

2) 사건의 경과

원고는 피고의 母와 피고 간의 부동산에 관한 소유권 이전 행위가 무효라고 주장하면서 피고에게 그 부동산의 반환을 구하고 있다. 피상속인의 후상속인인 Albert의 지위는 그의 배우자인 Gretchen과 자 Gerhard에게 상속되었다가, Gerhard의 사망으로 Gretchen에게 완전하게 귀속되었는데, Gretchen의 사망으로 그녀의 배우자인 원고가 그 지위를 승계하게 되었으므로, 원고의 동의 없는 선상속인 母의 부동산 이전행위는 무효라는 것이다. 지방법원은 원고의 청구를 인용하였고, 고등법원 역시 이에 동조하였다. 이에 피고는 상고하였다.

3) 판결의 요지

독일연방대법원은 독일민법 제2108조 제2항 1문[86]의 규정에 의하면 원고

---

85) BGH NJW 1963, 1150.
86) 독일민법 제2108조 [상속능력 ; 후상속권의 상속] ① (생략)
  ② 후상속인으로 지정된 자가 후상속 개시 전에, 그러나 상속개시 후에 사망하였

가 Albert의 후상속권을 상속한다는 점을 인정하면서도, 이러한 결과는 피상속인의 다른 의사가 인정되지 않을 경우에만 그러하다고 판시하고 있다. 따라서 동 사건에서는 피상속인이 후상속권의 상속을 원하지 않은 것은 아닌지 혹은 후상속권의 상속을 제한적 범위 내에서만 원했던 것은 아닌지(가령 자신의 손자인 Gerhard나 며느리인 Gretchen에게의 상속은 인정하지만, 며느리와 재혼한 원고에게까지의 상속은 원하지 않았던 것은 아닌지) 등을 먼저 살펴보아야 한다는 것이다. 그런데 유언의 해명적 해석만으로는 피상속인에게 후상속권의 상속을 배제 또는 제한할 의사가 있었는지 여부가 불분명하다. 유언의 문언이나 후상속인으로 지정된 자가 피상속인이 직계비속이었다는 사정 등으로부터 후상속인을 피상속인의 직계비속으로 한정하려는 의사가 있었다는 점을 도출해낼 수 없기 때문이다. 한편 독일연방대법원은 상속배제에 관하여 피상속인이 실제로 가졌던 의사뿐만 아니라 보충적 의사도 고려하여야 한다는 점을 지적하면서, 피상속인이 유언 성립 당시 현실적으로 예견하지 못했던 사태의 전개에 대해 미리 고려했었더라면 그 당시에 가졌을 가정적 의사를 탐구하여야 한다고 판시하고 있다. 따라서 사실심 법관으로서는 유언 성립 당시 Albert는 아직 미혼이었기 때문에 상속재산이 Albert를 떠나 그와 전혀 무관한 제3자의 손에 들어가리라는 것은 통상적인 예상의 범위를 벗어난 것이라는 점, 피상속인과 그 배우자가 Albert를 후상속인으로 지정한 것은 그가 부모를 위해 장기간 봉사했기 때문이지만, 피상속인 사후에 피고 역시 母를 장기간에 걸쳐 부양했다는 점, 피상속인과 배우자는 상속재산을 분배함에 있어 유증 등을 통해 Albert 뿐만 아니라 피고 역시 고려했다는 점이 유언 성립 당시 이미 표현되고 있다는 점 등을 고려하여 보충적 해석을 했어야 함에도 불구하고 이를 하지 아니한 잘못이 있다는 것이다. 독일연방대법원은 이러한 판시를 통해 보충적 해석을 함에 있어서는 유언

다면, 피상속인에게 다른 의사가 없는 한, 그의 권리는 그의 상속인에게 승계된다. 후상속인이 정지조건부로 지정된 경우에는 제2074조의 규정을 준용한다.

성립 당시 피상속인의 가정적 의사를 탐구하여야 한다는 점, 다만 그 후에 발생한 사정들 역시 가정적 의사를 탐구함에 있어 중요한 자료로 원용될 수 있다는 점을 밝히고 있다.

(4) 小結

우리 민법은 독일 민법과 달리 생전행위에 의한 유언의 철회를 인정하고 있어 유언에 관한 방식주의를 일부 포기하고 있다는 점(민법 제1108조), 그리고 우리 민법상 유언의 해석에 관한 의사보충규범들이 대부분 유언자의 다른 의사가 있을 때에는 그에 의하도록 하는 조문을 마련하고 있다는 점[87] 에 비추어 볼 때 일견 유언 성립 후 피상속인의 현실적 의사가 우선적으로 고려되어야 한다는 유언 효력발생시설이 타당한 것처럼 보인다. 그러나 이러한 견해는 無方式의 의사표시에 의한 사인처분을 허용할 위험을 수반한다는 점에서 따를 수 없다. 유언자의 가정적 의사를 탐구함에 있어 유언자의 유언 후의 의사를 고려할 수 있다면, 피상속인은 단 한 번의 유언만으로 평생 새로운 사정이 등장할 때마다 이를 전혀 다른 내용을 갖는 의사표시로 변경시킬 수 있기 때문이다. 특히 유언자의 유언 후의 의사는 방식을 갖춘 유언에 비해 그 결단의 진지성과 종국성을 확신하기 어렵다는 측면에서도 이를 무제한적으로 고려하는 것은 문제가 있다.[88] 게다가 유언 성립 후 유언자의 의사변경이 한 차례에 그친다고 볼 수 없기 때문에, 진지한 의사의 변경이 있었다고 할지라도 그것이 유언자의 최후의 의사임을 확정하기 어렵다.[89] 따라서 가정적 의사를 탐구함에 있어 피상속인의 유언 후의 의사를 고려하는 것은 보충적 해석을 빌미로 무방식의 유언을 승인하는 결과를 가져오는 것으로서 받아들일 수 없다고 할 것이다.[90] 우리 민법도 단순히 유언의 철회만

---

87) 우리 민법 제1086조, 제1087조 제1항 단서, 제1090조 등 참조.
88) Staud./Otte, Vorbem. §2064, Rdnr.94.
89) Kuchinke, S.359 참조.

을 생전행위에 의할 수 있도록 규정하고 있을 뿐, 무방식의 자유로운 의사표시에 의한 유언의 변경까지 허용하고 있는 것은 아니다. 뿐만 아니라 우리 상속법상의 의사보충규범들 역시 당해 조문의 적용을 배제하기 위해서는 유언자의 다른 의사가 "遺言으로" 표시될 것을 요구하고 있다. 그러므로 유언 성립시설에 따라 성립 당시 유언자의 가정적 의사를 탐구하는 것이 타당하다.

(5) 補論

다만 한 가지 유의할 점은 유언 성립시설과 효력발생시설이 사실상 결과에 있어서는 그다지 큰 차이를 가져오지 않는다는 점이다.[91] 먼저 위에서 살펴본 바와 같이 유언 성립시설에 따르더라도 사후적 의사변경은 여전히 피상속인의 가정적 의사를 탐구하기 위한 하나의 단서로 기능할 수 있다. 가령 피상속인이 유언 성립 후 사정변경과 관련하여 본래의 유언이 어떠한 내용을 갖기를 원한다는 점에 대한 견해를 피력하였다면, 이에 상응하는 가정적 의사가 존재하는 것으로 추론할 수 있다. 그에 반해 피상속인이 사정변경으로 말미암아 자신의 유언에 어떠한 흠결이 발생하였음을 인식하고서도 아무런 의사표시를 하지 않았다면, 통상적으로 보충적 해석에 따른 유언 내용의 변경은 허용되지 않을 것이다. 피상속인이 유언을 더 이상 변경할 수 없다고 믿은 경우에는 그러하지 아니함은 물론이다.[92]

또한 효력발생시설을 채택하고 있는 학자들이라고 해서 유언자의 유언 후의 의사를 무제한적으로 고려하는 것은 아니다. 이 견해 역시 위 설을 택할 경우 유언의 보충적 해석이 무방식의 의사표시에 의한 유언의 변경을 허용할 위험을 수반한다는 점을 자인하고 있는바[93], 이러한 위험을 피하기 위해

---

90) MünchKomm/Leipold, §2084, Rdnr.89.
91) Smid, S.288. ; 浦野由紀子, 遺言の補充的解釋(一), 59면 이하 참조.
92) MünchKomm/Leipold, §2084, Rdnr.88.
93) Keuk, S.85.

일정한 제한을 가하고자 한다. 가령 Keuk가 그러하다.[94] 그녀의 견해에 따르면, 본래 보충적 해석이라는 것은 어떤 경우이건 문제되는 의사표시로부터 출발하여 흠결이 있는 부분에까지 그 의사표시를 관철시키는 것이기 때문에, 보충의 결과가 표시된 바, 즉 유언의 의사표시와 모순되어서는 안 된다고 본다. 따라서 유언 성립 이후에 발생한 사정에 관해 유언에 이미 일정한 규율이 있었음에도 불구하고 유언자가 나중에 변경된 사정에 관해 기존의 유언과 배치되는 어떠한 현실적 의사를 표명한 경우, 이러한 유언 후의 의사는 기존의 유언에 반하므로 허용될 수 없다고 한다. 게다가 보충적 해석에는 이하에서 살펴보는 바와 같은 객관적 한계가 있기 때문에, 그런 한에서 사후적 의사변경에 의해 방식을 갖추지 않고 본래의 유언과 전혀 다른 내용의 새로운 유언을 하는 것은 원천적으로 봉쇄된다는 것이 위 견해의 태도이다.[95] 따라서 위 견해에 따르더라도 사실상 방식을 갖추지 않은 사후적 의사표시에 의해 본래의 유언을 대체하는 것은 허용되지 않는다는 결론에 도달한다. 그렇다면 유언 성립시설과 효력발생시설은 그 내용에 있어 큰 차이가 없다고 할 것이다.[96]

III. 유언의 보충적 해석의 限界

1. 문제의 소재

해명적 해석과는 달리 보충적 해석은 실재하지 아니하는 가정적 의사를 탐구함으로써 법률행위의 흠결을 보충하는 것을 그 내용으로 하기 때문에,

---

94) a.a.O.
95) 전게서, S.86 ff.
96) MünchKomm/Leipold, §2084, Rdnr.87. ; Lange/Kuchinke, S.790 참조.

이를 무제한적으로 허용하는 것은 법관의 자의에 의해 당해 법률행위의 내용을 왜곡할 위험을 수반한다. 따라서 계약의 보충적 해석과 관련하여서도 보충적 계약해석의 결과가 일단 체결된 바대로의 계약과 모순되어서는 아니 되며, 보충적 해석에 의해 계약의 대상이 확장되거나 변경되어서도 안 된다는 점이 소위 보충적 해석의 한계로 제시되고 있다.97) 유언의 경우에는 보충적 해석에 의해 유언자의 의사가 왜곡될 가능성이 더욱 크기 때문에 그만큼 더 보충적 해석의 한계를 강조할 필요성이 있다. 보충적 해석을 할 당시 유언을 한 표의자는 이미 사망하여 그 의사를 탐구함에 있어 그 자의 도움을 전혀 받을 수 없을 뿐만 아니라, 유언의 보충적 해석에 관한 주장은 상속재산에 관해 이해관계가 있거나 보충적 해석에 의해 이익을 받을 수 있는 자가 하는 것이 통상이어서 유언자의 현실적 의사와 무관하게 자의적으로 일방에게 유리한 내용의 해석이 행해질 가능성이 높고, 유언자가 이에 대해 이의를 제기할 가능성이 결여되어 있기 때문이다.98) 다른 한편 이러한 한계의 설정은 유언의 해석에 있어서 피상속인의 의사를 최대한 실현시켜야 한다는 의사도그마에 반할 수 있는데, 특히 유언은 해석의 대상이 될 당시 이미 표의자가 사망하였기 때문에 더 이상 스스로 그 흠결에 관한 규율을 하는 것이 불가능하다는 점에서 그러하다. 보충적 해석의 단계에서 피상속인의 의사가 반영되지 않는다면 취소의 방법밖에 남지 않는데, 유언이 취소되면 법정상속이 개시되지 않을 수 없기 때문이다. 따라서 유언에 있어서는 보충적 해석의 한계를 어떻게 설정할 것인가라는 문제가 더욱 절실하게 제기된다.

유언의 보충적 해석의 한계를 설정함에 있어 우선적으로 생각해 볼 수 있는 일기준으로 유언의 "文言"이 있다. 위에서 살펴본 바와 같이 유언의 해명적 해석의 영역에서는 '명백한 문언은 해석의 대상이 될 수 없다.'는 취지의 소위 "명백성 원칙"이 주장되어 왔으며, 이는 유언의 해석의 한계로서 기능

---

97) 가령 Flume, Rechtsgeschäft, S.326. ; 尹亨烈, 38면 이하 참조.
98) Gerhards, JuS 1994, 647 참조.

한 바 있다. 그러나 유언의 해명적 해석의 영역에서 이미 논증한 바 있듯이, 그리고 동 원칙을 주창하였던 독일연방대법원 스스로가 이를 폐기한 사실로부터 이미 알 수 있듯이 유언의 문언은 해석의 한계가 될 수 없으며, 되어서도 아니 된다. 보충적 해석에 있어서도 마찬가지이다. 유언의 해석은 그것이 해명적 해석이든 보충적 해석이든 간에 피상속인의 의사를 탐구하는 것을 그 목적으로 하고 있다. 그에 반해 명백성원칙은 문언과 어긋나는 해석의 결과를 인정하지 않음으로써 법적안정성과 입증을 확보하고, 피상속인의 의사가 날조될 위험을 미연에 방지하는 등에 그 목적이 있다. 그런데 이러한 목적은 우리 민법이 유언에 관해 방식주의를 채택함으로써 실현시키고자 했던 것이다. 따라서 문언을 해석의 한계로 설정하는 것은 방식주의의 독자적인 기능을 박탈해 버리는 결과를 가져올 뿐만 아니라, 해석과 방식주의 간의 경계를 모호하게 만들 가능성이 있다.[99] 이에 대해 일부 견해는 보충적 해석방법론 자체로부터 보충적 해석의 한계를 이끌어 내고자 한다.[100] 즉, 위에서 살펴본 바와 같이 보충적 해석은 "피상속인의 의사지향점에 기초한 사고의 관철"이라는 방법을 통해 피상속인의 가정적 의사를 탐구함으로써 행해지는데, 이 중 '被相續人의 意思指向點'이 보충적 해석에 대한 주관적 한계로, '思考의 貫徹'이 그 객관적 한계로 작용한다는 것이다. 이하에서 자세하게 살펴본다.

2. 主觀的 限界

먼저 '피상속인의 의사지향점'은 보충적 해석의 결과가 피상속인의 동기 내지 목적과 단절되어서는 안 된다는 점에서 유언의 보충적 해석에 대한 일종의 주관적 한계로 작용한다. 즉, 법관은 피상속인이 유언 성립 당시에 가

---

99) a.a.O. 참조.
100) Kuchinke, S.358 ff. ; MünchKomm/Leipold, §2084, Rdnr.83 ff.

지고 있었던 동기를 가지고 변경된 사정에 직면하였다면, 그래서 그의 당초의 목적에 따라 그 처분을 수정하였다면 피상속인이 하였을 것으로 추정되는 내용으로 유언을 보충할 수 있을 뿐이라는 것이다. 이에 대해서는 별다른 이견이 없다.

3. 客觀的 限界

한편 보충적 해석 방법 중 '사고의 관철'이라는 요소가 보충적 해석의 객관적 한계로 작용한다는 점에 대해서는 논란이 있다. 이로부터 보충적 해석의 객관적 한계를 이끌어 내는 견해에 따르면, 보충적 해석에 의해 당해 유언의 효력 자체를 좌우하거나 본래의 유언과는 전혀 다른 내용의 유언을 창조해내는 것은 허용될 수 없게 된다고 한다. 그러나 위에서 언급한 바와 같이 유언의 경우 보충적 해석의 영역을 지나치게 협소하게 인정하게 되면 오히려 유언자의 진정한 의사 실현을 저해할 가능성이 있기 때문에, 유언의 보충적 해석의 객관적 한계를 인정할 것인지에 대해서는 독일에서 견해의 대립이 있다. 이에 대한 논의는 크게 두 가지 측면에서 행해지는데, 하나는 보충적 해석에 의해 당해 유언의 효력 자체를 부정할 수 있는가의 문제이고, 다른 하나는 보충적 해석을 통해 본래의 유언과 전혀 다른 내용의 유언을 창조해내는 것이 허용될 수 있는가의 문제이다. 이하에서 위 두 가지 논점을 분리하여 각각 살펴보기로 한다. 다만 이러한 보충적 해석의 객관적 한계에 관한 논의는 보충적 해석의 법적 성질을 해석의 일종으로 보는 것을 전제로 하는 것이며, 法適用說을 취하는 학자들은 법관이 보충작용을 통해 당해 유언의 내용을 적극적으로 변경시키는 것은 물론 소극적으로 그 효과를 부정하는 것도 당연히 허용된다고 보고 있다는 점에 유념할 필요가 있다.101)

---

101) v.Lübtow, Probleme, S.65.

(1) 유언의 效力의 부정 가능성

먼저 보충적 해석에 의해 당해 유언의 효력을 좌우할 수 있는지에 관해 살펴본다.

이에 대해서는 부정설과 긍정설이 대립하고 있는데, 否定說을 취하고 있는 학자들은 법률행위의 효력 자체를 부정하는 것은 이미 해석의 영역을 넘어선 것이라고 하면서 유언을 무효로 돌려야 할 사정이 있는 때에는 독일 민법 제2078조에 의해 이를 취소하는 것으로 족하다고 보고 있다.102) 반면 肯定說은 보충적 해석에 의해 유언의 내용을 변경하는 것 외에 그 효력 자체를 부인하는 것도 가능하다고 하면서, 다만 호의적 해석의 원칙에 비추어 볼 때 이러한 효력의 부정은 내용변경에 의한 보충적 해석을 통해 그 목적을 달성할 수 없는 예외적인 경우에만 허용될 수 있다고 보고 있다. 독일민법 제2084조는 유언의 효력을 가급적 유지시키는 것을 그 목적으로 삼고 있기 때문이다.103)

그런데 독일민법 제2078조는 동기의 착오에 관해서도 폭넓게 유언의 취소를 인정하고 있는 것에 비해 우리 민법상 유언은 민법 제109조에 의한 취소가 가능할 뿐이어서 유언의 효력을 無로 돌릴 수 있는 가능성이 상대적으로 협소하다. 보충적 해석이 문제되는 경우 중 착오를 이유로 유언을 취소할 수 있는 사안은 원시적 흠결이 존재하는 경우로 한정되며, 그나마 대부분 동기의 착오에 해당한다는 점을 고려하면 더욱 그러하다.104) 유언자가 향후의 사정변경 등을 예상하였더라면 당해 처분을 더 이상 유지하지 않았으리라는 가정적 의사가 인정될 수 있는 한, 그에 따라 유언의 효력을 부정하는 것이 반드시 보충적 해석의 한계를 벗어난 것이라고 볼 수도 없다. 여타의 법률행위와 달리 유언은 유언자가 일단 사망한 이상 더 이상 유언자 스스로 당해

---

102) Lange/Kuchinke, S.788. ; MünchKomm/Leipold, §2084, Rdnr.84. ; Kuchinke, S.360 f.
103) Kipp/Coing, S.143.
104) Gerhards, Testamentsauslegung, S.35 f. ; Stumpf, S.174 참조.

의사표시의 구속력으로부터 벗어날 수 있는 행위를 할 수 없다는 점에서도 그러하다. 게다가 우리 민법의 경우 생전행위에 의한 유언의 철회를 인정하고 있기 때문에, 보충적 해석에 의해 유언의 효력을 부정하는 것이 특히 방식주의에 위반되는 것으로도 보이지 않는다. 그렇다면 우리 민법의 해석상으로는 보충적 해석을 통해 당해 유언의 효력을 부정하는 것도 허용된다고 보아야 할 것이다.

(2) 유언의 內容의 변경 가능성

다음으로 보충적 해석에 의해 본래의 유언과 전혀 다른 내용을 창조해내는 것이 허용될 수 있는지에 관해 보기로 한다. 가령 甲이 생명의 은인인 것으로 알고 甲에게 상당한 재산을 유증하였으나, 사실은 乙이 생명의 은인이었던 경우, 보충적 해석에 의해 수유자를 甲에서 乙로 변경하는 것이 과연 가능한지 여부의 문제가 그 대표적인 예라고 할 것이다. 독일에서는 이에 관해 ① 피상속인의 의사를 최대한 실현시키기 위해 이를 肯定해야 한다는 견해[105], ② 해석을 통해 이러한 내용을 갖는 유언의 효력을 인정하는 것은 허용될 수 없으며, 오로지 독일민법 제2078조에 따라 동기의 착오를 이유로 당해 유언을 取消할 수 있을 뿐이라는 견해[106] 및 ③ 유언으로부터 피상속인이 유증을 한 개별적 동기를 인식할 수 있는 경우에만 그러한 내용의 보충적

---

105) Brox, Irrtumsanfechtung, S.145. ; KompaktKomm/Löhnig, §2084, Rdnr.16. ; Schlüter, Rdnr.193. 이와 같이 동기의 착오가 있는 경우 일단 의사표시가 존재하고 있으므로 유언의 보충은 문제될 여지가 없지만, 유언자의 의사 실현 등을 위해 "유언의 수정(Testamentskorrektur)"은 가능하다고 보고 있는 v.Lübtow, Probleme, S.68 ff.의 견해도 결론에 있어서는 이와 동일하다.

106) Flume, Rechtsgeschäft, S.337. ; Keuk, S.86. ; Lange/Kuchinke, S.787. ; MünchKomm/Leipold, §2084, Rdnr.85. ; Olzen, Rdnr.585. ; Stumpf, S.187 f. 한편 Kuchinke, S.360은 원칙적으로는 처분의 변경이 허용된다고 하면서도 유언에 전혀 상속인으로 지정되지 않았던 자를 보충적 해석에 의해 상속인으로 지정하는 것과 같은 유형의 변경은 허용되지 않는다고 보고 있다.

해석이 가능하다는 견해[107) 등이 주장되고 있다.

우리 민법이 상정하고 있는 의사도그마에 비추어 볼 때 유언의 취소라는 결과를 손쉽게 인정하기 보다는 최대한 보충적 해석에 의해 문제를 해결하는 것이 바람직하기는 하다. 유언의 취소는 유언 자체의 효력을 무효로 돌림으로써 법정상속이 개시되게 하는 반면, 보충적 해석은 유언의 내용을 수정하여서라도 그 효력이 유지될 수 있게 해준다는 점에서 피상속인의 의사실현에 더욱 이바지할 수 있기 때문이다. 그럼에도 불구하고 탐구된 가정적 의사의 내용이 본래의 유언과는 전혀 다른 내용을 가지고 있을 경우 이러한 내용으로 보충적 해석을 하는 것은 허용되지 않는다고 보아야 하는데, 보충적 해석이란 본래 유언 성립 당시 유언자의 입장에서 장래 있을 사정 변경 등을 예측하였더라면 어떻게 유언하였을 것인가를 탐구하는 작용으로서 당초 유언의 발전 내지 유언자의 기존의 사고의 관철에 불과하기 때문이다. 게다가 위와 같은 사안에서 甲이 생명의 은인인 것으로 알고 유증을 하였다는 사실로부터 만약 甲이 생명의 은인이 아님을 알고 있었다면 乙에게 유증하였을 것이라는 의사를 당연히 끌어낼 수 있는 것도 아니다.[108) 그러므로 보충적 해석은 본래의 유언의 발전이라는 한계 내에서만 행해질 수 있다고 보아야 할 것이며, 기존의 유언과 전혀 다른 새로운 내용을 갖는 것으로 하는 보충적 해석은 이를 허용할 수 없다고 본다.[109) 아래에서 살펴보는 바와 같이 암시이론을 채택할 수 없기 때문에[110), 이러한 보충적 해석의 객관적 한계는 더욱 중요한 의미를 갖는다.

---

107) Staud./Otte, Vorbem. §2064, Rdnr.90 참조.
108) MünchKomm/Leipold, §2084, Rdnr.85 참조.
109) 일본에서 이와 같은 태도를 취하고 있는 것으로 中川善之助/泉久雄, 484면 이하 참조.
110) 제5장 제4절 이하 참조.

IV. 요약

유언의 보충적 해석 영역은 유언의 해명적 해석 영역에 비해, 그리고 계약의 보충적 해석 영역과 비교해 보더라도 여전히 많은 부분이 해명되지 않고 있으며, 다툼의 대상이 되고 있는 쟁점도 많다.111) 그럼에도 불구하고 그 실제적 유용성 때문에 유언의 보충적 해석은 이를 인정하지 않을 수 없다. 보충적 해석을 통해 유언의 내용을 변경된 사정 등에 맞추어 수정함으로써 취소에 의해 당해 유언 자체가 무효로 돌아가 법정상속이 개시되는 것을 막을 수 있기 때문이다. 보충적 해석에 관한 명문의 근거는 없지만, 유언의 자유와 유언자의 의사를 최대한 존중하여야 한다는 의사도그마의 이념에 의해 이를 정당화할 수 있을 것이다. 유언의 보충적 해석은 만약 피상속인이 유언 성립 후에 사정이 변경될 것을 예상하였더라면, 혹은 유언 성립 당시 관계되는 사실관계를 제대로 인식하였더라면 어떤 내용으로 유언하였으리라는 가정적 의사를 탐구하는 것을 그 주된 내용으로 한다. 보충적 해석은 사적자치에 근거하여 인정되는 것으로 "해석작용"으로서의 성격을 가지고 있기 때문에 그 가정적 의사는 법관의 입장에서 객관적·규범적으로 형성할 것이 아니라, 유언자의 입장에서 주관적으로 판단하여야 할 것이다. 문제는 이미 유언자가 사망하였기 때문에 그의 진정한 의사를 확인할 수 없다는데 있다. 이러한 사정으로 말미암아 유언의 보충적 해석을 인정하는 것은 법관의 자의에 따라 유언자의 의사를 왜곡할 위험을 수반한다. 이를 방지하기 위해 독일에서는 보충적 해석에 일정한 한계를 설정함으로써 이를 유보적으로만 적용하려는 학설들이 등장하게 되었는데, 이 중 특히 보충적 해석의 객관적 한계는 이를 인정하지 않을 수 없다. 만약 이를 인정하지 않는다면 해석이라는 명목하에 오히려 유언자의 진정한 의사를 왜곡할 위험이 있기 때문이다. 암시이론의 적용을 부정한다는 점에서 더욱 그러하다. 따라서 본래의 유언과는 전

---

111) Stumpf, S.166.

혀 다른 새로운 내용을 갖는 것으로 보충적 해석을 하는 것은 허용되지 않는다고 할 것이다. 다만, 우리 민법상 유언에 관해 동기의 착오를 이유로 하는 취소를 폭넓게 허용하는 법조문이 존재하지 않는 이상 유언 자체의 효력을 부정하는 내용의 보충적 해석은 이를 긍정할 필요가 있다고 본다.

제3절 특수문제 : 誤表示 無害의 原則과 관련하여

I. 오표시 무해의 원칙의 意義

1. 意義와 根據

표의자의 의사와 표시가 일치하지 않을 때에는 착오가 문제된다. 그런데 의사와 표시의 불일치에도 불구하고, 당해 의사표시를 취소할 수 있는 것으로 보지 아니하고, 표의자의 내심적 의사에 따른 효과를 인정하는 예외적인 경우가 있다. 소위 "오표시 무해의 원칙(falsa demonstratio non nocet)"의 경우가 그것이다. 동 원칙은 오늘날 "當事者들의 現實的 意思(理解)가 一致하는 경우에는 그러한 實際的 意思와 相異한 表示(즉, 誤表示)가 아니라, 당사자들의 現實的 意思에 따라 그 意思表示가 解釋되어야 한다"[1]는 의미로 이해되고 있다. 즉, 당사자 일방이 의도한 바를 잘못 표시하였더라도 그 "표시된 바"보다 당사자들 간의 "일치된 이해"가 우선하여 효력을 갖는다는 것, 따라서 잘못된 표시는 의사표시에 아무런 해를 미치지 않는다는 것이다.[2] 이는 본래 로마법상 유언의 해석과 관련하여 발전하여 온 법언의 일종[3]으로서 보통법 시대를 거쳐 독일연방대법원과 독일의 통설에 의해 확고한 법리로 자리잡았다.[4] 우리 판례도 "부동산의 매매계약에 있어 쌍방 당사자가 모

---

1) 嚴東燮, 법률행위의 해석, 152면.
2) 郭潤直/宋德洙, 民法注解 II, 182면 ; Scherer, Andeutungsformel und falsa demonstratio, 1987, S.11 참조.
3) 위의 제2장 제3절 II. 3. (3) 참조.
4) 오표시 무해의 원칙의 역사적 발달과정에 대해서는 HK/Vogenauer, §§133, 157, Rdnr.84 ff. 참조.

두 특정의 甲 토지를 계약의 목적물로 삼았으나 그 목적물의 지번 등에 착오를 일으켜 계약을 체결함에 있어서는 계약서상 그 목적물을 甲 토지와는 별개인 乙 토지로 표시하였다 하여도 위 甲 토지에 관하여 이를 매매의 목적물로 한다는 쌍방 당사자의 의사합치가 있은 이상 위 매매계약은 甲 토지에 관하여 성립한 것으로 보아야 할 것이고 乙 토지에 관하여 매매계약이 체결된 것으로 보아서는 안 될 것"[5]이라고 하여 오표시 무해의 원칙의 적용을 인정하고 있으며, 통설[6]도 마찬가지이다.

오표시 무해의 원칙을 인정하는 근거는 궁극적으로 私的自治의 原則에 있다.[7] "법질서는 당사자들에게 그들이 의욕한 것과 다른 의미를 강요할 아무런 계기도 갖고 있지 못하기 때문"[8]이다. 문언은 당사자들의 자기결정(의사)을 담아내는 도구에 불과하다. 당사자들 간의 의사의 합치라는 목적이 달성되었다면, 당연히 의사표시의 객관적 의미보다 당사자들의 자기결정이 우선해야 할 것이다. 그 의사의 합치가 우연에 의한 것인지, 당사자들 간의 합의에 의한 것인지는 중요하지 않다. 이러한 결과는 의사표시 수령자의 신뢰보호에 아무런 해를 끼치지 않기 때문에, 표시주의적 태도는 등장할 여지가

---

5) 대법원 1993.10.26. 선고 93다2629, 2636 판결(公 1993, 3165) ; (同旨) 대법원 1996.8.20. 선고 96다19581 판결 등. 한편 宋德洙, 賣買目的土地의 地番에 관한 당사자 쌍방의 공통하는 錯誤, 考試界 1997.10., 25면 이하는 위 판결이 계약 해석의 목적을 "당사자의 진정한 의사 탐구"에서 찾는 것은 적절하지 않다고 하면서, 유언과 같이 상대방 없는 의사표시에 있어서는 보호하여야 할 상대방이 없기 때문에 표의자의 진정한 의사를 탐구하여야 할 것이나, 상대방 있는 의사표시에 있어서는 그렇지 아니하다고 보고 있으나, 반드시 그러한지는 의문이다. 계약의 해석이라고 하더라도 언제나 일차적인 해석의 목적은 "쌍방 당사자의 진정한 의사탐구"에 있을 것이기 때문이다. ; (同旨) 尹眞秀, 契約 解釋의 方法에 관한 國際的 動向과 韓國法, 民法論攷 I, 博英社, 2007, 263면 각주 115).

6) 金相容, 民法總則, 427면. ; 白泰昇, 民法總則, 372면. ; 李英俊, 291면 이하 외 다수.

7) 郭潤直/宋德洙, 民法注解 II, 182면. 오표시 무해의 원칙의 근거에 관하여 자세히는 嚴東燮, 법률행위의 해석, 159면 이하 참조.

8) Larenz, Allgemeiner Teil, S.283.

없다.9) 사실 의사주의적 입장에서 오표시 무해의 원칙은 당연한 것이라고 할 수 있다. 우리 판례 역시 "일반적으로 계약의 해석에 있어서는 형식적인 문구에만 얽매여서는 아니 되고 쌍방 당사자의 진정한 의사가 무엇인가를 탐구하여야 한다."는 이유로 오표시 무해의 원칙을 정당화하고 있다.10) 한편 독일에서는 이와 아울러 표현의 문자적 의미에 구애받지 아니하고, 당사자의 현실적 의사를 탐구할 것을 명하고 있는 독일민법 제133조 역시 오표시 무해의 원칙에 대한 실정법적 근거의 하나로 원용되고 있다.11)

2. 오표시 무해의 원칙의 要件

"오표시 무해의 원칙에 관해서는 '잘못된 표시는 해가 되지 않는다'는 것 외에 확실하게 말할 수 있는 것이 전혀 없다"12)고 할 정도로 동 원칙의 적용 범위나 요건에 관해서는 여러 학설의 대립이 있다. 특히 그 요건과 관련하여서는 표의자가 착오로 잘못 표시한 경우만을 오표시 무해의 원칙이 적용되는 "오표시"로 볼 것인지 혹은 표의자가 의도적으로 잘못 표시한 경우까지 모두 포함시켜 볼 것인지 여부, 표의자의 상대방이 계약 체결 당시 제반사정들로부터 표의자가 현실적으로 의도한 바를 인식할 수 있었던 경우에만 의도한 바에 따른 효력을 부여할 것인지 혹은 우연히 알게 된 경우에도 그럴 것인지 여부, 표의자가 언제나 당해 용어를 다른 의미로 사용하여 온 개인적 언어용례의 경우도 오표시 무해의 원칙에 포섭시킬 것인지 여부, 객체 또는 당사자의 명칭을 잘못 지칭한 경우만을 오표시로 파악할 것인지 혹은 법적

---

9) Stumpf, S.138 f. ; Wieling, Die Bedeutung der Regel "falsa demonstratio non nocet" im Vertragsrecht, AcP 172, 299 ff. 참조.
10) 대법원 1993.10.26. 선고 93다2629, 2636 판결(公 1993, 3165).
11) Flume, Rechtsgeschäft, S.303 등.
12) Wieling, AcP 172, 297.

성질 등에 관한 착오도 이에 포함되는 것으로 볼 것인지 여부 등과 관련하여
학설의 대립이 있다. 본서에서는 이 중 특히 意識的 誤表示를 오표시 무해
의 원칙의 적용범위에 포함시킬 것인지 여부가 문제된다. 유언은 단독행위이
므로 그 해석에 있어서 표의자의 상대방에 관한 요건을 논할 여지가 없고,
개인적 언어용례에 대해서는 이미 전술한 바와 같이 이에 따른 주관적 해석
을 인정하는 것이 통설적 견해이기 때문이다.13) 또한 오표시의 대상에 관해
서는 단순한 객체 또는 당사자 명칭의 착오뿐만 아니라 법적 성질도 이에 포
함됨이 일반적으로 인정되고 있다.14) 따라서 이하에서는 의식적 오표시의
포함 여부를 중심으로 논의하고자 한다.

　본래 오표시 무해의 원칙은 주로 착오에 의한 오표시의 경우와 관련하여
논의되어 왔다. 독일의 통설에 따르면 동 원칙은 "인식된 착오"와 "공통의
착오"의 경우에 적용된다고 한다. 여기에서 "認識된 錯誤(der erkannte
Irrtum)"란 표의자가 A라고 표시할 것을 실수로 B라고 표시하였는데, 상대방
도 A라고 표시되어야 했음을 인식하고 있었던 경우를 말하는 반면, "共通의
錯誤(der gemeinsame Irrtum)"란 위와 동일한 사안에서 상대방 역시 착오로
B라는 의사표시를 A라는 의미로 이해한 경우를 말한다.15) 양자는 모두 오표
시 무해의 원칙의 적용 범위에 속하는 것으로서 표의자와 상대방이 일치하
여 의도하고 있는바, 즉 A에 따른 법률효과가 부여된다는데 이설이 없다. 이
에 반해 표의자가 스스로 표시된 바와 의도한 바가 일치하지 않음을 인식하
고 있으면서도 의도한 바와 달리 표시하는 경우, 즉 意識的 誤表示의 경
우16)에도 오표시 무해의 원칙이 적용될 것인지에 대해서는 견해의 대립이

---

13) 위의 제4장 제1절 II. 2. (3) 참조.
14) Häsemeyer, S.281 등.
15) Flume, Rechtsgeschäft, S.303.
16) 표의자가 생전에 반복적으로 특정 어휘로써 그것이 갖는 거래상 의미와는 다른 내
　　용을 표시하여 온 경우, 즉, "표의자의 개인적 언어용례"의 경우는 이러한 의식적
　　오표시의 범위로부터 배제하기로 한다. 표의자의 개인적 언어용례에 관해 자세히

있다. 당사자들이 특정한 목적을 위해 암호를 사용하는 경우, 가령 무기밀매를 함에 있어 비밀을 유지하기 위해 "총"이라는 일상적인 용어 대신 "피아노"라는 용어를 사용하기로 약속한 경우 또는 경제적 동기 등에 힘입어 실제의 계약 내용과 다른 내용의 계약을 체결하는 것과 같은 외관을 조성하는 경우, 가령 부동산을 매도함에 있어 탈세를 위해 매매대금의 액수를 실제 대금보다 줄여서 적는 경우 등을 그 예로 들 수 있다.

일부의 견해[17]는 위와 같은 의식적 오표시의 경우도 당연히 오표시 무해의 원칙에서 말하는 "오표시"의 일종에 해당한다고 본다. 의식적 오표시라도 당사자들간의 현실적 이해가 일치하고 있다는 점, 그리고 그 일치된 이해가 표시된 바에 우선하여야 한다는 점에서 무의식적 오표시와 전혀 다를 바 없다는 것이다. 그에 반해 의식적 오표시는 소위 "通情虛僞表示"에 해당할 뿐, 오표시 무해의 원칙의 직접적인 적용 영역이 아니라고 보는 견해[18]가 있다. 상대방과 통모하여 현실적 의사와 배치되는 의사표시를 하는 경우, 이 의사표시는 법률의 규정(민법 제108조 제1항, 독일민법 제117조 제1항)에 의해 통정허위표시로서 아무런 효력이 없으며, 당해 가장행위에 의해 은닉되어 있는 행위, 즉 본래의 현실적 의사가 효력을 갖는다는 것이다. 이 때 은닉행위는 법률행위로서 유효하기 위한 요건을 모두 갖추고 있어야 함은 물론이다. 불요식 행위의 경우에는 특별한 사정이 없는 한 어느 견해를 취하더라도 표의자의 현실적 이해에 따른 효과가 인정될 수 있으므로, 이러한 논의는 별다른 실익이 없다.

문제는 要式行爲의 경우이다.[19] 의식적 오표시를 오표시 무해의 원칙의

는 제4장 제1절 II. 2. (3) 이하 참조.

17) Larenz/Wolf, S.517. ; Stumpf, S.141. ; 嚴東燮, 법률행위의 해석, 157면. ; 李英俊, 291면 등.

18) Flume, Rechtsgeschäft, 1992, S.306. ; Häsemeyer, S.141. ; Lüderitz, S.186 ff. ; Wieling, AcP 172, 314 등.

19) 물론 아래에서 살펴보듯이 요식행위에 관하여는 오표시 무해의 원칙이 아예 적용

적용범위로부터 배제하는 견해에 따르면, 요식행위의 경우 표의자의 현실적 의사를 실현하는 것이 사실상 불가능해진다. 표시된 바는 법률의 규정에 의해 통정허위표시로서 무효가 되고, 표의자가 의도한 바는 방식에 적합하게 표시되지 아니하였으므로 아무런 효력을 갖지 못하기 때문이다. 의식적 오표시에 대해서도 위 원칙이 적용된다고 보는 견해에 따르면, 언제나 현실적 의사에 따른 법적 효과가 인정되는 것과 대비된다. 생각건대, 의식적 오표시의 경우는 착오에 의한 오표시와 달리 오표시 무해의 원칙의 적용을 받지 않는다고 보아야 할 것이다. 의식적 오표시의 경우에까지 표의자의 현실적 의사를 관철하는 것은 특히 요식행위에 있어서 입법자가 채택한 방식주의에 반하기 때문이다.[20] 물론 착오에 의한 오표시의 경우에도 표의자의 현실적 의사가 방식에 적합하게 표시되고 있지 않다는 점에서 방식주의에 반할 우려가 있기는 하다. 그러나 이 때에는 표의자가 자신이 "표시한 바"에 의해 자신의 의사를 방식에 적합하게 표시하고 있다는 선의를 가지고 있음에 반해, 의식적 오표시를 하는 표의자는 방식주의를 정면으로 잠탈하려는 의도를 가지고 있다는 점에서 양자는 서로 구별할 필요가 있다.[21] 따라서 표의자가 암호 등을 이용하여 표현의 일상적 의미와 다른 의사를 표시하고자 한 경우에는 오표시 무해의 원칙이 적용될 수 없다. 이하에서 "誤表示"라 할 때에는 錯誤에 의한 오표시만을 의미하는 것으로 본다.

되지 않는다는 입장에 따르면 이와 같은 문제는 발생하지 않을 것이다.

20) Häsemeyer, S.280. ; Wieling, AcP 172, 314.

21) Reinicke, Der Satz von der 'falsa demonstratio' im Vertragsrecht, JA 1980, 458 f. 참조.

II. 오표시 무해의 원칙의 適用範圍

1. 문제의 소재

오표시 무해의 원칙의 적용범위와 관련하여 특히 문제가 되는 것은 要式 行爲에 동 원칙이 적용될 수 있는지 여부이다. 이미 Danz[22]가 당사자들 간 에 일치된 이해가 있다면 그에 따라 법률행위를 해석할 수 있으며, 방식에 좇아 행해진 법률행위의 내용은 오로지 해석에 의해 확정될 뿐이라고 하면 서 요식행위에 관해서도 오표시 무해의 원칙이 적용된다고 논한 이래, 독일 의 통설과 판례는 요식행위에도 당연히 오표시 무해의 원칙이 적용된다고 보아 왔다. 가령 독일민법 제313조 제1항은 부동산 매매계약에 대해 공증의 방식에 의할 것을 요구하고 있는데, 부동산 매매계약 체결시 계약서에 지번 을 잘못 적은 경우에도 당사자가 의도한 지번의 토지에 대해 효력이 발생한 다는 것이다.[23] 그러나 점차 이에 대하여 의문을 제기하는 견해들이 등장하 게 되었다. 이는 특히 方式主義의 目的과 관련이 깊다. 오표시 무해의 원칙 이 적용되는 사안에서 표의자의 현실적 의사는 전혀 문언에 드러나지 않는 데, 이와 같이 방식에 적합하게 표시된 바 없는 현실적 의사에 법적 효력을 부여하는 것은 법률이 예정하고 있는 방식주의에 반한다는 것이다. 유언 역 시 대표적인 요식행위의 하나이기 때문에, 요식행위에 오표시 무해의 원칙이 적용될 수 있는지 여부의 문제는 유언의 해석에 있어서도 중요한 쟁점이 됨 에도 불구하고, 우리나라에서는 아직까지 이 문제에 대한 본격적인 논의가 진행되고 있지 않다. 따라서 이하에서는 이에 관한 독일에서의 논의를 간략 하게나마 소개함으로써 유언의 해석방법론에 관하여 하나의 단초를 제공하 고자 한다.

---

22) Danz, S.181 f.
23) BGHZ 87, 150 등.

2. 適用否定說의 입장

요식행위에 오표시 무해의 원칙이 적용되지 않는다고 보는 견해24)에 따르면 오표시의 경우 당사자의 일치된 이해에 따른 법적 효과를 부여하는 것은 허용되지 않는다고 본다. 표의자는 착오를 이유로 문제되는 의사표시를 취소할 수 있을 뿐이다. 그 주된 근거는 방식주의에 있다. 이러한 견해를 대표하는 학자로 Wieling을 들 수 있는데, 그는 법률행위의 해석에 있어서는 언제나 "표의자의 의사"가 중요한 의미를 갖는다고 보면서도 요식행위의 경우에는 오표시 무해의 원칙이 적용될 수 없다고 한다. 불요식 행위의 경우에는 당사자의 일치된 이해에 따라 법률행위에 효력을 부여하는 것이 마땅하지만, 요식행위의 경우에까지 이러한 입장을 관철시키는 것은 방식주의의 목적에 반한다는 것이다. 그는 방식주의의 목적을 무엇보다도 法的 安定性의 확보에서 찾고 있다. 방식은 표의자의 의사가 더 명백하게, 그리고 더 완전하게 표현되도록 보장하며, 계약 내용에 대한 입증수단을 확보하는 것을 그 목적으로 한다는 것이다. 방식에 의해 소송이 가능한 억제 내지 간이해질 수 있다. 그렇다면 요식행위의 해석이 당사자의 의사에 의해 좌우되어서는 안 된다. 문언에서 전혀 드러나지 않는 표의자의 의사를 고려하기 시작하면, 분쟁의 발생을 막을 수 없기 때문이다. 따라서 당사자의 의사가 문언으로부터 명백하게 드러나야 하며, 문언으로부터 인식할 수 없는 당사자의 내심의 의사는 이를 고려할 수 없다고 한다.25) 다만, 그는 이와 같이 요식행위의 문언에

---

24) 가령 Staud./Otte, Vor §2064, Rdnr.36, 47 등. ; Wieling, AcP 172, 307 ff. ; MünchKomm/Leipold, §2084, Rdnr.19. 다만 동 견해는 피상속인의 개인적 언어용례를 오표시의 범주에 포함시키면서 개인적 언어용례에 한정하여 유언의 해석에 대해서도 오표시 무해의 원칙이 적용된다고 보고 있다.

25) 한편 Wieling은 의사주의적 입장에서 오표시 무해의 원칙은 당연한 것이므로, 불요식행위에 있어서도 동 원칙은 실질적으로 아무런 의미를 갖지 못한다고 한다. 표시된 바와 무관하게 당사자의 현실적 의사에 따른 효과를 부여해야 함은 당연하다는

의사가 드러날 것을 강조하는 것이 지나치다 보면 방식주의가 고래의 형식주의로 퇴보할 가능성이 있으므로, 이를 완화하여 의사주의와 방식주의를 서로 절충할 필요가 있다고 하면서 소위 "暗示理論"이 바로 그 타협점이 될 수 있다고 보고 있다. 이와 같이 요식행위의 해석에 있어서 오표시 무해의 원칙의 적용을 부정하는 견해는 암시이론과 결부되어 있는 것이 특징이다.

3. 適用肯定說의 입장

요식행위의 해석에 있어서 오표시 무해의 원칙의 적용을 긍정하는 견해는 암시이론의 인정 여부와 관련하여 크게 두 가지 유형으로 나누어 볼 수 있다. 위에서 살펴본 바와 같이 적용부정설은 소위 "암시이론"과 밀접한 관련이 있는바, 적용긍정설은 이러한 암시이론의 적용을 부정하면서 오로지 표의자의 현실적 의사탐구만을 법률행위 해석의 목적으로 보는 전통적인 견해와 암시이론의 적용을 인정하면서도 오표시 무해의 원칙과 암시이론 간의 조화를 모색하는 새로운 견해로 나누어진다. 후자에 관해서는 소위 "主觀的暗示理論"과 관련하여 후술할 기회가 있으므로, 여기에서는 전자의 견해에 대해서만 언급하기로 한다.

법률행위 해석의 목적을 표의자의 현실적 의사탐구에서 찾는 意思主義的 입장은 법률행위의 성격을 불문하고 당연히 표의자가 현실적으로 의도한 바에 법적 효력을 부여하고자 한다.[26] 표현의 문자적 의미에 구애받지 아니하고 현실적 의사를 탐구할 것을 명하고 있는 독일민법 제133조가 이미 이를 정당화하고 있다.[27] 그렇다면 요식행위의 해석에 있어서도 오표시 무해의

것이다. 이러한 Wieling의 견해에 따르면 오표시 무해의 원칙은 실질적으로 적용영역이 존재하지 않는 셈이 된다. ; Wieling, AcP 172, 297 ff. 참조.

26) MünchKomm/Einsele, §125, Rdnr.35. ; Flume, Rechtsgeschäft, S.306. ; Häsemeyer, S.140 f., 270 f. ; Lüderitz, S.194 ff. ; Reinicke, S.461 f.
27) MünchKomm/Mayer-Maly, §133, Rdnr.53. ; Staud./Singer, §133, Rdnr.33.

원칙이 적용되어야 함은 당연하다고 할 것이다. 요식행위를 하는 표의자가 착오로 행위의 객체 등을 잘못 지칭한 경우에는 해석에 의해 이를 수정할 수 있다. 이러한 입장은 방식주의에 근거하여 요식행위에 오표시 무해의 원칙의 적용을 부정하는 견해에 대항하기 위하여 역시 방식주의의 또 다른 목적을 근거로 원용하고 있다. 즉, 방식주의는 원칙적으로 표의자를 경솔하고 성급한 의사표시로부터 보호하며, 자신의 의도한 바의 의미에 대해 명백하게 인식할 수 있도록 해주는 경고기능 내지 보호기능을 수행하는 것을 그 주된 목적으로 한다. 그런데 오표시 무해의 원칙이 적용되는 사안에서 이러한 방식목적은 충분히 달성되고 있는 것으로 보인다는 것이다. 표의자는 법률에서 규정하는 방식을 갖추어 행위함으로써 이미 당해 의사표시를 하기 전에 자신이 일정한 법적 효력을 갖는 행위를 한다는 점을 충분히 숙고하고 있으며, 자신이 의도하는 바가 무엇인지에 관해 현실적으로 올바른 관념을 갖고 있다. 단지 이를 표시하는 과정에서 객체 또는 당사자를 잘못 지칭하고 있을 뿐이다. 표의자가 방식을 준수하기 위해 노력하였다는 사실만으로도 이러한 방식목적은 충분히 달성될 수 있다.[28] 설령 유언방식의 목적이 입증기능에 있다고 할지라도 표의자의 현실적 의사가 확실하게 입증되고 있는 한, 별다른 문제가 되지 않는다. 유언에 있어서는 보호하여야 할 상대방의 신뢰가 존재하지 않기 때문이다.[29] 따라서 요식행위에 있어서 오표시 무해의 원칙을 인정하는 것은 방식목적에 반하지 않는다고 한다.

4. 私見

오표시 무해의 원칙과 방식주의는 그 적용영역이 다르다. 오표시 무해의 원칙은 解釋의 단계에서 적용되는 것으로서 표의자의 현실적 의사를 탐구하

---

28) Häsemeyer, S.140 f. ; Lüderitz, S.190 ff. ; Reinicke, S.459 ff. 참조.
29) MünchKomm/Einsele, §125, Rdnr.35.

고, 그에 따라 법률행위의 내용을 확정하는 것을 목적으로 한다. 반면 방식주의는 일정한 종류의 의사표시에 관하여 법률에 정해진 방식에 따라 할 것을 강제하는 법률행위의 效力要件에 불과하다. 따라서 방식주의를 이유로 오표시 무해의 원칙의 적용 여부를 판단하는 것은 내용의 문제와 방식의 문제를 혼동하는 것으로서 받아들일 수 없다.[30] 요식행위의 경우에도 당연히 오표시 무해의 원칙에 따라 법률행위의 내용을 판단하여야 할 것이며, 그와 같이 확정된 내용의 법률행위가 방식에 적합하게 행해졌는지 여부의 문제는 후술하는 암시이론의 인정 여부와 관련하여 이를 논할 수 있을 뿐이다.

게다가 요식행위에 있어서 오표시 무해의 원칙의 적용을 인정한다고 하여 方式主義의 目的과 배치되는 것도 아니다. 적용긍정설이 적절하게 지적하고 있듯이 오표시의 경우에도 표의자는 자신이 일정한 내용의 의사표시를 한다는 점에 대하여 충분한 숙고를 하고 있기 때문이다. 요식행위의 목적을 법적 안정성에서 찾는다고 할지라도 마찬가지이다. 민법이 착오에 의한 의사표시의 취소를 인정하고 있는 이상, 오표시 무해의 원칙을 인정하지 않더라도 표의자가 소송에서 현실적 의사를 주장·입증하는 것은 얼마든지 가능하다. 그렇다면 비단 오표시 무해의 원칙에만 한정하여 명백성 기능이나 입증기능을 강조하는 것은 별다른 실익이 없다.[31] 따라서 표의자의 의사가 문언의 통상적 의미와 상이하다는 것이 입증된 경우, 방식규정의 입증기능은 오표시 무해의 원칙에 그 자리를 양보하여야 할 것이다.[32] 물론 방식에 적합하게 표시되지 않은 의사에 방식에 적합하게 표시된 의사와 동등한 정도의 의미를 귀속시키는 것은 방식주의를 채택한 입법자의 근본결단에 어긋난다고 볼 수도 있다. 하지만 방식주의 역시 그 자체를 위한 것이 아니라 의사표시

---

30) Foerste, S.86 참조.
31) Flume, NJW 1983, 2008 참조. 이러한 의미에서 오표시 무해의 원칙이 적용되는지 여부가 중요한 것은 아니며, 개별 사안별로 방식목적이 충족되었는지 여부를 판단하여야 한다는 견해로 Larenz/Wolf, S.533 참조.
32) Keuk, S.75 f.

를 담는 도구, 즉 표의자의 의사를 실현시키기 위한 수단에 불과하다는 점에 유념할 필요가 있다. 방식에 적합하게 표시되지 않았다는 이유로 그 의사의 실현을 거부하는 것은 표의자가 고의적으로 방식주의를 잠탈하고자 한 경우, 즉 의도적 오표시의 경우로 한정하는 것으로 족하다.

III. 遺言의 解釋과 오표시 무해의 원칙

1. 문제의 소재

유언의 해석에 있어서 오표시 무해의 원칙은 독특한 위치를 갖는다. 이는 역시 유언의 법적 성격에 기인한 것이다. 먼저 유언은 요식행위로서의 성격을 갖는다. 따라서 위에서 살펴본 바와 같이 방식주의와의 관계에서 과연 오표시 무해의 원칙을 인정할 수 있을 것인지 여부가 문제된다. 한편 유언은 여타의 요식행위와 다른 차별성을 갖는데, 그것은 바로 相對方 없는 法律行爲라는 점에 있다. 오표시 무해의 원칙은 본래 양 당사자 간의 "일치된 이해"를 기초로 표의자의 현실적 의사에 따른 법적 효력을 부여하는 것인데, 유언의 경우에는 상대방이 존재하지 않기 때문에 "一致된 理解"라고 하는 오표시 무해의 원칙 고유의 성격이 누락되어 있다. 본래 오표시 무해의 원칙이 기원을 두고 있는 로마법에서는 유언(특히 유증의 목적물이 잘못 표시된 경우)[33]이 동 원칙의 유일한 적용영역이었음에도 불구하고, 현대에 와서는 오히려 오표시 무해의 원칙의 적용 여부가 다투어지는 가장 첨예한 지점이 된 것은 바로 이러한 연유 때문이다.[34] 이하에서는 유언의 해석에 있어서 오

---

33) 崔秉祚, 카토의 法原則, 219면 이하 및 같은 면 각주 118)에서 소개하고 있는 각 개소 참조.

34) 이러한 이유 때문에 요식계약, 가령 부동산매매계약에 대해서는 오표시 무해의 원칙을 적용하는 입장을 확고하게 고수하고 있는 독일연방대법원도 유언에 대해서는

표시 무해의 원칙의 적용 여부에 관한 독일 학설의 대립을 살펴보고, 그에 관한 입장을 정리해 보고자 한다.

2. 適用否定說

요식행위 전반에 관하여 오표시 무해의 원칙의 적용을 부정하는 견해는 유언에 대해서도 동 원칙이 적용되어서는 안 된다고 보고 있다. 방식주의의 목적에 비추어 유언의 문언에 전혀 드러나지 않은 현실적 의사에 법적 효력을 부여하는 것은 허용되지 않는다는 것이다. 이에 대해서는 위에서 살펴보았으므로, 되풀이하여 논하지 않는다. 다만, 이러한 견해는 유언의 해석에 있어서 오표시 무해의 원칙의 적용이 유언의 방식목적에 전면으로 반한다는 점을 특히 강조하고 있다는 점만 지적하고자 한다. 동 견해는 부동산 매매계약 등에서 요구되는 방식의 목적은 주로 경고기능과 조언기능에 있는데 반해, 유언의 경우에는 특히 立證機能이 중요하다고 보고 있다. 유언의 방식은 실제로 유언자가 유언의 문언대로 처분하고자 하였으며, 그 의사가 완전하게 표현되었다는 점을 입증하는 것을 주된 목적으로 한다는 것이다. 이에 따르면 방식의 경고기능에 입각하여 동 원칙의 요식행위에의 적용을 긍정하는 견해는 유언에 있어서 유지될 수 없게 된다.[35] 설령 독일연방대법원이 부동산 매매계약에 대하여 오표시 무해의 원칙을 적용하고 있다 하더라도 이를 유언에까지 원용하는 것은 양자 간의 방식목적의 차이점에 비추어 허용될 수 없다는 것이다.

사안에 따라 유동적인 태도를 취하고 있다. 가령 유언에 관해서는 암시이론을 고수하면서 오표시 무해의 원칙의 적용을 부정하고 있는 판결로 BGHZ 74, 116 ; BGHZ 80, 242 등. 반면 오표시 무해의 원칙의 적용을 긍정하고 있는 판결로 BGHZ 94, 36 등 참조.

35) Foerste, S.87. ; Stumpf, S.240 참조.

이와 달리 유독 遺言에 관해서만 오표시 무해의 원칙의 적용을 부정하는 견해가 있다. 의사표시의 본질에 관하여 효력주의적 입장을 취하고 있는 학자들이 그러하다. 가령 Leipold는 유언 해석의 목적을 "유언에 의해 표시된 의사의 탐구"에서 찾으면서 이러한 입장을 오표시 무해의 원칙의 적용 영역에까지 관철시키고 있다. 그에 따르면, 유언의 해석에 있어서 피상속인의 순수한 내적 의사는 별다른 의미를 갖지 못한다. 언제나 표시된 의사만이 중요하기 때문이다. 따라서 유언자의 현실적 의사가 문언에서 전혀 드러나지 않는다면, 이를 고려하는 것은 허용되지 않는다고 한다. 물론 그도 계약의 영역에서는 오표시 무해의 원칙의 적용을 인정하고 있다. 계약 당사자들 간의 「一致된 意思」는 단순한 내적 의사와는 성격을 달리 한다는 것이다. 그러나 계약에 있어서 오표시 무해의 원칙이 적용된다고 하여 당연히 유언에 있어서도 동 원칙이 적용되어야 하는 것은 아닌데, 유언은 상대방 없는 단독행위로서 「일치된 의사」라는 것이 존재하지 않기 때문이다. 따라서 피상속인이 외부적으로 표시한 바와 다른 것을 의도하였다는 것만으로는 그 내적 의사에 효력을 부여하기에 충분치 않다고 본다.[36]

효력주의적 입장을 관철하는 태도는 오표시 무해의 원칙에 대한 실정법적 근거를 부인하는데까지 나아간다.[37] 표현의 문자적 의미에 구애받지 아니하고, 표의자의 현실적 의사를 탐구할 것을 요구하는 독일민법 제133조는 유언자의 단순한 내적 의사를 탐구할 것을 명하는 것이 아니라, "표시된 의사"를 탐구할 것을 명하고 있을 뿐이므로, 오표시 무해의 원칙에 대한 근거가 될 수 없다는 것이다. 게다가 유언의 해석에 있어서 동 원칙을 인정하는 것은 유언의 취소를 인정하고 있는 독일민법 제2078조와 모순되기까지 한다는 것이 이들의 견해이다.

---

36) Leipold, Wille, Erklärung und Form, S.433.
37) Stagl, S.166 f. 참조.

3. 適用肯定說

요식행위에 관해 오표시 무해의 원칙의 적용을 긍정하는 견해는 유언의 경우에도 당연히 동 원칙이 적용되어야 한다고 본다.[38] 위에서 살펴본 바와 같이 오표시 무해의 원칙은 방식주의와 모순되지 않기 때문이다. 이러한 견해는 유언의 해석에 있어서 개인적 언어용례를 고려하는 것과 오표시를 고려하는 것은 실질적으로 아무런 차이가 없다고 한다.[39] 독일연방대법원이 不動産 賣買契約에 관하여 오표시 무해의 원칙의 적용을 전면적으로 긍정하고 있는 이상, 유언에 대해서도 마땅히 동일한 태도를 취해야 한다는 것이 이러한 견해를 주장하는 학자들의 입장이다. 독일 민법이 부동산 매매계약에 결부시키고 있는 방식주의와 유언에 요구하는 방식주의 간에는 그 정도에 아무런 차이가 없기 때문이다.[40] 오히려 유언의 해석에 있어서는 계약 해석의 경우보다도 더욱 오표시 무해의 원칙이 관철되어야 한다고 본다. 유언의 해석은 유언자의 現實的 意思를 탐구하는 것을 주된 목적으로 하기 때문이다. 동 견해에 따르면 계약에 있어서 오표시 무해의 원칙과 유언에 있어서 동 원칙의 적용은 다음과 같은 점에서 차이가 있을 뿐인데, 즉 전자의 경우에는 계약 당사자 간의 일치된 이해에 따른 효력을 인정함에 반하여 후자의 경우에는 오로지 유언자가 당해 유언을 어떤 의미로 이해했는가에 따라 그 효력이 결정된다는 것이다.[41] 이러한 견해는 독일 민법 입법자의 태도와도 일치한다는 것이 이들의 주장이다. 독일민법 입법자 역시 유언 영역에서 오표시 무해의 원칙이 적용될 것을 예정하고 있는데, 제2위원회에서 현행 독일민법 제2078조에 "수유자 또는 유증 목적물에 관한 잘못된 표시는 처분의

---

38) Brox, JA 1984, 556. ; Flume, NJW 1983, 2008. ; Keuk, S.81. ; Lüderitz, S.201. ; Scherer, Andeutungsformel, S.92.
39) Lüderitz, S.190. (同旨) v. Lübtow, Erbrecht, S.268.
40) Brox, JA 1984, 556. ; Flume, NJW 1983, 2008.
41) Flume, Rechtsgeschäft, S.334.

효력에 영향을 미치지 않는다."는 문구를 삽입할 것이 제안되었으나, 이는 "제2초안 제90조[42]의 일반조항을 고려할 때 당연한 것으로 간주"된다는 이유로 그 삽입이 거부되었다는 것이다.[43]

4. 私見

오표시 무해의 원칙은 意思도그마에 비추어 볼 때 당연한 해석원칙이다. 동 원칙을 정당화시키는 근거가 일차적으로 "당사자 간의 일치된 이해"에 있음은 사실이다. 그러나 이러한 근거는 상대방 있는 법률행위, 특히 계약에 있어서 타당할 뿐이다. 계약의 경우 표의자의 현실적 의사만을 무제한적으로 관철시키는 것은 상대방의 신뢰를 침해하고, 자기 책임의 원리에 반할 수 있다. 그러나 상대방도 표의자의 의사를 인식하고 있었다면, 굳이 표시된 바에 구속될 필요가 없을 것이다. 이 경우에는 상대방의 신뢰 보호 문제가 제기되지 않기 때문이다. 여기에서 당사자의 일치된 이해는 문언으로부터 벗어나 자유롭게 표의자의 의사에 법적 효과를 부여할 수 있는 논거가 된다. 반면 애초부터 상대방이 존재하지 않는 유언에 있어서는 상대방의 신뢰 보호가 문제될 여지가 없다. 상대방 없는 단독행위를 해석함에 있어서는 원칙으로 돌아가 유언자의 의사를 탐구하고, 그에 따른 효력을 인정하는 것으로 족하다.[44] 유언의 경우에는 당사자 간의 일치된 이해가 존재하지 않는다는 이유로 오표시 무해의 원칙의 적용을 부정하는 견해는 동 원칙의 궁극적 근거가 사적 자치에 있음을 망각하고, 원칙과 예외의 관계를 전도시키는 것으로서

---

42) 현행 독일민법 제133조와 동일하다.

43) Flume, NJW 1983, 2008 참조.

44) 이와 같은 입장에서 유언의 해석에 대해서는 자연적 해석만이 허용되므로 "자필유언증서에서 A 토지를 유증한다고 기재되어 있으나, 후에 친지들의 증언이나 기타 다른 증거에 의하면 유증하려던 토지가 B 토지인 것이 드러나는 경우에는 유증은 언제나 B 토지에 관하여 성립한다."고 보고 있는 견해로 李英俊, 295면 이하 참조.

납득할 수 없다. 특히 유언의 해석을 지배하고 있는 "의사도그마"에 비추어 볼 때 더욱 그러하다. 우리 민법은 자필증서에 의한 유언을 인정하고 있는 바, 법률문외한인 유언자로 하여금 자신의 의사를 방식에 적합하게 표시할 것을 넘어서서 자신의 표시가 갖는 법적 의미까지 정확하게 이해하고 있을 것을 요구하는 것은 유언의 자유에 대한 심각한 침해가 될 수 있다.

IV. 요약

오표시 무해의 원칙이란 당사자가 표시된 문언과는 다른 의사를 가지고 있었음이 입증된 때, 만약 상대방도 현실적으로 의도된 바가 무엇인지를 인식하고 있었다면, 그에 따른 법적 효과를 인정해 주는 원칙을 말한다. 이러한 오표시 무해의 원칙은 당사자의 내심적 의사를 문언보다 우선하는 것으로서 특히 요식행위에 있어 동 원칙을 적용하는 것은 방식에 적합하게 표시되지 않은 의사의 효력을 인정하는 것으로서 허용되어서는 안 되는 것이 아닌지에 관해 학설의 대립이 있어 왔다. 그러나 요식행위에 오표시 무해의 원칙이 적용될 수 있는지 여부를 논함에 있어 방식주의를 원용하는 것은 법률행위의 해석과 유효요건을 혼동하는 것으로서 적절하지 않다. 특히 유언의 경우에는 더욱 그러하다. 오표시 무해의 원칙의 기본적 요건이라 할 수 있는 당사자 간의 "일치된 이해"가 흠결되어 있기는 하나, 유언의 해석에 있어서는 원칙적으로 피상속인의 현실적 의사가 일차적으로 관철되어야 하기 때문이다. 그러므로 유언과 같은 요식행위의 해석에 있어서도 당연히 오표시 무해의 원칙이 적용되어야 할 것이다. 이와 같이 오표시 무해의 원칙의 적용을 인정하는 이상, 피상속인의 개인적 언어용례 역시 당연히 피상속인의 의사에 따라 해석될 수 있을 것이다.[45]

---

45) 피상속인의 개인적 언어용례에 관해서는 제4장 제1절 II. 2. (3) 이하 참조.

제4절 小結

본 절에서는 구체적인 유언의 해석방법론에 관해 해명적 해석의 단계와 보충적 해석의 단계를 나누어 차례로 살펴보았다. 解明的 解釋의 단계에서는 유언 해석의 대상이자 출발점이 되는 것은 언제나 유언의 문언 그 자체이나, 유언 해석의 목적은 유언자의 현실적 의사탐구에 있다는 전제 하에 유언의 문자적 의미에 구애받지 아니하고 유언 문서 외부에 존재하는 모든 사정을 종합하여 그 의미를 확정할 수 있다는 점, 다만 방식주의에 비추어 볼 때 유언 성립 이후 발생한 유언자의 의사변경은 이를 고려할 수 없다는 점 등을 논증하였다. 이어서 補充的 解釋의 단계에서는 유언자가 유언 성립 당시 사정을 잘못 인식하였거나 유언 성립 후 유언자가 미처 예상하지 못한 사정의 변경이 있었던 이유로 유언에 흠결이 발생한 경우라도 의사도그마에 비추어 유언자의 가정적 의사를 탐구하여야 한다는 점, 다만 그럼에 있어 유언자의 진정한 의사가 왜곡될 위험이 있기 때문에 반드시 유언 성립 당시를 기준으로 그 가정적 의사를 탐구하여야 하며, 보충적 해석에 의해 본래 유언의 내용과 본질적으로 다른 내용을 부여하는 것은 허용되지 않는다는 점을 논증하였다. 마지막으로 본 절에서는 유언의 해석과 관련하여 특수하게 제기될 수 있는 문제로서 誤表示 無害의 原則의 적용 가능성에 대해 살펴보았다. 특히 착오에 의한 오표시의 경우, 당사자가 현실적으로 의도한 바가 방식에 적합하게 표시되지 않았음에도 불구하고 그 의도된 바에 따른 법적 효과를 인정하는 것이 방식주의에 비추어 허용될 수 있는지 여부가 문제될 수 있으나, 요식행위의 해석에 있어서 오표시 무해의 원칙을 인정하는 것이 방식주의의 목적에 반하지 않는다는 점, 특히 유언의 해석에 있어서는 이를 인정하지 않는 것이 오히려 의사도그마에 반하는 결과를 초래할 수 있다는 것이 그 주된 내용이다.

제 5 장 遺言의 解釋과 方式主義

제1절 問題의 所在

I. 유언의 해석과 방식주의간의 관계

위에서 살펴본 바와 같이 유언의 해명적 해석과 보충적 해석에 의해 당사자의 현실적 또는 가정적 의사가 탐구되었다면, 당해 유언에 그 해석의 결과에 따른 법적 효과를 인정하여야 하는 것이 원칙이다. 그런데 우리 민법은 유언에 관하여 방식주의를 채택하고 있는 결과 민법 제1065조 내지 제1070조에 정하여진 方式에 의하지 아니한 유언은 아무런 효력을 갖지 못한다(민법 제1060조). 따라서 만약 유언의 해석으로부터 도출된 유언자의 의사가 유언 문서[1] 자체에 전혀 표시되어 있지 않다면, 그러한 의사는 유언의 방식을 갖추지 못한 것으로서 그 법적 효력을 인정하여서는 안 되는 것이 아닌가라는 의심이 생길 수 있다. 특히 유언을 해석함에 있어 법관은 유언자의 진정한 의사를 탐구하기 위해 유언 문서 이외에 존재하는 모든 사정을 고려할 수 있다는 점에서 유언의 문언만으로는 전혀 예측할 수 없는 해석 결과가 도출될 가능성을 배제할 수 없다. 그럼에도 불구하고 이러한 해석결과를 무제한적으로 인정한다면 오히려 유언자의 의사를 날조하게 될 위험이 높고, 유언의 해석을 둘러싼 이해관계인들 간의 분쟁 역시 크게 증가할 가능성이 있다.[2] 이러한 결과는 입법자가 유언에 관해 방식주의를 채택한 목적과 정면

---

[1] 우리 민법 제1067조는 녹음에 의한 유언 방식을 인정하고 있는 결과 유언이 반드시 서면에 기재됨으로써 성립하는 것은 아니나, 본서에서는 용어사용의 경제성을 위하여 유언자의 구술이 녹음된 결과물 역시 여기에서 말하는 유언 서면에 포함되는 것으로 본다.

[2] Leipold, Erbrecht, Rdnr.363.

으로 배치되는 것이다.

유언의 해석과 방식주의 간의 충돌 문제를 해결하는 방안으로는 먼저 크게 두 가지 방법을 생각해 볼 수 있다. 방식주의를 엄격하게 적용하여 언제나 유언 문서 자체로부터 도출될 수 있는 의사만이 존중될 수 있다고 보는 입장과 그에 반해 의도된 바가 방식에 적합하게 표현될 것을 요청하는 것을 포기하고 언제나 표의자가 의도한 바를 우선시하는 입장이 그것이다.3) 그러나 전자의 입장은 유언의 해석의 긴요성, 특히 유언자의 의사실현의 존중이라는 측면에서 받아들이기 어렵고, 후자의 입장은 입법자가 유언의 방식을 요구하는 목적에 비추어 의문의 여지가 있다. 따라서 독일에서는 이러한 유언의 해석과 방식주의 간의 충돌 문제를 해결하기 위한 일종의 타협점으로서 소위 "暗示理論(Andeutungstheorie)"이 발전하여 왔다. 이러한 암시이론은 요식행위의 해석에 있어서 학설·판례상 오래 전부터 인정되어 오던 것으로서 요식행위에서 표의자의 의사는 의사표시에 적어도 암시되어 있는 경우에만 고려될 수 있음을 의미한다.4) 독일 민법상 요식행위의 해석은 크게 두 가지 영역에서 문제되고 있는데, 유언과 부동산매매계약이 그것이다. 이하에서는 특히 遺言의 해석에 한정하여 독일에서 논의되고 있는 암시이론의 구체적 내용 및 근거와 그에 대한 비판을 소개하고, 이러한 암시이론을 과연 우리의 법현실에 적용하는 것이 타당한지 여부에 관해 논하기로 한다.

---

3) Brox, JA 1984, 553.
4) Brox, JA 1984, 549 f.

II. 方式主義의 目的

1. 방식주의의 意義

암시이론에 관해 본격적으로 논하기 전에 먼저 방식주의의 개념과 목적에 관해 간단히 살펴볼 필요가 있다. 암시이론을 주장하는 견해와 비판하는 견해 모두 방식주의의 목적을 결정적인 근거로 제시하고 있기 때문이다. 방식주의란 일정한 의사표시에 관하여 반드시 법률에서 정한 방식에 따르도록 강제하고, 이를 따르지 않은 경우에는 그 효력을 인정하지 않는 것을 말한다. 넓은 의미의 방식주의에는 의사표시 자체에 방식을 필요로 하는 경우 뿐만 아니라 의사표시와 함께 일정한 방식(가령 신고)을 갖출 것이 요구되는 경우 또는 의사표시를 반드시 재판상 행사할 것이 요구되는 경우까지도 포함될 수 있을 것이나, 본서에서 전제로 하고 있는 것은 좁은 의미의 방식주의, 즉 의사표시 자체를 일정한 방식에 따라 할 것이 요구되는 경우로 한정한다.

방식주의의 원형은 로마법에서부터 찾아볼 수 있다. 고대의 로마법은 의사표시를 함에 있어 일정한 형식(Form)을 요구하고, 오로지 그 형식의 구비 여부에 따라 당해 법률행위의 효력뿐만 아니라 법률효과까지 결정되도록 하고 있는바, 이를 가리켜 形式主義(Formalismus)라고 한다.[5] 그러나 근대 민법이 요구하고 있는 방식주의는 이러한 엄격한 의미의 형식주의와는 의미를 달리한다. 근대 민법의 기본 이념이 되고 있는 사적 자치의 원칙은 법률행위 자유의 원칙을 그 핵심적 내용으로 하고 있는바, 법률행위를 자유롭게 할 수 있다 함은 법률행위를 할 것인지 여부, 누구와 할 것인지 여부, 어떤 내용으로 할 것인지 여부와 아울러 어떠한 방식으로 할 것인지 여부까지 개인의 결

---

5) 방식의 연혁 및 효력형식(Wirkform)으로서의 방식 개념에 대한 설명에 대해 자세히는 金鎭鉉, 要式行爲에 있어서의 方式 一般에 관하여, 江原法學 第2卷 (1986), 4면 이하 참조.

정에 맡겨져 있음을 의미한다.6) 따라서 모든 종류의 의사표시에 일률적으로 일정한 방식을 갖출 것을 요구하는 것은 사적 자치에 반하는 것으로서 허용될 수 없다. 입법자가 방식주의를 강제할 때에는 그에 상응하는 입법목적이 존재하여야 한다.7) 방식주의는 더 이상 종교적 의미를 가진 신성의 것이 아니며, 실정법에 의해 창설된 합리적 제도에 불과하다.8) 우리 입법자도 이러한 전제 하에 극히 예외적으로만 요식행위를 인정하고 있다. 재산법적 행위로서는 법인 설립행위(민법 제40조, 제43조)와 유언(민법 제1060조), 어음행위(어음법 제1조, 제75조), 수표행위(수표법 제1조) 등을 들 수 있을 뿐이다. 그 밖에 최근 제정된 보증인 보호를 위한 특별법에 의해 보증계약이 새롭게 요식행위로서의 성격을 취득하였다(보증인 보호를 위한 특별법 제3조).9)

2. 방식주의의 目的

방식주의의 목적에 관해서는 어떠한 일반적인 견해가 존재하는 것은 아니다. 학자에 따라 방식주의의 목적을 설명하고 분류하는 방식은 매우 다양하다. 가령 Einsele는 방식규정의 목적을 ① 경고기능, ② 조언기능, ③ 명확성 기능 및 입증기능, ④ 감독기능으로 분류10)하는 반면, Baumann은 유언방식

---

6) 郭潤直, 民法總則, 31면 참조.
7) Stumpf, S.225 f. 참조.
8) Häsemeyer, S.164.
9) 보증인 보호를 위한 특별법 제3조 [보증의 방식] ① 보증은 그 의사가 보증인의 기명날인 또는 서명이 있는 서면으로 표시되어야 효력이 발생한다. ② (이하 생략) 제4조 [보증채무 최고액의 특정] ① 보증계약을 체결할 때에는 보증채무의 최고액을 서면으로 특정하여야 한다. 보증기간을 갱신할 때에도 또한 같다.
10) MünchKomm/Einsele, §125, Rdnr.6 ff. 이 중 ① 경고기능이란 성급한 의사표시로부터 표의자를 보호하기 위한 기능, ② 조언기능이란 표의자로 하여금 의사표시를 할 때 법률 전문가의 도움을 받을 수 있도록 하는 기능, ③ 명확성 기능 및 입증기능이란 구속력 있는 의사표시와 단순한 숙고를 구별하며, 당해 법률행위의 내용을

의 목적과 관련하여 ① 보호 및 경고기능, ② 동일성기능, ③ 날조로부터의 보호기능, ④ 입증기능, ⑤ 법적 안정성 기능, ⑥ 조언기능 등을 제시[11]하고 있다. 학자마다 동일한 용어에 서로 다른 의미를 부여하는 경우도 종종 발견할 수 있다. 따라서 이하에서는 유언방식의 목적을 논하기에 앞서 흔히 방식주의의 목적으로 열거되곤 하는 각종 기능들의 개념과 내용을 정리함으로써 용어 사용상의 혼란을 방지하고자 한다.

먼저 警告機能(Warnfunktion)은 표의자를 경솔하고 성급한 의사표시로부터 보호하는 것을 그 목적으로 한다. 표의자는 일정한 방식을 거쳐 의사표시를 하는 과정을 통해 스스로 자신의 행위의 내용을 명백하게 인식하고, 그로 인해 발생할 수 있는 법적 효과에 관해 숙고해 볼 수 있게 된다. 이는 주로 표의자가 자신의 의사표시를 서면으로 작성하는 과정에서 자신이 무엇을 의도하고 있는지를 확실하게 파악함으로써 달성된다.[12] 이러한 경고기능은 표의자로 하여금 책임감 있는 의사표시를 하도록 하는 데에도 일조하는데, 표의자는 자신의 의도를 명확하게 파악한 다음 이를 가능한 정확하게 표시하고자 하기 때문이다. 법관이 요식행위를 해석함에 있어 문언의 객관적 의미를 일차

명확하게 함으로써 입증을 확보하고 분쟁을 억지하기 위한 기능, ④ 감독기능이란 방식의 강제를 통해 행정관청에 의한 법률행위의 감시와 감독을 가능케 하기 위한 기능을 의미한다.

11) Baumann, Staudinger, Kommentar zum Bürgerlichen Gesetzbuch mit Einführungsgesetz und Nebengesetzen, Buch 5. Erbrecht, 2003(이하 Staud./Baumann이라고 약칭한다.), §2231, Rdnr.17 ff.. 이 중 ① 보호 및 경고기능이란 성급하고 부주의한 의사표시로부터 표의자를 보호하기 위한 기능, ② 동일성기능이란 피상속인이 이를 작성하였다는 점을 명백하게 하기 위한 기능, ③ 날조보호기능이란 피상속인 의사가 날조될 위험으로부터 보호해 주기 위한 기능, ④ 입증기능이란 제3자로 하여금 당해 의사표시의 내용을 명확하게 인식할 수 있게 해주는 기능, ⑤ 법적 안정성 기능이란 피상속인의 유언 의사를 단순한 숙고나 초안 등과 구별시켜 주는 기능, ⑥ 조언기능이란 피상속인으로 하여금 법률 전문가의 도움을 받도록 보장하는 기능을 의미한다.

12) Brox, JA 1984, 553 ff. 참조.

적인 기준으로 삼는 것은 이러한 기능을 고양시키는 역할을 할 수 있다.[13]

助言機能(Beratungsfunktion) 역시 표의자로 하여금 가급적 의사표시의 의미를 명백하게 작성하며, 자신이 사용한 문언의 의미를 정확하게 이해할 수 있도록 돕는다는 점에서는 경고기능과 그 맥을 같이 한다. 다만, 조언기능은 특히 공증인의 참여를 요구하는 종류의 방식에서 문제된다. 법률은 일정한 행위를 할 때 반드시 법률 전문가의 조언을 받을 수 있는 기회를 갖도록 함으로써 위와 같은 목적을 달성하고자 한다. 가령 표의자는 공정증서에 의한 방식을 거침으로써 자신이 행할 법률행위의 효과(가령 세금 문제나 유류분 반환 청구의 가능성 등)에 관한 정확한 정보를 습득할 수 있으며, 자신이 원하는 경제적 목적을 달성하기 위해 요구되는 복잡한 법적 구성에 관한 공증인의 지식을 활용할 수도 있다.[14]

다음으로 소위 眞正性機能(Echtheitsfunktion) 내지 獨立性機能(Selbständig-keitsfunktion)을 들 수 있다. 방식은 당해 의사표시가 표의자의 자의에 의해 작성되었다는 것을 보장하는 것을 그 목적으로 한다는 것이다. 이 중 진정성 기능은 표의자가 당해 의사표시를 진정으로 의도하였다는 점(적극적인 측면)에, 독립성 기능은 표의자가 당해 의사표시를 함에 있어서 제3자의 간섭을 받지 아니하고 자유롭게 이를 하였다는 점(소극적인 측면)에 중점을 둔 설명이라고 할 수 있다. 이러한 기능은 단순히 의사표시 성립 시점에 한정되는 것은 아니다. 또한 방식은 의사표시 성립 후에도 당해 의사표시가 제3자에 의해 침해되지 않도록 보장하는데 기여한다. 즉, 일정한 방식을 갖추어 작성된 의사표시는 제3자가 이를 함부로 위조 또는 변조할 수 없으므로, 당해 의사표시가 제3자에 의해 날조되지 않았음을 보장할 수 있게 된다는 것이다.[15] 이러한 의미에서 진정성 기능은 이하에서 살펴보는 입증기능과 일부 중첩되

---

13) Lange/Kuchinke, S.571 f. 참조.
14) Stumpf, S.229 참조.
15) 전게논문, 230 f. 참조.

는 부분이 있으며, 논자에 따라서는 양자를 구별하지 않는 경우도 있다. 그러나 본서에서 진정성기능은 [입증기능과 구별하여] 주로 당해 의사표시가 표의자의 자유롭고 자발적인 의사에 기해 행해질 것을 보장한다는 측면으로 한정하여 보고자 한다.

立證機能(Beweisfunktion) 또는 紛爭抑止機能(Streitvermeidungsfunktion)은 특히 의사표시를 서면에 의해 할 것을 요구하는 종류의 방식과 깊은 관련이 있다. 서면 방식의 경우 방식에 의해 바로 의사의 존재가 입증될 수 있는바, 당사자는 방식에 적합하게 표시되었음을 입증하는 것만으로 당해 의사표시의 효력을 주장할 수 있는 것이다. 이는 반대로 방식에 적합하게 표시되지 않은 의사는 이를 입증하더라도 그에 따른 효과를 인정할 수 없다는 결과로까지 이어질 수 있다. 이러한 도식적인 판단을 수미일관하게 관철함으로써 방식주의는 당해 의사표시와 관련된 법적 분쟁의 발생을 최대한 억제할 수 있게 된다. 방식에 적합하게 표시된 의사와 다른 내용을 주장하더라도 받아들여질 가능성이 거의 없다면, 당해 의사표시를 둘러싼 다툼이 현격히 감소할 것이기 때문이다.

입증기능이나 진정성기능과 구별하여야 할 또 다른 방식주의의 목적으로 明確性機能(Klarstellungszweck)을 들 수 있다. 진정성기능은 의사표시 자체가 표의자의 자발적 의사에 기초하고 있음을 보장하는 것을 그 내용으로 하는 반면, 명확성 기능은 표의자가 어떠한 의사표시를 함에 있어 당해 의사표시의 법적인 의미를 명확하게 인식하고 있음을 보장하는 것을 주된 목적으로 한다. 이러한 명확성 기능은 표의자의 현실적 의사에 법적 효력을 부여하는데 기여한다. 표의자가 당해 의사표시를 통해 어떠한 내용을 표시하는지를 명확하게 인식할 수 있도록 함으로써 그 문언에 따른 효과를 부여하는 것이 바로 표의자의 의사를 실현시키는 도구가 될 수 있도록 보장해주기 때문이다.16) 명확성기능은 이와 같이 일차적으로 표의자의 보호를 목적으로 한다

---

16) Lüderitz, S.201 참조.

는 점에서 입증기능과 구별된다. 입증기능은 표시된 바에 대한 제3자의 신뢰를 보호하고, 분쟁을 억지함으로써 법적안정성에 봉사하는 것을 주된 목적으로 하기 때문이다. 한편 명확성 기능을 구속력 있는 의사표시와 단순한 초안 내지 숙고 단계를 명확하게 구별지을 수 있게 해 준다는 측면에서 설명하고 있는 견해[17]도 있다. 그러나 본서에서는 위와 같은 기능은 명확성 기능과 분리하여 소위 拘束性機能(Verbindlichkeitsfunktion)이라고 칭하고자 한다.

III. 遺言方式의 目的

구체적인 사안에서 당해 요식행위의 목적이 실현되었는지 여부는 그리 중요하지 않다. 방식목적은 방식의 요건이 아니며, 따라서 방식목적의 실현 여부에 따라 당해 법률행위의 효력이 달라지는 것도 아니기 때문이다.[18] 그럼에도 불구하고 문제되는 방식의 목적을 어디에서 찾을 것인가라는 문제는 중요한 의미를 갖는데, 당해 방식규정을 해석함에 있어 기준이 될 수 있다는 데 그 이유가 있다. 즉, 방식목적을 어떻게 파악하느냐에 따라 방식규정의 적용범위를 어떻게 볼 것인지, 실제 요식행위를 함에 있어 방식의 준수를 어느 정도까지 요구할 것인지, 방식을 갖추지 못한 법률행위의 효력을 어느 정도로 인정할 수 있는지 여부 등에 관한 답이 달라질 수 있는 것이다.[19] 특히 유언의 해석에 있어서 방식목적은 오표시 무해의 원칙의 적용 범위나 암시이론의 인정 여부 등과 관련하여서도 중요한 의미를 갖는다. 따라서 우리 민법상 유언 방식의 목적을 어떻게 파악할 것인지 여부에 대해 살펴볼 필요가

---

17) MünchKomm/Einsele, §125, Rdnr.7.
18) MünchKomm/Einsele, §125, Rdnr.9.
19) a.a.O. 이와 같은 방식목적의 관점에서 독일 방식규정의 해석을 시도하고 있는 논문으로 Grundmann, Favor Testamenti, Zu Formfreiheit und Formzwang bei privatschriftlichen Testamenten, AcP187(1987), 429 ff. 참조.

있다.

유언 방식의 목적에 대해서는 학자에 따라 다양한 견해가 제시될 수 있으며, 어떠한 통일적인 태도가 있는 것은 아니다.[20] 우리 민법 교과서 역시 어떠한 통설적 흐름이 있는 것은 아니지만, 대개 유언 방식의 목적을 일반적으로 다음과 같이 설명하고 있다. 유언에 관하여 엄격한 방식을 요구하는 이유는 유언의 존재를 확보하고, 유언이 피상속인의 최종적 진의인지 여부를 확인하며, 유언의 내용을 명확하게 하여 타인의 위조·변조를 막을 뿐만 아니라 유언자로 하여금 신중하게 의사표시를 하도록 하는 데 있다는 것이다.[21] 유언방식의 목적을 소위 경고기능이나 진정성기능, 명확성기능 등에서 찾는 견해[22]이다. 한편 우리 입법자가 유언에 관하여 방식을 채택하게 된 이유 역시 명백치 않다. 우리 상속법을 기초한 張暻根은 "遺言의 方式에 관하여는 現行 慣習法上 特別한 方式이 定하여 있지 않다. 그러므로 이를 갑자기 要式

---

20) 독일에서도 유언방식의 목적을 설명하는 방식은 매우 다양한데, 가령 Hagena, Münchener Kommentar zum BGB, Band 9, Erbrecht(4.Aufl.), 2004(이하 MünchKomm/Hagena라고 약칭한다.), §2247, Rdnr.1은 자필증서에 의한 유언방식의 목적을 ① 경솔함으로부터의 보호, ② 진정성의 보장, ③ 입증의 확보 및 ④ 내용의 명확화를 통해 피상속인의 진정한 의사를 실현시키고, 의사표시의 진정성을 확보하며, 책임감 있는 유언을 촉진하고, 내용을 둘러싼 분쟁을 피하는 것에서 찾고 있는 반면, Lange/Kuchinke, S.333은 유언 방식의 목적을 기본적으로 피상속인과 수익자의 보호에서 찾으면서, 부수적으로 조언이나 피상속인의 지도·감독, 법적 처분과 단순한 숙고 등 간의 구별, 사인처분의 순수성, 명확성, 완전성의 확보 및 입증기능 등을 들고 있다. 그 밖에 Baumann의 견해에 대해서는 각주 465) 참조.

21) 郭潤直, 相續法, 225면 이하 ; 金相容, 法律行爲論에 관한 法制史的 考察, 漢陽大學校 法學論叢 第4輯(1987), 194면. ; 金疇洙·金相瑢, 654면 ; 金泳希, 自筆證書遺言方式에 관한 諸問題, 家族法硏究 第17卷 2號(2003), 260면. ; 金容漢, 390면 ; 裵慶淑·崔錦淑, 親族相續法講義(改訂增補版), 第一法規, 2004, 621면. ; 李庚熙, 472면 등 참조.

22) 그에 반해 유언방식의 목적을 오로지 입증기능으로부터 찾고 있는 견해로 金榮喜, 遺言에 관한 形式的 嚴格主義와 遺言者의 眞意, 民事判例硏究[XXX], 博英社, 2008, 391면 이하 참조.

行爲로 한다면 遺志를 實現시키지 못하는 境遇가 많이 發生하여 現實과 遊離되어 도리어 弊害를 誘致할 憂慮性이 있으므로 本項은 이를 規定치 않기로 하였다."23)고 하여 유언에 관하여 방식주의를 배척하였으나, 1954. 10.26. 국회에 제출된 민법안(정부제출안) 제1073조 이하는 돌연 유언의 방식에 관하여 규정하였는바, 이에 관한 아무런 제안 이유도 현출되어 있지 않다.24) 다만 1956.9.5. 국회 법제사법위원회 민법소위원회가 친족상속편에 관한 요강을 심의·결정함에 있어 정부에 의해 제안된 민법안 친족, 상속편의 각 조문과 원래의 초안만을 참고로 하여25) "遺言의 方式에 關하여서는 現行慣習法上 特別한 方式이 定하여 있지 않다. 그러므로 이를 갑자기 要式行爲로 한다는 것은 現實과 遊離된다는 意見도 있었으나 遺言에 關한 法律關係의 明確化를 期하기 爲하여 要式行爲로 하려는 것"26)이라고 설명하고 있을 뿐이다. 유언의 방식에 관한 부분은 사소한 문구 수정 외에 별다른 변경없이 심의를 통과하여 현재까지 그대로 이어지고 있다.

위에서 살펴본 바와 같이 방식주의는 실정법에 의해 합리적으로 창설된 제도에 불과하다. 따라서 방식의 목적도 선험적·절대적으로 결정되어 있는 것은 아니며, 법질서에 의해 비로소 부여된다.27) 법률이 어떤 행위에 관하여 방식주의를 채택한 목적은 그 행위의 유형에 따라 달라질 수 있으며, 입법자가 법률 제정 당시 상정하였던 방식 목적이 시간의 흐름에 따라 변경되어 다른 목적에 봉사할 수도 있다.28) 하나의 요식행위에 관하여 반드시 하나의 방식목적만이 타당한 것도 아니다. 여러 가지 방식목적이 결합하여 하나의 방

---

23) 張暻根, 民法親族相續編原要綱解說, 출처 : 鄭光鉉, 45면.
24) 民議院 法制司法委員會 民法案審議小委員會, 民法案審議錄 下卷 親族編 相續編, 1957, 194면 이하. 다만, 외국의 입법례로서 유언의 방식에 관해 규정하고 있는 독일, 프랑스, 스위스 기타 제국의 조문들을 함께 소개하고 있을 뿐이다.
25) 法制司法委員會, 親族編相續編要綱審議錄, 출처 : 鄭光鉉, 87면.
26) 전게서, 110면.
27) Häsemeyer, S.164.
28) 전게서, S.166.

식을 정당화할 수도 있는 것이다. 가령 우리 입법자는 보증계약에 관하여 서면주의를 택하고 있는데, 보증계약을 체결할 때 서면에 의할 것을 요구하는 것은 경고기능 내지 진정성 기능에 주안점이 있는 반면, 보증채무의 최고액을 서면에 기재할 것을 요구하는 것(보증인 보호를 위한 특별법 제4조)은 입증기능을 위한 것이라 할 수 있다. 그렇다면 우리 민법상 유언의 방식목적을 확정함에 있어서도 반드시 하나의 방식목적에 구속될 것은 아니며, 유언의 방식에 관한 각종 조문과 사회적 필요성 등을 종합적으로 고려하여 이를 탐구할 수 있다고 할 것이다.

먼저 우리 입법자가 유언방식의 목적에 관하여 明確性機能을 염두에 두고 있었음은 이미 국회 법제사법위원회 민법소위원회가 편찬한 친족상속편 요강에 비추어 분명하다. 유언은 피상속인이 사망한 후에야 비로소 그 효력을 발생하는 것인바, 더 이상 유언자가 유언의 존재나 내용에 관하여 의사를 표명할 수 없다. 그렇기 때문에 법은 유언에 관하여 일정한 방식을 준수할 것을 요구하고, 그 방식에 적합하게 표시된 내용에 대해서만 법적 효력을 인정함으로써 유언자의 진정한 의사를 확보하고, 이를 둘러싼 법률관계를 명백히 하고 있는 것이다. 이러한 명확성기능은 자연히 立證機能이나 紛爭抑止機能을 수반하는데, 방식에 표시된 바와 다른 내용의 입증을 널리 허용하는 것은 명확성 기능의 원활한 수행을 방해하기 때문이다. 우리 대법원이나 헌법재판소 역시 유언방식의 목적에 관하여 "유언자의 진의를 명확히 하고 그로 인한 법적 분쟁과 혼란을 예방하기 위한 것"29)이라거나 "유언자의 사망후 그 진의를 확보하고, 상속재산을 둘러싼 이해 당사자들 사이의 법적 분쟁과 혼란을 예방하여 법적 안정성을 도모하고 상속제도를 건전하게 보호하기 위한 것"30)이라고 설시하고 있다.

그러나 우리 민법상 유언 방식의 목적이 오로지 명확성 기능이나 입증기

---

29) 대법원 2006.9.8. 선고 2006다25103 등 판결.
30) 헌법재판소 2008.3.27. 선고 2006헌바82 결정.

능에만 있는 것은 아니다. 우리 상속법은 자필증서에의한유언이나 비밀증서에 의한 유언을 허용하고 있는바, 입법자는 법률전문가의 참여 없는 유언의 성립을 인정함으로써 잘못된 표시의 가능성을 충분히 염두에 두고, 그 위험을 감수한 것으로 볼 수 있다.[31] 따라서 자필증서에 의한 유언 등의 경우에는 입증기능보다 眞正性機能 내지 警告機能에 강조점이 두어져야 할 것이다. 위 방식의 유언은 유언자로 하여금 유언 전문을 자서하게 함으로써 경솔한 유언을 방지하고, 당해 유언이 유언자 자신의 자유로운 의사에 의해 작성되었음을 확보하고자 하는 것이다.[32] 한편 공정증서에 의한 유언의 경우에는 위 각 기능 외에 助言機能 역시 방식목적의 하나로 열거할 수 있는데, 유언자는 공증인의 참여에 의해 법적 조언을 받을 수 있기 때문이다. 이와 같이 우리 민법상 유언방식은 유언의 유형에 따라 서로 다른 여러 가지의 목적을 동시에 추구하고 있다고 할 것이다. 다만, 오늘날에는 명확성기능이나 입증기능과 같은 공익적 요소보다는 진정성기능이나 경솔한 유언방지와 같은 유언자의 보호라는 사익적 기능에 더욱 주안점을 두어야 한다고 본다. 민법 입법 당시에 비해 해석이론과 입증기술이 비약적으로 발전한 이상 오로지 방식에만 의존하여 그 법률행위의 내용을 입증할 수 있도록 하는 원시적 태도를 고수할 필요가 없다. 대량화·정형화되어 신속하게 유통되는 어음이나 수표와 달리 유언에 있어서는 거래의 안전이나 상대방의 신뢰보호보다는 오히려 유언자의 진정한 의사를 탐구·실현하는 것이 더욱 중요한 의미를 갖기 때문이다.

---

31) Brox, JA 1984, 553 참조.
32) Stumpf, S.230 참조.

제2절   소위 "暗示理論"의 소개

I. 암시이론의 意義

암시이론은 제국법원 시절부터 독일의 확고한 판례에 의해 인정되어 왔던 법리로서 여러 가지 문구의 형태로 판례에 등장한다. 가령 표의자의 의사가 "적어도 불완전한 표현(wenigstens unvollkommenen Ausdruck)"으로라도 드러나고 있을 것 또는 문언에 표의자의 의사에 대한 "자그마한 암시점(noch so geringen Anhalt)"이라도 있을 것을 요구하거나, 표의자의 의사를 "어떤 방식으로든(in irgendeiner Weise)" 또는 "어떻게든(überhaupt noch)" 의사표시에서 "인식할 수 있[거나](erkennbar sein)" 또는 "찾을 수 있어야(gefunden werden können)" 한다는 등의 문구는 모두 암시이론을 설시한 것이다. "의사가 불완전하게나마 처분으로부터 인식될 수 있고, 이러한 의사가 해석에 의해 탐구될 수 있다면, 그 의사표시는 해석에 의해 도출되는 바와 같은 의미의 효력을 갖는다."[1]는 독일연방대법원의 설시도 마찬가지이다. 위와 같은 표현들은 사소한 차이는 있으나 이론적으로나 실제적으로나 동일한 의미를 갖는다.[2] 해석에 의해 탐구된 표의자의 의사는 의사표시의 문언에서 그 근거를, 최소한 암시점이라도 발견할 수 있을 때에만 비로소 법적 효력을 가질 수 있다는 것이다. 이러한 입장을 총괄하여 "暗示理論(Andeutungstheorie)"[3]이라고 한다.

---

1) LM §2100 BGB Nr.1.
2) Häsemeyer, S.127 f.
3) 국내에서 암시이론을 소개하고 있는 문헌 중 金相容, 法律行爲의 解釋, 112면은 "법률행위의 본질적 내용을 담고 있는 방식을 갖춘 서면의 내용은 당사자의 진의를 암시하고 있는 것으로 이해"하는 것을 일컬어 "암시론(Andeutungstheorie)"이라고 하고 있으나, 이는 일부 오해의 여지가 있는 서술이다.

암시이론은 본래 법률행위 해석 일반에 적용되는 해석원칙이었다. 동 이론을 발전시킨 독일연방대법원 역시 요식행위와 불요식행위를 구별하지 아니하고 이를 적용하고자 하였다. 그러나 실제로 불요식행위의 해석에 있어서 암시이론은 별다른 의미를 갖지 못한다. 불요식행위, 특히 상대방 있는 법률행위의 경우 표의자의 의사가 문언에 암시적으로나마 나타나야 한다는 요청은 아주 예외적인 경우에나 문제될 수 있다. 전혀 표시되지 않은 내심의 의사에 효력을 부여하는 것은 상대방의 신뢰 보호라는 원론적인 기준에서 이미 배제되기 때문이다. 실제로 불요식행위에 관해 암시이론을 적용한 판결도 찾아보기 힘들다. 결국 암시이론의 실제적 유용성은 要式行爲의 영역에 한정된다.4) 암시이론이 태동한 독일은 우리나라에 비해 요식행위의 범위가 넓은 편이다. 우리 민법상 요식행위로 인정되고 있는 유언이나 보증계약 뿐만 아니라, 부동산 매매계약이나 증여계약의 경우에도 일정한 방식을 요구하고 있기 때문이다. 따라서 암시이론을 소개함에 있어서는 부동산매매계약과 같은 생전행위에 관한 독일의 논의도 아울러 소개해야 함이 원칙일 것이다.

그러나 본서는 유언의 해석을 다루는 것을 주된 목적으로 하기 때문에, 이하에서는 유언의 해석과 관련하여 독일의 학설과 판례가 발전시켜 온 암시이론을 위주로 이를 소개하고자 한다. 따라서 이하에서 암시이론이라 할 때에는 다음과 같은 것을 의미한다. 해석에 의해 탐구된 피상속인의 의사가 유언의 문언에 암시적으로나마 표현되고 있지 않다면 이는 방식에 적합하게 표시되지 않은 의사로서 아무런 법적 효력을 갖지 못한다는 것이다. 이러한 암시이론은 解釋의 단계와 方式審査의 단계를 엄격하게 분리하는 것을 논의의 전제로 한다.5) 즉, 피상속인의 의사를 탐구하는 단계와 탐구된 의사가

---

4) 암시이론의 실제적 유용성이 요식행위의 해석 영역으로 한정된다는 점을 논증하고 있는 것으로 전게서, S.125 ff. 참조.

5) 일본 최고재판소나 일부 학설도 이와 같이 해석의 단계와 방식심사의 단계를 분리함으로써 유언자의 진의탐구와 방식 준수의 요청 간의 조화를 도모하고 있다고 파악하는 견해로 浦野由紀子, 遺言の解釋, 228면 이하 참조.

방식에 적합하게 표시되었는지 여부를 심사하는 단계는 서로 별개의 것이라는 것이다. 따라서 전자의 단계, 즉 해석과정에서는 유언의 문언에 제한되지 아니하고, 서면 외부에 존재하는 사정들을 제한없이 고려할 수 있지만, 그러한 해석의 결과로서 탐구된 의사는 유언의 문언에서 그 근거를 발견할 수 있을 때에만 비로소 방식에 적합하게 표시되었다고 본다. 유언의 문언과는 상이한 의사가 존재함이 확실하게 입증된 경우에도 마찬가지이다.

II. 암시이론의 根據

암시이론은 독일연방대법원의 판례에 의해 확고하게 유지되고 있을 뿐만 아니라, 독일 학계에서도 상당한 지지를 얻고 있다.[6] 이하에서는 암시이론을 지지하고 있는 학설과 독일의 판례가 제시하고 있는 암시이론의 근거를 간략하게 서술한다.

1. 독일 학설의 태도

독일의 학설은 암시이론에 대한 근거로 무엇보다 方式主義를 제시하고 있다. "법률에 의해 정해진 방식을 흠결한 법률행위는 무효"라고 규정하고 있는 독일민법 제125조는 강행규정으로서의 성격을 갖는다. 그런데 해석에 의해 유언 문서에 전혀 등장하고 있지 않으며, 그 문언으로부터 도출해낼 수도 없는 피상속인의 의사에 법적 효력을 인정하는 것은 피상속인으로 하여

---

6) 가령 Frank, S.81. ; Larenz/Wolf, S.536 f. ; MünchKomm/Leipold, §2084, Rdnr.14 ff. ; Staud./Otte, Vorbem. zu §§2064 ff. Rdnr.28 ff. ; Petersen, S.598. ; Schlüter, Rdnr.192. ; Schmidt-Kessel, S.8 등. 오스트리아에서 같은 입장을 택하고 있는 것으로 Eccher, S.46.

금 자신의 의사를 방식에 적합하게 표시하지 않고도 그에 따른 효과를 누릴 수 있게 해준다. 이러한 결과는 방식규정의 강행규정으로서의 성격과 충돌을 일으키며, 피상속인으로 하여금 방식주의를 잠탈할 수 있도록 한다는 것이다.[7] 따라서 방식주의의 법적 성격에 비추어 볼 때 이미 피상속인의 의사는 유언의 문언에 표시되어 있지 않으면 안 된다고 한다. 그러나 지나치게 유언의 문언에 집착하는 태도는 방식주의를 고래의 형식주의로 후퇴시킬 위험이 있다. 근대 민법이 예정하고 있는 방식은 "保護形式"으로서의 방식으로 고대 로마법상의 "效力形式"과는 이를 구별하여야 한다. 따라서 방식주의를 고수하면서도 피상속인의 의사를 담아내는 도구로서의 '방식'의 성격을 유지하기 위해 일종의 타협점을 찾아낼 수밖에 없는데, 그것이 바로 암시이론이라는 것이다.[8] 따라서 피상속인의 의사가 암시적으로라도 표현되고 있다면, 방식이 준수된 것으로 보아 그 효과를 인정하고자 한다.

이러한 학설은 특히 유언방식의 목적으로서 立證機能을 강조하고 있다. 상대방 있는 요식행위의 경우 방식은 주로 경고기능과 조언기능을 그 목적으로 삼는 반면, 유언의 경우에는 입증기능이야말로 주된 목적이 된다는 것이다. 이는 유언이 갖는 사인처분으로서의 성격에 기인한다. 생전행위의 경우, 당해 의사표시의 내용은 서면 외에 다른 입증수단에 의해 얼마든지 탐구될 수 있다. 그러나 유언의 경우에는 그렇지 아니하다. 유언은 그 작성자가 사망한 후에야 비로소 해석되기 때문이다. 유언은 그 서면에 적힌 단어 하나하나가 피상속인으로부터 나온 것이며, 피상속인의 의사가 당해 문서에 의해 완전하게 표시되었다는 점을 확보하는 것을 목적으로 한다. 유언의 문언과 다른 의사가 존재하였다는 주장이 제기되더라도 피상속인은 더 이상 이에 대해 스스로를 방어할 수 없다. 따라서 유언에 있어서는 무엇보다도 입증기능이 전면에 등장한다는 것이다.[9] 그렇다면 유언의 문언에 암시적으로나마 드러나지

---

7) Wolf/Gangel, S.664 참조.
8) Wieling, AcP 172, 310.

않고 있는 유언자의 의사에 법적 효력을 인정하는 것은 이러한 유언방식의 입증기능에 정면으로 반하는 것으로서 이를 허용할 수 없다고 한다.[10]

암시이론을 포기하는 것은 현실적으로도 어려움을 야기할 수 있다. 만약 해석에 의해 탐구된 유언자의 현실적 의사에 대한 암시점이 존재할 것을 요구하지 않는다면, 누구나 유언에 대해 너무나 쉽게 의심을 제기할 수 있게 될 것이며, 이는 유언을 둘러싼 분쟁의 증가로 이어진다.[11] 게다가 유언의 작성자가 이미 사망하여 더 이상 이를 방어할 수 없다는 점, 그리고 만연해 있는 위증의 가능성을 고려해 볼 때, 유언자의 의사가 유언의 문언과 다르다는 주장을 무제한적으로 인정하는 것은 오히려 유언자의 의사를 날조할 위험을 수반한다. 결국 이는 유언방식의 분쟁억지기능뿐만 아니라 명확성 기능에도 반하는 결과를 초래하는 것이다. 따라서 이러한 견해는 유언자의 진정한 의사를 확보하기 위해서라도 암시이론을 유지해야 한다고 본다.[12] 이와 같이 암시이론을 주장하는 대부분의 학자들은 암시이론을 단순히 유언 문언을 강조하는 입장에서 파악하는 것이 아니라, 의사탐구(해석)의 필요성과 방식주의의 요청 간의 타협점으로 보고 있다.[13]

이에 반해 일부 견해[14]는 유언의 「文言」을 강조하는 측면에서 암시이론을 지지하고 있다. 주로 유언 해석의 목적을 "유언에 의해 표시된 의사의 탐구"에서 찾는 견해가 그러하다. 표시되지 않은 유언자의 내심의 의사는 아무

---

9) Foerste, S.87 참조.
10) Wieling, AcP 172, 315.
11) Staud./Singer, §133, Rdnr.31.
12) Larenz/Wolf, S.536 f.
13) 가령 전게서, S.533. ; Staud./Singer, §133, Rdnr.31. ; Wolf/Gangel, S.664.
14) Lange/Kuchinke, S.779 f. ; Leipold, Münchener Kommentar zum BGB, Band 9, Erbrecht(3.Aufl.), 1997, §2084, Rdnr.8 f. ; 그러나 Leipold는 같은 책의 제4판에서 위와 같은 설명을 사실상 포기하고, 단순히 "의사표시의 요청과 그 방식 구속성으로부터" 암시이론이 도출된다고 서술하고 있다. ; MünchKomm/Leipold, §2084, Rdnr.14. ; Leipold와 유사하게 유언의 문언 자체로부터 해석의 한계를 끌어내고 있는 견해로 浦野由紀子, 遺言の解釋, 230면 이하 참조.

런 법률효과를 가질 수 없기 때문에 유언의 경우에도 역시 그 효력을 인정하기 위해서는 무엇보다 먼저 그 문언을 피상속인의 의사가 표시된 것으로 이해할 수 있어야 하는데, 이것이야말로 암시이론이 요구하고 있는 바라는 것이다. 즉 유언자가 의도한 효과의사는 어떤 식으로든, 적어도 암시적으로나마, 유언의 문언에 표현되고 있어야 하며, 그렇지 아니한 피상속인의 의사에는 아무런 효력을 인정할 수 없다고 한다. 암시이론을 유언의 「方式」과 연결시키는 통설적 견해에 비추어 볼 때 이와 같이 암시이론을 유언의 문언과 연결시키는 견해가 실질적으로 결론에 있어서 어떠한 차이를 가져오는 것은 아니다.15)

2. 독일연방대법원의 태도
: BGHZ 80, 242 판결을 중심으로

독일연방대법원은 방식주의와의 조화에 근거하여 유언의 해석에 있어서 암시이론을 정면으로 받아들이고 있다. 이러한 태도는 제국법원 시절부터 비롯된 것이나, 이하에서는 특히 암시이론에 관한 학계의 비판에 대응하여 방식목적을 이용해 암시이론을 적극적으로 근거지우고 있는 독일연방대법원 1981.4.9.자 판결16)을 중심으로 소개하고자 한다.

(1) 사실관계

피상속인은 1974.7.25. 그녀의 夫(신청인 1)와 자필증서 방식에 의한 합동유언을 하였는데, 위 유언은 그들의 자녀(신청인 2, 3)를 각 1/2 지분의 상속인으로 지정한다는 것을 그 주된 내용으로 하고 있다. 피상속인이 1979.2.28.

---

15) Frank, S.78.
16) BGHZ 80, 242 = BGH NJW 1981, 1737.

사망하자, 신청인 1은 자신을 단독상속인으로 하는 상속증서를 발급해 줄 것을 신청하였다. 본래 피상속인과 신청인 1은 소위 "베를린 유언", 즉 부부간에 서로 단독 상속인이 되고, 잔존배우자가 사망한 경우에야 비로소 자녀가 상속하는 방식의 유언을 하고자 하였으나, 유언장을 작성하는 과정에서 이에 관한 문언을 누락시켰을 뿐이라는 것이다.

(2) 사건의 경과

군법원은 신청인 1의 신청취지에 따른 상속증서를 발급하기로 결정하였다. 이에 신청인 2와 3이 항고하자, 지방법원은 군법원의 결정을 파기하고, 상속증서 발급신청을 기각하였다. 소위 베를린 유언을 의도하였음이 유언의 문언에 전혀 나타나지 않고 있는 이상, 그러한 의사에 따른 해석을 하는 것은 허용되지 않는다는 것이다. 이에 대하여 신청인 1이 재항고하였는바, 고등법원은 피상속인의 의사가 유언에 표현되지 않았더라도 이를 확정할 수 있다면 이에 따른 해석이 가능하다고 보았으나, 이러한 판단은 독일연방대법원의 판례와 배치될 가능성이 있다는 이유로 연방대법원에 이를 제청하였다. 독일연방대법원은 고등법원의 제청을 적법한 것으로 보고, 이에 대해 판단하였다.

(3) 판결요지

위와 같은 사안에서 독일연방대법원은 다음과 같은 취지의 판시를 하였다. ; 피상속인의 현실적 의사는 유언에 어떤 방식으로든 -묵시적 또는 암시적으로나마- 표현되어 있을 때에만 이를 고려할 수 있다는 것은 제국법원 이래 독일연방대법원의 일관된 태도이다. 이 사건에서 피상속인과 신청인 1이 합동유언을 하면서 "우리(Wir)"라는 단어를 사용하였다거나, 부부가 합동유언을 할 때에는 서로에게 유증을 하는 것이 통례라는 등의 사정만으로는 부

부가 소위 베를린 유언을 하고자 하였다는 점에 대한 암시가 있었다고 볼 수
없다. 이러한 암시이론에 대해 학계는 끊임없이 비판을 제기하고 있지만, 유
언에 관해 방식주의를 채택한 목적에 비추어 볼 때 이를 고수하지 않을 수
없다. 유언에 관한 방식규정은 다음과 같은 다양한 목적을 추구한다. 즉, 방
식을 준수하게 하는 것은 피상속인으로 하여금 그의 사인처분이 어떠한 내
용을 갖는지에 관해 스스로 명백하게 할 수 있도록 해 주고, 그의 의사를 가
능한 명확하게 표현할 수 있도록 해준다. 그 밖에 방식은 사전의 숙고나 초
안들과 법적 의미 있는 처분을 엄밀하게 구별할 수 있게 해준다. 또한 유언
의 자서는 피상속인의 의사가 날조되는 것을 상당 부분 저지해준다. 이 모든
방식목적들은 종합적으로 책임감 있는 유언을 촉구하며, 사인처분의 내용을
둘러싼 이해관계인들 간의 분쟁을 억지하는데 기여한다. 따라서 유언에 포함
되어 있지 않으며, 전혀 암시조차 되어 있지 않은 상속인지정은 상술한 방식
목적에 적합하지 않다. 이러한 상속인지정은 법률에 정하고 있는 방식을 갖
추지 못한 것이 되어 무효이다.

III. 암시이론의 類型

암시이론은 크게 두 가지 유형으로 나누어 볼 수 있다. 객관적 암시이론과
주관적 암시이론이 그것이다. 양 설은 암시점의 존재 여부에 관한 판단기준
에 대해 견해를 달리 한다. 이하에서 차례로 살펴본다.

1. 客觀的 暗示理論

암시이론을 지지하는 학자들은 대부분 이른바 "객관적 암시이론"의 입장
을 택하고 있다.[17] 피상속인의 의사가 유언 문서에 암시적으로나마 표현되

고 있는지 여부를 판단함에 있어서 客觀的 觀察者의 입장을 견지하여야 한다는 것이다. 이는 무엇보다 먼저 방식주의의 목적에 비추어 보더라도 명백하다고 한다. 입법자가 유언에 관하여 방식주의를 채택한 것은 단순히 유언자를 보호하기 위한 것이 아니라 제3자 내지 일반의 이익에 봉사하기 위한 것이기도 하다. 유언방식의 주된 목적은 유언의 내용을 명백하게 함으로써 입증을 확보하고 분쟁의 발생을 억지하고자 하는데 있다는 것이다. 따라서 암시점의 존재 여부는 순전히 객관적인 기준에 따라 판단하여야 한다고 한다.

　동 견해는 주관적 암시이론과 같이 방식의 준수 여부에 관한 판단을 피상속인의 주관적 판단에 맡기는 것은 위와 같은 方式目的의 實現에 전혀 이바지하지 못한다고 주장한다.[18] 입증기능이나 분쟁억지 기능은 유언의 내용이 객관적이며 제3자에게 인식될 수 있는 방법으로 서면에 포함되어 있는 경우에만 이를 달성할 수 있다는 것이다. 설령 유언방식의 목적을 유언자의 보호, 즉 경고기능이나 진정성 기능 등에서만 찾는다고 할지라도 마찬가지라고 한다. 이 경우에도 역시 유언의 내용을 둘러싼 분쟁이 발생한 경우 그 판단은 법관에게 맡겨져 있기 때문에, 제3자의 시각에서 보았을 때 객관적으로 암시점이 존재하는지 여부가 중요하다는 것이다.[19] 따라서 암시는 법관에게 실체를 갖는 것이어야만 하며, 이러한 종류의 암시점은 일반적 언어용례로부터 그와 같은 의미를 끌어낼 수 있을 때에만 존재할 수 있다고 한다.[20] 주관적 암시이론을 택하는 것은 사실상 암시이론을 포기하는 결과를 낳는데, 피상속인이 스스로 방식에 적합한 의사표시를 교부하였다고 믿은 것만으로 암시점이 존재한다고 판단한다면 오표시 무해의 원칙의 적용을 인정할 수밖에 없기 때문이다. 이는 결국 유언을 손쉬운 공격의 대상으로 전락시켜 버리며,

---

17) 가령 Foerste, S.88 f. ; Kipp/Coing, S.139. ; MünchKomm/Leipold, §2084 Rdnr.8 ff. ; Wieling, AcP 172, 315 f. ; Wolf-Gangel, S.665 f. 등.
18) Wolf-Gangel, S.665.
19) Wieling, AcP 172, 315 f. 참조.
20) Foerste, S.88.

유언자의 진정한 의사실현에 오히려 반하는 결과를 가져온다.[21]

다만, 객관적 암시이론을 택한다고 하더라도 구체적으로 언제 暗示點이 존재한다고 볼 것인지는 의문이다. 오로지 문언의 객관적 의미에 명백히 합치하는 경우에만 암시점을 인정하는 것은 타당치 않은데, 이는 지나치게 형식주의에 경도된 견해로서 해석의 문제와 방식의 문제의 타협안으로서의 암시이론의 본질에 반하는 것이기 때문이다. 이와 관련하여 객관적 암시이론의 입장에서 암시점 존재 여부의 판단기준을 제시하고자 시도하는 견해[22]가 있어 이를 소개하고자 한다. 이러한 견해에 따르면 먼저 유언자의 의사에 대한 암시점은 단지 주장되고 있는 바와 같은 피상속인의 의사가 존재할 可能性이 있다는 정도에 그쳐서는 안 된다고 한다. 그와 같은 피상속인의 의사가 존재하는 것으로 생각할 수 있다는 가능성 정도만으로 암시점의 존재를 널리 인정하게 되면 암시이론을 통해 달성하고자 하는 방식목적, 가령 명확성기능이나 분쟁억지기능 등을 달성하는 것이 사실상 불가능해지기 때문이다. 반면 주장되고 있는 바와 같은 피상속인의 의사가 존재한다는 確信 내지 강력한 蓋然性을 보여줄 정도로 확실한 암시점이 있을 것을 요구하는 것 역시 과도한 것인데, 그렇게 볼 경우 피상속인의 진정한 의사실현이라는 목적을 달성할 여지가 지나치게 좁아진다는 것이다. 위 견해는 결국 암시점의 존재 여부는 법률로부터 추출해낼 수 있는 "위험분배(Risikoverteilung)"에 따라 판단해야 한다고 하면서 "객관적 관찰자의 입장에서 피상속인에게 중요한 사정들을 고려해 보았을 때 피상속인이 자신의 의사를 표명하기 위해 그러한 표현을 선택했다는 점을 실감할 수 있고, 용서할 수 있다면"[23] 암시점이 있다고 볼 수 있다고 한다. 여기에서 실감할 수 있다 함은 어느 정도 납득할 수 있을 것을, 용서할 수 있다 함은 납득가능하게 표현하기 위해 주관적으로

---

21) a.a.O.
22) Wolf-Gangel, S.665 f.
23) Wolf/Gangel, S.665 f.

들인 노력에 대한 최소한의 척도를 의미한다.

2. 主觀的 暗示理論

주관적 암시이론을 주장하는 학자들[24]은 암시점의 존재 여부를 순전히 被相續人의 입장에서 판단하고자 한다. 즉, 피상속인이 스스로 유언에 사용한 문언을 통해 자신의 의사가 유언에 표현되었으며, 그로써 방식이 준수되었다고 믿고 있다면, 그것으로 족하다는 것이다. 방식주의의 목적은 주로 피상속인을 경솔한 유언으로부터 보호하고, 자신이 하는 행위의 내용을 명백하게 인식할 수 있도록 해주는데 있는데, 피상속인이 유언을 함에 있어 자신의 의사표시의 의미에 관해 충분히 숙고하고 있다면, 그리고 단지 그것을 표시함에 있어 실수를 한 것에 불과하다면 방식목적은 이미 달성된 것이라고 보아야 한다는 것이 이러한 견해의 주된 논거이다. 이러한 견해를 관철하는 것은 결국 유언의 해석에 있어서 오표시 무해의 원칙의 적용을 긍정하는 데까지 나아간다. "유언에서 誤表示는 그 자체로 피상속인의 의사에 대한 적합한 암시점이 되기 때문에 피상속인의 현실적 의사에 대한 더 이상의 암시점은 필요하지 않다."는 것이다. 오표시 무해의 원칙은 단순히 유언자의 내적 의사에 효력을 부여하는 것이 아니라, 유언자가 당해 유언을 통해 표시하고자 의도한 의미에 효력을 부여할 뿐이다.[25] 이러한 주관적 암시이론은 논리적으로는 여전히 피상속인의 의사에 대한 암시점의 존재를 요구하고 있다는 점에서 기존의 암시이론과 출발점을 같이하고 있으나, 그 근거나 결과에 있어서는 앞에서 살펴본 오표시 무해의 원칙 적용긍정설과 다르지 않다. 이러한 암시점의 주관화는 결국 일반적 언어용례와의 관련성을 포기함으로써 사실상 암시이론을 형해화시키는 결과를 가져왔다.[26]

---

24) Flume, Rechtsgeschäft, S.333 f. 등.
25) a.a.O.

IV. 암시이론의 修正

해석에 의해 탐구된 피상속인의 의사가 적어도 유언에 암시적으로나마 드러나고 있어야 한다는 소위 암시이론은 비단 해명적 해석의 영역에서만 적용되는 것은 아니다. 유언의 補充的 解釋의 경우에도 방식주의와의 관계가 문제될 수 있기 때문이다. 보충적 해석은 유언자의 현실적 의사를 해명하는 것이 아니라, 유언에 흠결이 있는 경우 피상속인의 가정적 의사를 탐구하는 것을 그 목적으로 삼고 있는데, 이러한 가정적 의사에 기대어 방식에 적합하게 표시된 유언에 전혀 나타나지 않고 있는 법적 효과를 광범위하게 인정하는 것은 상속법상의 방식주의를 공동화시키는 결과를 가져올 수 있다.27) 그 결과 독일의 다수설28)은 보충적 해석에도 역시 암시이론이 적용된다고 본다. 피상속인의 가정적 의사가 암시적으로나마 유언에 나타나고 있어야 한다는 것이다. 그러나 이는 사실상 불가능한 것을 요구하는 것이다. 가정적 의사 자체에 대한 암시점이라는 것은 피상속인이 유언을 할 당시에 이미 사정변경 등을 고려했던 경우에야 비로소 유언에 등장할 수 있는 것인데, 만약 피상속인이 유언 성립 당시 이미 이를 고려하였다면, 더 이상 흠결이 존재한다고 할 수 없고, 따라서 그 의사의 탐구는 더 이상 보충적 해석의 영역에 속하는 것이 아니라 해명적 해석의 영역에 속하는 것이기 때문이다.29) 결국 흠결 있는 부분을 보충하는 내용의 처분에 대한 직접적인 암시는 그 가정적 의사

---

26) Häsemeyer, S.138.

27) Petersen, S.598.

28) Erman/Schmidt, §2084, Rdnr.7. ; Schmoeckel, S.138 등. 그에 반해 만약 보충적 해석이 객관적 법적용으로서의 성격을 가지고 있다면, 그것은 방식주의와 아무런 관련이 없고, 해석작용으로서의 성격을 가지고 있더라도 피상속인의 현실적 의사와 무관하다는 이유로 보충적 해석에 관해서는 암시이론이 전혀 문제될 여지가 없다는 견해로 Häsemeyer, S.136 f. 참조. 우리나라에서 계약의 보충적 해석에 암시이론을 적용하여야 한다는 견해로 尹亨烈, 21면 이하 참조.

29) Staud./Otte, Vorbem. §2064, Rdnr.86.

의 비현실성에 비추어 볼 때 논리적으로 존재할 수 없다.[30] 이러한 사고를 관철하면, 유언에 흠결이 있는 경우 피상속인의 가정적 의사에 따라 이를 보충하는 것은 언제나 방식주의에 위반되어 허용될 수 없게 된다.[31] 그러므로 보충적 해석에까지 가정적 의사가 유언에 암시적으로나마 나타나 있을 것을 요구하는 것은 사실상 보충적 해석을 허용하지 않는 결과를 가져오게 된다.[32]

위와 같은 이유에서 보충적 해석에 관해 암시이론을 주장하는 학자들은 해명적 해석에 있어서의 암시이론을 일부 수정하여 이를 적용하고자 한다.[33] 이러한 수정은 특히 목적과 수단의 구별로부터 출발하는데, 피상속인이 당해 유언을 통해 달성하고자 한 目的(피상속인의 의사지향점)과 그 목적을 달성하기 위해 선택한 手段(개별처분)을 분리해서 전자에 대한 암시점만 찾을 수 있다면 방식에 적합한 유언이 있었던 것으로 보자는 것이다. 피상속인이 유언 성립 당시의 사정을 인식하지 못했거나, 유언 성립 후 사정변경으로 말미암아 그가 선택한 수단이 그로써 추구하였던 목적을 실현시키는데 적합하지 못하게 된 경우, 보충적 해석에 의해 당해 수단을 다른 적합한 수단으로 대체함에 있어 피상속인이 이러한 새로운 수단을 의도하였을 것이라는 가정적 의사에 관한 암시점은 사실상 존재하기 어렵다. 하지만 피상속인이 당해 유언으로써 무엇을 달성하고자 하였는가라는 목적은 이미 본래의 유언으로부

---

30) Frank, S.80. ; MünchKomm/Leipold, §2084, Rdnr.80.

31) Staud./Otte, Vorbem. §2064, Rdnr.86.

32) Brox, JA 1984, 555.

33) Kipp/Coing, S.143. ; Lange/Kuchinke, S.787. ; Kuchinke, S.359. ; Schlüter, Rdnr.193. ; Staud./Otte, Vorbem. §2064, Rdnr.87. 보충적 해석에 있어서 암시이론이란 해석의 결과 탐구된 가정적 의사에 대한 암시점을 요구하는 것이 아니라, 피상속인의 의사지향점이 확정될 수 있는 것으로 족하다고 보고 있는 Palandt/Edenhofer, §2084, Rdnr.9. ; MünchKomm/Leipold, §2084, Rdnr.81 ff. ; Olzen, Rdnr.586 역시 위와 같은 취지로 볼 여지가 있으나, 동 견해에 따르면 피상속인의 의사지향점은 유언에 (암시적으로나마) 표현되어 있을 필요 없이 유언 외부의 사정들 및 일반적 생활경험으로부터 도출해낼 수 있는 것으로 족하다고 보고 있다는 점에서 차이가 있다.

터 충분히 그 암시점을 찾아낼 수 있는 것이다. 따라서 가정적 의사에 대한 암시점은 존재하지 않더라도 이러한 목적이 유언에 적어도 암시되어 있다면, 피상속인의 가정적 의사가 방식에 적합하게 표시된 것으로 볼 수 있다고 한다. 결국 보충적 해석은 피상속인이 유언을 통해 실현하고자 하였던 계획의 범위 내에서만 인정될 수 있을 뿐이다.34)

독일연방대법원 역시 기본적으로 요식행위의 보충적 해석에도 역시 암시이론이 적용될 수 있다는 입장을 택하고 있다.35) 판례가 기존의 암시이론의 입장을 수정하여 피상속인이 추구하였던 목적 내지 피상속인의 의사지향점이 암시되는 것으로 족하다고 보고 있는지 여부는 분명치 않으나,36) 해명적 해석에 비해서는 암시의 정도를 매우 너그럽게 판단하고 있는 듯하다.37) 가령 바이에른 고등법원의 2000.1.25.자 판결38)은 피상속인에게 대습상속인을

---

34) Lange/Kuchinke, S.787.
35) Kipp/Coing, S.143. ; MünchKomm/Leipold, §2084, Rdnr.81 ; Staud./Otte, Vorbem. §2064, Rdnr.87 등.
36) 독일연방대법원은 보충적 해석에 암시이론을 적용함에 있어 목적과 수단을 구별하고 있지 않다는 견해로 Staud./Otte, Vorbem. §2064, Rdnr.87. ; 이에 반해 독일연방대법원은 피상속인의 의사지향점이 암시되고 있는 것으로 족하다는 입장이라고 보는 견해로 MünchKomm/Leipold, §2084, Rdnr.81 참조.
37) Frank, S.86.
38) BayObLG 2000, 1186 = NJWE-FER 2000, 155. 동 판결의 사실관계는 다음과 같다. 피상속인은 1998년 남편이나 자녀 없이 사망하였다. 그녀의 형제 중에서는 신청인 4만이 생존해 있었으며, 조카로는 1997년 사망한 자매 A의 딸인 신청인 1, 1996년 사망한 자매 M의 아들인 신청인 2, 그리고 1994년 사망한 형제의 딸인 신청인 3이 있었다. 피상속인은 1973.11.7. 그녀의 夫와 합동유언을 한 바 있는데, 위 유언에 따르면 배우자 일방이 사망한 경우에는 상대방이 단독 상속인이 되고, 둘 다 사망한 경우에는 피상속인의 형제자매들이 전 재산을 상속하는 것으로 규율되어 있었다. 신청인 4는 피상속인 사망 당시 형제자매 중 유일하게 생존해 있는 자인 자기 자신을 단독상속인으로 하는 상속증서의 발급을 신청하였다. 이에 대해 피상속인의 조카들은 피상속인에게 그녀의 형제자매 중 일부가 먼저 사망한 경우 직계비속인 자신들을 대습상속인으로 지정하려는 가정적 의사가 존재하였다고 주장하였다.

지정하려는 가정적 의사가 있었는지 여부를 판단함에 있어 만약 피상속인이 배우자나 형제 같이 그와 가까운 친족관계에 있는 자를 상속인으로 지정하였다면, 그것만으로도 피상속인이 그의 형제자매의 자녀들을 대습상속인으로 지정하고자 하였다는 것에 대한 암시점이 될 수 있다고 판시하였다.

제3절 암시이론에 대한 批判

위에서 살펴본 바와 같이 독일에서는 유언자의 의사와 방식주의 간의 충돌에 대한 일종의 해결책으로서 또는 의사표시 본질론에 관한 효력주의적 입장에서 해석에 의해 탐구된 유언자의 의사가 유언에 암시적으로나마 표현되어 있는 경우에만 방식에 적합한 유언으로서 그 효력을 인정받을 수 있다는 암시이론이 발전하였고, 독일연방대법원에서도 이를 확고한 법리로 수용하고 있다. 그러나 이러한 암시이론에 관해서는 독일 내에서도 많은 비판이 제기되고 있는바, 비판의 내용은 크게 네 가지 측면으로 나누어 볼 수 있다. 암시이론의 실제적 유용성(특히 방식목적의 실현과 관련하여)에 관한 비판, 법적 안정성과 관련된 비판(특히 암시점의 판단기준과 관련하여), 의사주의적 입장(특히 오표시 무해의 원칙의 적용과 관련하여)에 따른 비판 및 효력주의적 입장(특히 심사단계의 분리와 관련하여)에 따른 비판이 그것이다. 앞의 세 가지 비판은 해석을 통해 탐구된 표의자의 진정한 의사가 방식에 적합하게 표시되지 않았다면 그에 대해 법적 효과를 부여할 수 없다고 보고 있는 암시이론 자체를 비판하면서, 일단 표의자의 의사가 확정되었다면 그에 따른 효과를 부여하여야 한다고 보는 입장인데 반해, 마지막 비판은 문언과 동떨어진 표의자의 의사에 법적 효과를 부여할 수 없다고 보고 있다는 점에서는 암시이론에 찬동하나, 다만 그 방법론으로서 해석의 단계와 방식심사의 단계를 분리하는 것에 대해 비판하고 있을 뿐이라는 점에서 서로 차이가 있다. 이하에서 자세히 살펴보기로 한다.

I. 方式目的의 實現 측면에서 본 비판

위에서 살펴본 바와 같이 독일의 학설과 판례는 유언의 방식목적에 근거하여 암시이론을 정당화하고 있는바, 객관적 암시이론은 유언 방식의 입증기능, 분쟁억지기능 및 명확성기능을, 주관적 암시이론은 유언 방식의 경고기능과 진정성기능을 주된 논거로 제시하고 있다. 이에 대해 암시이론을 비판하는 학자들은 암시이론을 적용하더라도 유언 방식의 목적을 실현하는데 별다른 도움이 되지 않는다고 주장한다.

먼저 警告機能은 굳이 암시이론을 끌어들이지 않더라도 이를 충분히 달성할 수 있다고 한다. 피상속인이 법률에서 정한 방식에 따라 유언을 하는 행위, 가령 자필증서에 의해 유언을 한다거나 공정증서에 의해 유언을 하는 것만으로도 이미 경솔한 유언으로부터 보호될 수 있기 때문이다.[1] 오표시무해의 원칙이 적용되는 사안의 경우가 이를 극명하게 보여준다고 한다. 유언자는 방식에 적합한 유언을 함에 있어 자신의 의사를 당해 유언에 전혀 암시하고 있지는 않지만, 자신의 의사표시가 어떠한 의미를 갖게 될 것인지에 대해서는 충분히 숙고하고 있다는 것이다.[2] 주관적 암시이론이 이미 암시이론과 경고기능간의 무관함을 보여준다. 眞正性 機能의 경우도 마찬가지이다. 이 역시 피상속인에게 법률에서 정한 방식에 따른 유언을 할 것을 요구하는 것만으로도 충분히 달성될 수 있는데, 암시이론을 적용한다고 해서 유언자의 의사가 날조될 위험이 더 낮아지는 것은 아닌 것이다.[3] 유언자의 최종적 의사와 단순한 초안이나 숙고를 구별시켜 주는 拘束性機能도 암시이론과 무관하다. 암시이론은 문제되는 행위가 초안인지 혹은 유언인지가 이미 확정되어 방식에 적합한 유효한 유언이 존재하는 것으로 판명된 경우에야

---

1) Brox, JA 1984, 553. ; Brox/Walker, Rdnr.200. ; Smid, S.286 f.
2) Staud./Singer, §133, Rdnr.34.
3) Brox, JA 1984, 554.

비로소 적용되는 것이기 때문이다.[4]

　한편 방식의 明確性 機能은 표의자로 하여금 자신의 의사표시가 갖는 의미를 가능한 명확하게 표현하도록 함으로써 그 자의 의사실현을 보장할 뿐만 아니라, 상대방으로 하여금 그 내용을 명백하게 인식할 수 있도록 도와주는 기능을 한다. 그러나 유언의 방식에 있어서 명확성 기능은 오로지 유언자를 위해서 봉사할 뿐이다. 유언은 상대방 없는 법률행위로서의 성격을 가지고 있으므로, 이해관계인으로 하여금 당해 의사표시의 내용을 명백하게 인식할 수 있도록 함으로써 그의 신뢰를 보호할 필요성이 결여되어 있기 때문이다. 특히 입법자가 공정증서에 의한 유언 외에 자필증서에 의한 유언을 채택한 사실만 보더라도, 유언에 있어서 이러한 명확성 기능은 별다른 의미가 없음을 알 수 있다. 법률문외한이 단독으로 유효한 유언을 할 수 있도록 허용한 이상, 오표시의 가능성을 감수하지 않을 수 없기 때문이다. 따라서 이러한 명확성 기능을 근거로 암시이론을 정당화하는 것은 허용될 수 없다. 게다가 착오에 빠져 있는 피상속인 역시 적어도 자신이 인식하고 있는 한도 내에서는 가능한 명백하게 표현하고자 한다. 이러한 경우 잘못된 의사표시를 방식규정에 의해 방지하려는 노력은 사실상 아무런 실익이 없다고 할 것이다.[5]

　立證機能 내지 紛爭抑止機能이 유언과 관련하여 중요한 의미를 갖는 것은 사실이다. 암시이론에 따를 경우 유언에서 그 암시점을 찾을 수 없는 유언자의 의사는 아무런 효력을 가질 수 없으므로, 피상속인이 의도한 바에 대한 증거조사절차의 개시를 피할 수 있게 되기 때문이다. 그러나 입법자는 이와 같이 유언자의 의사에 대한 입증을 배제시키는 것을 원치 않았다. 가령 독일민법은 유언에 관하여 동기의 착오만이 존재하는 때에도 이를 취소할 수 있도록 하고 있는데(독일민법 제2078조), 동기는 유언의 문언에 드러나지 않는 것인바, 동 조문은 유언자의 주관적 의도에 관한 입증을 전제로 하고

---

4) 전게논문, S.553 f.
5) a.a.O. ; Smid, S.286 f.

있다고 볼 수 있다. 또한 독일의 입법자는 수유자 또는 유증 목적물에 대한 오표시 무해의 원칙의 적용을 당연한 것으로 보고, 이에 대한 조문 삽입을 거부하였는바, 이러한 태도로부터도 역시 독일 입법자가 피상속인의 현실적 의사에 대한 입증을 허용하고자 했다는 결론을 추출해낼 수 있다. 따라서 유언자의 의사 입증을 위한 증거조사절차의 개시를 피하기 위해 암시이론을 택해야 한다는 결론은 입법자의 태도에 반하는 것으로서 받아들일 수 없다. 게다가 암시이론을 택하더라도, 일단 해석의 단계에서는 유언 문서 외부에 놓여 있는 사정들을 모두 고려하여 피상속인의 현실적 의사를 탐구하여야 한다는 것이 동 이론의 기본적인 태도이다. 암시이론을 택한다고 해서 입증이 완전히 배제되는 것도 아닌 것이다.[6]

II. 法的安定性의 측면에서 본 비판

암시이론은 사실상 방식목적의 실현과 무관하다는 점에서 이미 그 정당성을 상실하고 있지만, 이를 적용하는 것이 묵과할 수 없는 부당한 결과를 가져올 수 있다는 점에서도 역시 허용될 수 없다는 비판이 있다. 암시이론은 법적 안정성을 해할 가능성이 있다는 것이다. 유언에 피상속인의 의사에 관한 암시점이 존재하는지 여부를 판단할 객관적인 기준이 존재하지 않는다는 것이 가장 큰 요인이다.[7] 독일연방대법원이 유사한 사안에서 어떤 때에는 암시점이 존재한다고 하고, 어떤 때에는 존재하지 않는다고 하는 등 일관성 없는 태도를 보이는 것이 바로 이러한 기준의 결여를 나타낸다.[8] 대개의 경

---

6) Brox, JA 1984, 553 f. ; Foerste, S.91 ff. ; Staud./Singer, §133, Rdnr.34.

7) Brox, JA 1984, 555. ; Foerste, S.89. ; Reinicke, S.460 f. ; ; Smid, S.286 등.

8) 다양한 판례를 인용하면서 독일연방대법원이 암시점의 존재 여부에 대해 일관성 없는 태도를 취하고 있다는 점을 논증하고 있는 것으로 Lüderitz, S.184 ff. ; Staud./Singer, §133, Rdnr.32 참조.

우 법관은 그 판단 뒤에 숨겨진 자신의 견해를 관철시키기 위해 암시이론을 원용하곤 한다. 법관이 암시점의 존재 여부에 관해 긍정적으로 판단할 것인 가 아닌가에 대해 예견할만한 명백한 기준이 존재하지 않기 때문에, 암시이론은 심각한 법적 안정성의 저해를 가져올 수 있다.[9] 게다가 이러한 기준의 결여는 분쟁을 억제하기는커녕 더 증가시킬 가능성이 있는데, 이로 말미암아 암시이론을 통한 방식목적의 실현이라는 것은 더욱 설득력을 잃는다.[10]

암시이론에서 말하는 "暗示點"이라고 하는 것은 매우 우연하게 유언에 등장하는 것일 뿐, 유언자가 미리 계산하여 유언에 삽입하는 것이 아니기 때문에, 그 기준을 정립하는 것 자체가 사실상 불가능하다. 가령 피상속인이 유증을 하면서 "어머니(Mutter)"를 수유자로 지정하였는데, 여기에서 피상속인이 의도하였던 것은 자신의 母가 아니라, 자신의 자녀들의 母(즉, 자기의 妻)였던 경우, "어머니"라는 단어는 피상속인의 母를 의미함이 객관적으로 명백하기 때문에 위와 같은 단어를 사용했다는 것만으로는 妻에게 유증하고자 했다는 점에 대한 암시점이 존재한다고 볼 수 없다. 그런데 피상속인이 우연하게 유언의 다른 부분에서 "우리 아이들"이라는 표현을 함께 사용했다거나, "엄마"라는 단어에 특히 인용부호를 붙였다는 등의 사정이 있는 경우에는 妻를 의도했다는 점에 대한 암시점이 존재하는 것으로 볼 여지가 있게 된다.[11]

결국 암시점이 존재하는지 여부는 -유언의 문언이 명백한지 여부를 판단할 때와 마찬가지로- 유언 문언 외부에 존재하는 구체적인 사정들을 모두 종합적으로 고려하여서만 이를 확정할 수 있다. 위의 사안에서 "어머니"라는 단어가 "처"를 암시하고 있는 것으로 볼 수 있는지 여부를 확정하기 위해서는 피상속인의 혼인 여부, 유언 성립 당시 그 혼인의 계속 여부 등의 사정들

---

9) Brox, JA 1984, 555. ; Foerste, S.84 f. ; Smid, S.286 f.
10) Staud./Singer, §133, Rdnr.32.
11) Brox, JA 1984, 555.

을 모두 참작하여야만 한다. 그 과정을 통해서만 위 단어가 명백한 것인지 아니면 암시적인 것인지 여부 등을 판단할 수 있다. 이는 방식 준수의 문제를 다시 해석의 문제로 환치시키는 고전적인 循環論法의 모순에 빠지는 결과를 낳는다.12) 게다가 이와 같이 우연적 사정에 따라 암시점의 존재 여부가 결정되면 피상속인은 가급적 유언을 길게 늘여 쓰려는 욕망을 갖게 되는데, 사후에 자신의 진정한 의사가 관철되기를 원하는 피상속인의 입장에서는 더 많이 쓰면 쓸수록 법관이 당해 유언에서 피상속인의 의사에 관한 암시점을 발견할 가능성이 더 높아지게 될 것이라고 기대하게 될 것이기 때문이다. 결국 암시이론은 간결명료하게 유언을 작성한 유언자보다 장광설을 늘어놓고 있는 유언자를 더욱 우대하는 부당한 결과를 가져오게 된다.13)

단지 유언의 목적이 암시되고 있을 것을 요구하는 것에 불과한 수정된 암시이론, 즉 補充的 解釋의 영역에서의 암시이론의 경우에는 이러한 문제점이 더욱 심각하게 드러난다.14) 게다가 입법자는 유언에 관하여 방식주의를 채택함에 있어 단지 피상속인의 효과의사(수단)를 방식에 적합하게 표시할 것을 요구하고 있을 뿐, 그의 목적 내지 동기까지 유언 서면에 명시적으로 표명할 것을 요구하는 것은 아니다. 따라서 목적에 대한 암시점이 존재한다는 이유로 방식주의가 준수되었다고 보는 것은 본래의 입법목적을 벗어난 것일 뿐만 아니라, 피상속인으로 하여금 사정변경의 경우에 대비하여 목적까지 표시할 것을 요구함으로서 그의 사적자치를 과도하게 침해하는 결과를 낳을 위험이 있다.15) 암시점의 판단기준이 지극히 우연에 맡겨져 있음에 비

---

12) Häsemeyer, S.149 참조.

13) Brox, JA 1984, 555.

14) Gerhards, JuS 1994, 648.

15) a.a.O. 참조. 다만 Gerhards는 위와 같은 이유로 암시이론을 비판하면서도 방식주의의 관철을 포기하지 아니하고, "일단 유언의 보충적 해석에 의해 피상속인의 목적을 확정한 다음에 방식심사의 단계에서 당해 유언을 이러한 목적의 표현으로 이해할 수 있는지 여부, 또는 -달리 표현하자면- 유언의 방식으로 행해진 의사표시를 그 객관적인 방식의 측면에서 위에서 확정한 목표에 포함시킬 수 있는지 여부를

추어 볼 때 더욱 그러하다.

III. 意思主義的 입장에서 본 비판

의사표시 본질론에 관하여 의사주의적 입장을 취하고 있는 일부 학자들은 피상속인의 의사 실현이라는 이념 하에 암시이론을 비판하고 있다. 이는 특히 誤表示 無害의 原則의 적용범위와 깊은 관련이 있다. 독일의 다수설과 독일연방대법원은 요식행위의 해석에서도 오표시 무해의 원칙이 적용된다고 보고 있으며, 그러한 태도가 타당함은 위에서 살펴본 바와 같다.16) 그런데 오표시 무해의 원칙은 암시이론과 논리적으로 모순되는 것처럼 보인다. 오표시 무해의 원칙이란 유언의 문언과는 상이한 내용의 유언자의 현실적 의사에 법률효과를 부여하는 것을 그 목적으로 하고 있다. 하지만 유언자가 실제로 의도한 바가 유언에 -암시적으로나마- 전혀 표시되고 있지 않음에도 불구하고 그 의사에 따른 법률행위의 내용을 인정하는 것은 암시이론이 요구하고 있는 바에 정면으로 배치되는 것이다. 따라서 오표시 무해의 원칙을 관철시킨다면 암시이론을 포기할 수밖에 없고, 반대로 암시이론을 고수한다면 오표시 무해의 원칙의 적용을 부정할 수밖에 없다는 것이 이러한 입장을 취하는 학자들의 견해이다.17) 암시이론이 고수하고자 하는 방식주의는 당사자의 의사와 무관하게 존재하는 것으로서 일단 요식성의 문제를 암시이론에 의해 해결하려는 자는 오표시의 경우에도 이러한 입장을 관철시키지 않을 수 없다.18) 그런데 위에서 살펴본 바와 같이 유언의 해석에 관하여 오표시 무해의

물어야 한다"는 입장을 취하고 있다.
16) 제4장 제3절 III. 이하 참조.
17) Brox, JA 1984, 556. ; Flume, NJW 1983, 2009. ; Häsemeyer, S.145. ; Staud./ Singer, §133, Rdnr.33. ; v. Lübtow, Erbrecht, S.268 f.
18) Häsemeyer, S.145 참조.

원칙의 적용을 인정하는 것이 타당하기 때문에 반사적으로 암시이론은 이를 택할 수 없다는 것이다.

물론 암시이론을 지지하면서도 오표시 무해의 원칙의 적용을 전면적으로 긍정하는 견해가 있기는 하다.[19] 그러나 이러한 견해는 왜 오표시 무해의 원칙이 적용되는 경우에는 암시이론에 대한 예외를 인정하는지에 관해 아무런 논증을 하고 있지 않다. 이와 같이 논증없이 예외를 인정하는 것은 매우 위험한데, 특히 오표시 무해의 원칙의 요건에 관해 통일적인 견해가 존재하지 않아 어느 범위에서 이를 인정할 것인지가 불분명하기 때문이다.[20] 이러한 비판에 대하여 암시이론을 지지하는 일부 학자들은 오표시 무해의 원칙과 암시이론의 조화를 모색하고자 시도한다. 대표적인 견해가 위에서 살펴본 主觀的 暗示理論이다. 그러나 주관적 암시이론이 사실상 암시이론의 포기로 이어질 수 있다는 점에 대해서는 이미 기술하였다. 한편 오표시가 문제되는 당해 개별 처분에서는 암시점을 찾을 수 없더라도 유언에 포함되어 있는 다른 처분들 및 유언의 전체적 구조로부터 암시점을 찾을 수 있기 때문에 오표시 무해의 원칙과 암시이론은 서로 모순되지 않는다는 반론도 제기될 수 있다. 그러나 암시이론은 분명 문제되는 당해 "개별 처분"에 암시점이 존재할 것을 요구하고 있으므로, 위와 같은 논리에 의해 오표시 무해의 원칙과 암시이론 간의 모순을 설명하려고 하는 것은 타당하지 않다고 할 것이다.[21]

이에 대하여 客觀的 暗示理論을 택하고 있는 학자들은 유언의 해석에 있어서 오표시 무해의 원칙의 적용을 긍정하여야 하기 때문에 암시이론을 부정하는 것은 그야말로 순환논법에 불과하다고 한다. 유언의 해석에 관하여 오표시 무해의 원칙이 적용된다는 실정법상의 규정은 전혀 존재하지 않으며, 독일 연방대법원의 판례에 비추어 보더라도, 또한 동 원칙의 로마법상 적용

---

19) Palandt/Heinrichs, §133, Rdnr.19.
20) Häsemeyer, S.144 f. 참조.
21) Lüderitz, S.189 f.

범위에 비추어 보더라도 동 원칙이 유언의 해석에 언제나 적용되고 있다거나 적용되어야 한다는 식의 결론을 내릴 수 없다. 그렇다면 오표시 무해의 원칙이 적용됨을 이유로 암시이론을 부정할 것이 아니라, 오히려 암시이론을 관철시켜 동 원칙의 적용을 부정해야 하는 것이 논리적으로 타당하다는 것이다. 그렇지 않다면 유언자의 현실적 의사가 표시된 바보다 우선해야 하기 때문에(즉, 오표시 무해의 원칙이 적용되어야 하기 때문에), 문언이 아닌 유언자의 현실적 의사만이 유일한 해석의 기준이 되어야 한다는 결론에 도달하는 기이한 결과가 되기 때문이다.[22)]

그러나 피상속인의 현실적 의사탐구를 해석의 목적으로 삼는 의사주의적 견해가 단순히 오표시 무해의 원칙과의 모순만을 이유로 암시이론을 비판하는 것은 아니다. 의사주의적 입장에서 볼 때 암시이론의 가장 큰 문제점은 방식주의를 빌미로 유언의 문언이 갖는 객관적 의미에 집착함으로써 고래의 形式主義로 퇴보할 가능성을 내포한다는 점에 있다. 형식주의에 따르면, 법률행위의 내용이 그 형식과 불가분적으로 결합한다. 당사자들이 자신의 고유한 언어와 개인적 의도에 따라 법률에 정해진 방식에 의해 의사표시를 하는 것으로는 충분치 않으며, 특정한 법률효과를 발생시키기 위해서는 반드시 일정한 단어를 선택해야만 하기 때문이다. 이러한 형식주의에 따르면 의사표시는 해석의 대상이 될 수 없는데, 내용과 형식이 서로 결합되어 그 형식에 따른 의사표시 외부에 존재하는 사정은 아무런 의미를 가질 수 없기 때문이다. 이와 같이 방식에 내용을 종속시키는 것은 근대 민법이 채택하고 있는 실정법 제도로서의 방식주의의 의의, 더 나아가서는 사적 자치의 이념에 반한다. (객관적) 암시이론 역시 방식에 적합하게 표시된 바, 그리고 그 문언의 거래통념상의 의미에 따라 해석에 의해 탐구된 피상속인의 현실적 의사의 효력을 좌우하고자 한다는 점에서 方式에 의해 內容이 지배될 위험을 수반하고 있기 때문에 이를 채택할 수 없다.[23)] 피상속인의 가정적 의사를 인정하는 보

---

22) Stumpf, S.239 ff. ; Stagl, S.166 ff 참조.

충적 해석의 영역에서까지 암시이론을 관철하는 것은 더더욱 형식주의의 잔존물로서의 암시이론에 대한 반감을 증가시키는데, 존재하지도 않는 의사가 방식에 적합하게 표시될 것을 요구하는 것은 합리적이지 않기 때문이다.24)

IV. 審査段階의 分離 측면에서 본 비판

마지막으로 심사단계의 분리와 관련하여 암시이론에 대해 제기되고 있는 비판에 관해 살펴본다. 위에서 살펴본 바와 같이 암시이론은 해석의 단계와 방식심사의 단계를 분리하여 앞의 단계에서는 유언 문서 외부의 사정을 모두 고려하여 피상속인의 의사를 탐구할 수 있지만, 뒤의 단계에서는 위와 같이 탐구된 피상속인의 의사가 과연 방식에 적합하게 표시되었는지 여부를 심사하여야 한다고 주장한다. 이와 같이 심사의 단계를 분리하는 구조에 대해서도 많은 비판이 제기되고 있는데, 이러한 비판은 무엇보다도 먼저 의사표시 본질론에 관하여 效力主義的 立場을 취하는 견해에서부터 발견된다.25) 효력주의를 주장하는 학자들은 의사와 표시를 대립시키는 이원론적 견해를 극복해야 한다는 전제 하에 암시이론과 같이 심사단계를 분리하는 것은 意思-表示 간의 이원론을 부활시키는 것에 다름 아니라고 비판하고 있다. 일정한 법적 효과를 목적으로 하는 피상속인의 의사는 그것이 화체되어 나타난 의사표시 내에서만 효력을 가질 수 있는 것으로서 문언과 의사는 일체를 이루기 때문에 모든 해석은 문언으로부터 출발하여야 하고, 그 문언은 해석에 대해 넘어설 수 없는 한계가 됨에도 불구하고, 암시이론은 문언과 상

---

23) Häsemeyer, S.145 ff. 참조.
24) 전게서, S.152 참조.
25) 가령 Lange/Kuchinke, S.779 ff. 등. 이에 반대하면서 해석의 단계와 방식심사의 단계를 명시적으로 분리하고 있는 견해로 Gerhards, JuS 1994, 646 f. ; Schmidt-Kessel, S.3.

관없이 의사표시의 내용을 탐구하고 난 다음에야 비로소 방식 문제를 논한다는 점에서 문제가 있다는 것이다. 문언에 화체되지 않은 "내적 의사"라는 법적 사실을 인정하는 결과가 되기 때문이다. 또한 이와 같이 방식의 문제를 해석의 문제와 분리하는 것은 方式主義의 부당한 강화라는 결과로 이어질 수도 있다.26) 방식과 관련된 요건은 의사표시 방법 선택의 자유를 제한하는 데 그 의의가 있는 것이지, 피상속인의 의사를 어디까지 고려할 것인가에 대한 한계를 설정하는 것을 그 목적으로 하는 것이 아니기 때문이다.27)

심사단계를 분리하는 것은 도그마틱적 측면에서 뿐만 아니라 현실적인 측면에서도 문제가 있다. 일단 유언 문서 외부에 놓여 있는 사정들을 모두 고려하여 유언자의 현실적 의사를 탐구한 다음, 단지 그 의사가 방식에 적합하게 표시되지 않았음을 이유로 그에 따른 법적 효과를 인정하지 않는 것은 그 전 단계에서 많은 노고를 들여 행해진 해석작용을 완전히 무용한 작업으로 만들어버리기 때문이다. 도대체 암시점이라는 것을 찾을 수 없는 명백하고 일의적인 문언의 경우에까지 해석의 가능성을 인정한 현재의 독일연방대법원의 태도에 따르면 더욱 그러하다. 암시이론을 유지하는 이상, 명백성 원칙을 포기한 실익이 없다는 것이다. 소송경제라는 측면만을 고려한다면 오히려 당사자가 피상속인의 현실적의사라고 주장하고 있는바가 과연 방식 요건을 충족하고 있는지 여부를 먼저 심사한 다음에 해석 작용으로 들어가는 편이 더욱 효율적일 것이다.28) 재판과정에서 결국 인정받지 못할 주장에 관한 입증을 허용하는 것은 무익한 일일 뿐만 아니라 유해하기까지 한데, 이는 상대방으로 하여금 지루한 소송을 감당하도록 함으로써 그를 녹초로 만들고, 결국 그로부터 일정한 양보를 이끌어낼 수 있으리라는 희망을 제공한다는 점에서 오히려 소송을 범람하게 만들 수 있기 때문이다. 이러한 효과는 암시이

---

26) Lange/Kuchinke, S.780.
27) 전게서, S.782 참조.
28) Leipold, Wille, Erklärung und Form, S.427 ff. 참조.

론이 주장하고 있는 근거, 즉 방식의 입증기능과 분쟁억지기능에 명백히 반하는 결과를 낳는다.[29]

---

[29] 전게논문, S.428.

제4절 小結

독일연방대법원과 다수설이 주장하고 있는 암시이론은 유언의 해석과 방식주의 간의 타협점으로 이해되고 있다. 그러나 암시이론은 사실상 유언의 방식목적 달성을 위해 주장되고 있기 보다는 이를 빌미로 유언의 "자유로운" 해석에 한계지우는 것을 그 실질적인 목적으로 삼고 있는 것처럼 보인다. 암시이론에 대해 비판하는 학자들이 정확하게 지적하고 있는 바와 같이 사실상 암시이론을 적용한다고 해서 피상속인의 경솔한 유언을 방지할 수 있다거나, 그의 진정한 의사를 확보하고 상속을 둘러싼 분쟁을 억지하는데 더 큰 도움이 되는 것은 아니다. 오히려 암시이론은 유언의 문언만으로는 도출해 낼 수 없는 피상속인의 의사에 법적 효과를 부여함으로써 "대대적인" 해석을 허용하는 것에 대한 경계심으로부터 비롯된 것이 아닌가 하는 의심을 지울 수 없다.[1] 실제로 독일의 판례가 암시이론을 적용하여 내린 판결들을 분석하여 보면 위와 같은 의심은 더욱 짙어진다.

가령 제국법원은 1909.3.11.자 판결[2]에서 "법정상속순위(gesetzliche Erbfolge)"라는 개념은 명백해서 해석의 대상이 될 수 없다고 보았으나, 1915.1.18.자 판결[3]에서는 [법정상속순위에 관한 관념이라는 점에서는 동일함에도 불구하고] "4순위(vierte Ordnung) 이내의 친족"이란 문언은 "4촌(vierte Grad) 이내의 친족"이라는 유언자의 의사에 대한 암시점이 될 수 있다고 보았다. 또한 제국법원 1939.4.3.자 판결[4]에서는 "후상속인(Nacherbe)"이라는 개념이 명백

---

1) MünchKomm/Mayer-Maly, §133, Rdnr.53 참조.
2) RGZ 70, 391 ff.
3) RG SeuffArch 70, Nr.223. ; Scherer, Andeutungsformel, S.25에서 재인용.
4) RGZ 160, 109 ff.

해서 해석의 대상이 될 수 없다고 보았으나, 반대로 1911.1.5.자 판결[5]이나 1919.4.28.자 판결[6]에서는 일반인은 법률용어의 정확한 의미를 잘 모를 수 있다는 이유로 "후상속인(Nacherbe)"이라는 개념도 해석의 대상이 될 수 있다고 보았다. 후자의 판결들과 유사한 맥락에서 "대습상속인"이라는 문언은 "후상속인" 지정이라는 유언자의 의사에 대한 암시점이 될 수 있다는 취지의 제국법원 1932.1.4.자 판결[7]과 독일연방대법원 1951.4.23.자 판결[8]이 존재하는 반면, "단독상속인"이라는 문언은 "선상속인" 지정이라는 유언자의 의사에 대한 암시점이 될 수 없다는 독일연방대법원 1969.12.4.자 판결[9]이나 "법정상속인"이라는 문언은 2순위 법정상속인에 해당하는 "母"를 상속인으로 지정하고자 하는 유언자의 의사에 대한 암시점이 될 수 없다는 취지의 1981.4.9.판결[10]도 있다. 한편 독일연방대법원 1956.2.22.자 판결[11]은 "전체재산(Gesamtvermögen)"이라는 용어는 명백하여 해석의 대상이 될 여지가 없다고 보았으나, 1982.12.8.자 판결[12]은 "제1농장"이라는 용어는 제1농장을 양도하여 취득한 대상물을 암시하는 것으로 볼 여지가 있다는 취지로 판시하고 있다.

이와 같은 제국법원과 독일연방대법원의 일관성 없는 태도를 설명할만한 객관적·추상적 기준은 찾아보기 힘들다. 독일의 판례가 암시점의 존재 여부를 판단하는 결정적인 기준을 해명하기 위해 몇 가지 가설 하에 위 판례들을 검토하여 보면, 이와 같은 노력이 얼마나 부질없는 것인지를 알 수 있다. 첫 번째로 생각해 볼 수 있는 가설은 영미법상의 해석원칙을 원용한 것이다. 영

---

5) RG JW 1911, 220 Nr.27. ; Scherer, Andeutungsformel, S.22에서 재인용.
6) RG LZ 1919, 1187, ; 전게서, S.28에서 재인용.
7) RG HRR 1932, Nr.1055. ; 전게서, 32면에서 재인용.
8) BGH LM Nr.1 zu §2100.
9) BGH WM 1970, 221 f.
10) BGHZ 80, 246 ff. ; 동 판결에 대해 자세히는 제4장 제1절 III. 3. 이하 참조.
11) BGH LM Nr.7 zu §§2084, 133.
12) BGHZ 86, 41 ff. ; 동 판결에 대해 자세히는 제3장 제3절 II. 2. 이하 참조.

미법은 유언의 작성과정에 법률전문가가 참여하고 있는 경우에는 특히 문언의 객관적 의미에 집착하는 경향을 보이고 있는데,13) 이와 같이 법률전문가가 유언에 참여한 경우에는 방식 목적 중 특히 입증기능이나 명확성기능을 달성하는 것이 매우 용이하여진다. 따라서 독일 판례 역시 이와 같은 전제하에 일단 법률전문가가 참여한 공정증서에 의한 유언의 경우에는 문언대로의 법률효과만을 인정하려는(즉, 문언과 배치되는 유언자의 의사를 인정하지 않으려는) 경향을 보이고 있지 않은지를 검토해 볼 필요가 있다. 그러나 이러한 가설로는 독일판례의 입장을 설명할 수 없는데, 자필증서에 의한 유언이 문제되었던 1909.3.11.자 판결이나 1956.2.22.자 판결에서는 유언자가 사용한 법률용어의 의미가 객관적으로 명백하여 해석의 대상이 될 수 없다고 보고 있는 반면, 공정증서에 의한 유언이 문제되었던 1932.1.4.자 판결이나 1951.4.23.자 판결 등에서는 공증인이 당해 문언을 통해 무엇을 의미했는지보다 피상속인의 의사가 더욱 중요하다는 이유로 이를 해석의 대상으로 삼고, 법률용어가 그 객관적 의미와 배치되는 피상속인의 의사에 대한 암시점이 될 수 있다고까지 보았던 것이다.

최근에는 위와 같은 판례의 태도를 설명하기 위해 암시이론이 사실상 법정상속인의 보호를 위해 원용되고 있다고 보는 견해14)가 등장하였다. 독일

---

13) 이에 대해서는 제2장 제5절 III. 이하 참조.

14) Stagl, S.1 ff. 참조. 이러한 Stagl의 입장을 소개하면서 문제점을 지적하고 있는 것으로 Perkams, Literatur : Jakob Fortunat Stagl, Der Wortlaut als Grenze der Auslegung von Testamenten. Die Andeutungstheorie im Testamentsrecht Deutschlands, Österreichs und der Schweiz, 2., überarbeitete Auflage. Wien : Manz'sche Verlags-und Universitätsbuchhandlung, 2005, XXXIII, 178 S., AcP 206(2006), 985 ff. ; 반면 Stagl의 입장에 긍정적인 태도를 보이고 있는 것으로 Großfeld, Literatur : Jakob Fortunat Stagl, Der Wortlaut als Grenze der Auslegung von Testamenten. Die Andeutungstheorie im Testamentsrecht Deutschlands, Österreichs und der Schweiz, 2., überarbeitete Auflage. Wien : Manz'sche Verlags- und Universitätsbuchhandlung, 2005, XXXIII, 178 S., JZ 22/2005, 1102.; Kroppenberg, Der Wortlaut als Grenze der Auslegung von Testamenten, DNotZ 2006, 637 ff.

의 판례는 피상속인의 의사가 법정상속인에게 유리한 때에는 암시점이 존재한다고 보고, 반대의 경우에는 암시점이 존재하지 않는다고 보는 경향이 있다는 것이다. 그러나 암시이론의 적용이 사실상 위와 같은 결과를 수반하였는지 여부는 별론으로 하고, 법정상속인의 보호라는 기준만으로 암시이론을 적용하고 있는 판례 전반을 설명할 수는 없다고 본다. 어떻게 해석하더라도 법정상속인의 보호와 무관한 사안 또는 어떻게 해석하더라도 법정상속인 중 일방은 보호받을 수 있는 사안에서도 암시이론은 어김없이 등장하고 있기 때문이다. 가령 피상속인의 夫와 子女들이 상속권을 다투었던 독일연방대법원의 1981.4.9.자 판결15)이 후자의 사안에 해당한다. 한편 독일의 법원이 문언과 배치되는 유언자의 의사에 대한 강한 확신을 가지고 있을 때에는 암시점이 존재한다고 보는 반면, 유언자의 현실적 의사를 확신할 수 없는 때에는 문언의 객관적 의미에 의존하여 가급적 암시점을 부정하려는 경향을 갖고 있는 것이 아닌가라는 의심이 들 수도 있다. 그러나 반드시 그러한 것만은 아닌데, [상고심에서는 사실인정의 문제를 다루지 않기 때문에 확실한 것은 알 수 없으나] 상속재산법원이 이해관계인들을 심문한 끝에 유언자의 현실적 의사에 따라 상속증서를 발급한 사건들에서도 독일연방대법원이 암시이론을 이유로 그 현실적 의사를 배척한 사례를 흔히 찾아볼 수 있기 때문이다. 가령 공증인 스스로 "법정상속인"이라는 단어로써 피상속인의 "혼인외 子"가 아니라 "母"를 의미하였음을 증언하였던 것으로 보이는 독일연방대법원 1981.4.9.자 판결16)에서도 동 법원은 "법정상속인"이라는 단어는 母를 상속인으로 지정하려는 의사의 암시점이 될 수 없다고 보았다.

결국 암시이론은 어떠한 목적(특히 방식주의의 목적)의 실현 내지 정책적 판단(법정상속인 우대의 원칙 또는 유언 우대의 원칙) 등에 기초하고 있는 것은 아닌 것으로 판단된다. 이는 오로지 독일연방대법원이 기존에 유언의

---

15) BGHZ 80, 242. ; 동 판결에 대해 제5장 제2절 II. 2. 이하 참조.
16) BGHZ 80, 246 ff. ; 동 판결에 대해 자세히는 제4장 제1절 III. 3. 이하 참조.

해석방법론과 관련하여 취하였던 명백성 원칙을 방식의 단계에서 고수하고 있는 것에 불과한 것으로서 이와 같이 방식주의의 명목 하에 문언의 객관적 의미와의 관련성을 계속 유지하려는 암시이론의 태도는 유언 해석의 목적을 피상속인의 현실적 의사 탐구로부터 찾으려는 본서의 입장과 조화를 이룰 수 없다. 암시점, 특히 객관적 암시점의 요청은 문언의 객관적 의미 탐구와 전혀 다르지 않기 때문이다.[17] 게다가 그야말로 "恣意的"인 독일연방대법원의 암시점 존재 여부에 대한 판단은 그나마 암시이론이 가질 수 있는 장점, 즉 표시된 바에 따른 일관된 해석에 의한 입증곤란의 구제와 분쟁의 억지라는 기능마저 무용한 것으로 만들어 버린다. 현재 독일연방대법원이 취하고 있는 암시이론은 아직 요식행위에 있어서 방식에 적합하게 표시된 문언과 그 내용을 분리시키지 못하였던 고대 로마법 시대의 효력형식의 잔존물로서의 성격 외에는 별다른 의미가 없는 것처럼 보인다.

 따라서 유언 행위 그 자체가 방식에 적합하게 행해졌는지를 묻는 것이 아니라, 유언 해석의 결과가 방식에 적합하게 행해졌는지를 암시이론에 따라 판단하는 것은 보호형식으로서의 방식주의 본래의 목적 범위를 벗어나는 것으로서 타당하지 않다. 유언자가 법률에서 정한 방식에 적합하게 자신의 의사표시를 완결지었다면 그것으로 방식요건은 이미 충족된 것이며, 당해 의사표시의 내용 내지 목적을 확정하는 것은 온전히 해석의 영역에 맡겨야 할 것이다. 본래 방식은 법률행위의 成立에 관한 문제이지 그 內容의 형성에 관한 것이 아니며, 당사자들에게 있어서 법률관계의 성립과 법률행위의 내용은 전혀 무관하기 때문이다.[18] 따라서 법률행위 의미의 확정은 종국적으로 표의자의 구체적인 이해에 좌우되어야 한다. 유언의 해석이 피상속인의 현실적 의사를 탐구하는 것을 그 목적으로 하는 이상, 더 이상 유언의 문언에서 그 현실적 의사에 대한 암시점을 찾아낼 수 없을지라도, 이러한 해석의 결과에

---

17) Scherer, Auslegung, S.3.
18) Häsemeyer, S.149.

따른 법적 효과를 인정하지 않을 수 없는 것이다.

이와 같이 방식주의를 의사의 "표시"가 법률에서 정한 방식에 따라 행해졌는지 여부에 대해서만 적용하고, 해석과 완전히 분리하는 것은 방식주의의 목적론적 해석에 반한다는 비판이 있다.[19] 해석의 결과가 문언과 동떨어지면 질수록 방식의 목적을 달성하기가 어려워짐은 자명하다는 것이다. 그러나 이러한 결과는 유언의 해석을 유언이 성립된 시점의 피상속인의 의사 탐구로 한정함으로써 충분히 방지할 수 있다고 본다. 게다가 방식주의를 빌미로 해석에 한계를 설정하는 것은 실질적으로 그다지 유용한 것도 아닌데, 유언자의 현실적 의사를 탐구하는 자와 그 의사가 유언의 문언에 암시되고 있는지 여부를 판단하는 자가 사실상 동일한 이상, 일단 유언의 문언과 상이한 현실적 의사가 존재한다는 확신을 갖게 된 법관은 어떻게든 그에 대한 암시점을 찾아낼 가능성이 높기 때문이다.[20]

---

19) Foerste, S.85 f.
20) 浦野由紀子, 遺言の解釋, 231면 참조.

제 6 장

具體的 事案의 解決

제1절 유언 해석의 현황과 사안의 구성

지금까지 유언을 해석함에 있어서는 유언자의 현실적 의사를 탐구하여야 한다는 점, 그럼에 있어 유언 문서 외부에 놓인 모든 사정들을 고려할 수 있다는 점, 유언에 원시적 또는 사후적 흠결이 있는 경우에는 유언자의 가정적 의사도 탐구할 필요가 있다는 점, 그리고 방식주의를 빌미로 위와 같이 탐구된 유언자의 의사가 유언의 문서에 적어도 암시되어 있을 것을 요구하는 것은 허용되지 않는다는 점에 대해 살펴보았다. 이하에서는 이러한 추상적 논의로부터 한 발 더 나아가 위와 같은 해석방법론을 구체적 사안에 적용하여 봄으로써 우리 민법상 유언의 해석과 관련하여 현실적으로 문제될 수 있는 사안들의 해결을 도모해 보고자 한다. 그럼에 있어 실제로 우리나라에서 유언의 해석이 문제되고 있는 사안들을 중심으로 논의를 진행하여야 할 것이나, 우리의 법현실상 아직까지 유언이 널리 활용되고 있지 못하는 결과 그 사례를 찾아보기 힘들다. 우리 대법원의 재판례를 분석해 보더라도 유언의 해석이 문제된 사안은 극히 드물게만 등장하고 있는데, 다음의 두 사안이 그 대표적인 예이다.

먼저 유언의 해명적 해석과 관련하여서는 유증의 목적물을 개별적으로 기재한 경우 이를 包括的遺贈으로 볼 것인지 혹은 特定遺贈으로 볼 것인지 여부가 문제된 바 있다. 이러한 쟁점이 최초로 문제되었던 대법원 1978.12.13. 선고 78다1816 판결[1]은 이에 관하여 "유증한 재산이 개별적으로 표시되었다는 사실만으로는 특정유증이라고 단정할 수 없고 망 천연수의 상속재산이 얼마가 되느냐를 심리하여 다른 재산이 있다고 인정되지 않는

---

1) 集 26-3, 312.

한 이를 포괄적 유증으로 볼 수도 있[다.]"는 전제 하에 피상속인의 妻가 특정 재산을 유증받았으나 그 재산이 피상속인의 전재산이었다면 이를 포괄적 유증으로 해석할 여지가 있다고 판시한 바 있으며, 근래에는 대법원 2003.5.27. 선고 2000다73445 판결[2]이 위 판결을 원용하면서 "당해 유증이 포괄적 유증인가 특정유증인가는 유언에 사용한 문언 및 그 외 제반 사정을 종합적으로 고려하여 탐구된 유언자의 의사에 따라 결정되어야 하고, 통상은 상속재산에 대한 비율의 의미로 유증이 된 경우는 포괄적 유증, 그렇지 않은 경우는 특정유증이라고 할 수 있지만, 유언공정증서 등에 유증한 재산이 개별적으로 표시되었다는 사실만으로는 특정유증이라고 단정할 수는 없고 상속재산이 모두 얼마나 되는지를 심리하여 다른 재산이 없다고 인정되는 경우에는 이를 포괄적 유증이라고 볼 수도 있다고 할 것"[3]이라고 판시하였다. 뒤의 판결은 유언 해석의 목적이 유언자의 現實的 意思 탐구에 있음을 전제로 이를 탐구함에 있어 유언 문서 외부에 존재하는 사정, 특히 피상속인의 재산상황을 고려할 수 있음을 명시적으로 설시하였다는 점에서 특히 의의가 있다.

다음으로 유언의 補充的 解釋과 관련하여서는 유언 성립 후 피상속인이 새롭게 취득한 재산이 있는 경우 기존의 유언을 어떻게 해석할 것인지가 문제되었다. 대법원 2001.3.27. 선고 2000다26920 판결[4]이 이에 관한 것인데,

---

2) 公 2003,1419.
3) 다만 동 판결은 위와 같은 설시에 이어 "포괄적 유증을 받은 자는 민법 제187조에 의하여 법률상 당연히 유증받은 부동산의 소유권을 취득하게 되나, 특정유증을 받은 자는 유증의무자에게 유증을 이행할 것을 청구할 수 있는 채권을 취득할 뿐이므로, 특정유증을 받은 자는 유증받은 부동산의 소유권자가 아니어서 직접 진정한 등기명의 회복을 원인으로 한 소유권이전등기를 구할 수 없다."고 하면서 당해 사안에서는 유증 대상 재산 중 피상속인의 재산 일부가 누락되어 있다는 이유로 이를 특정유증하였다고 보아야 할 것이며, 따라서 위와 같은 소유권이전등기절차의 이행을 구하는 것은 허용되지 않는다고 보았다.
4) 公 2001, 994.

동 판결의 사실관계는 다음과 같다. 피상속인 甲은 1982.11.30. ① 상속재산 중 유언서에서 특정된 토지 9필 및 건물 3동에 관해서는 이를 A에게 유증하고, ② A는 甲 사망 후 그의 묘소를 관리하며, ③ 위 유증 재산을 제외한 "나머지 재산"은 평소의 뜻에 따라 육영사업에 사용해 달라는 취지의 유언을 하였다. 피상속인은 위 유언서 작성 후인 1988.9.30. 새롭게 부동산(이하 '이 사건 부동산'이라 한다.)을 취득하였는데, 이 부동산 역시 위 유언에서 말하는 "나머지 재산"에 해당하는지 여부가 문제되었다. 대법원은 이에 대하여 "이 사건 부동산은 비록 유언 후에 취득한 것이어서 유언 당시에는 존재하지 않았던 재산이었다 할지라도 위 유언내용 ③항 소정의 '나머지 재산'에 포함되어 유언의 대상이 된다."고 판시하였는바, 유언 성립 후 발생한 유언자의 재산상태의 변동을 고려하여 마치 유언의 보충적 해석을 인정하는 듯한 판시를 하였다는 점에서 중요한 의미가 있다. 즉, 이 사건 부동산에 관해서는 기존의 유언 성립 당시 아무런 유언이 행해지지 않았음에도 불구하고, 위 부동산을 바로 법정상속의 대상으로 삼지 아니하고 유언의 해석작용을 통해 유언자의 [가정적] 의사에 따라 육영사업에 출연된 것으로 봄으로써 유언자의 의사를 최대한 실현하고자 한 것이다.

위 판결들을 자세히 분석하고 평가하는 것도 의의가 있을 것이나, 이하에서는 몇몇 가상적 사안들을 상정하여 이를 중심으로 그 해결을 도모해 보고자 한다. 위 판결에서 문제된 사안들은 이미 본서 제2장 내지 제5장의 서술을 통해 충분히 설명할 수 있는 반면, 이하의 사안들은 위에서 살펴본 유언의 해석방법 일반론을 좀 더 심화·발전시킬 수 있는 계기를 제공해 줄 뿐만 아니라, 독일이나 일본 등에서 현실적으로 문제되고 있는(또는 문제되었던) 사안들로서 우리나라에서도 조만간 그 해석의 필요성이 대두될 개연성이 높아 그에 대비할 필요가 있기 때문이다. 이러한 사안은 크게 세 가지 유형으로 나누어 볼 수 있는데, 이 중 제일 먼저 다룰 것은 ① 包括的 遺贈에 관한 사안이다. 이에 관해서는 피상속인이 법정상속인 이외의 자를 상속인으로 지정한 경우(가령 "나의 전 재산은 A가 상속한다."는 취지의 유언이 있는 경우) 이러한 상속인 지정의 유언을 포괄적 유증의 의미를 갖는 것으로 선해할 수 있는지 여부, 더 나아가 유언에서 포괄적 유증을 함에 있어 수유자를 특정하지 않은 경우(가령 "나의 전 재산을 사회에 환원한다."는 취지의 유언이 있는 경우)에까지 그 유언의 효력을 인정할 수 있는지 여부에 관해 살펴보고자 한다. 다음으로는 ② 피상속인이 법정 상속인 중 1인에게 特定物을 相續시킨다는 취지의 유언을 한 경우, 이를 특정유증의 일종으로 해석할 것인지 혹은 상속재산 분할방법의 지정으로 볼 것인지 여부를 둘러싼 문제를 다룬다. 이를 어느 쪽으로 해석하느냐에 따라 수유자의 법적 지위가 달라질 수 있기 때문이다. 특히 유언의 대상이 된 특정물의 가액이 수유자인 법정상속인의 상속분을 초과하지 않는 경우와 초과하는 경우를 나누어 살펴보는데, 이는 우리 민법상 피상속인에게 유언에 의해 법정상속인의 상속분을 지정할 권한이 부여되어 있지 않다는 점에 기인한다. 그리고 나서 ③ 유언의 보충적 해석과 관련하여 우리나라에 특유하게 발생할 가능성이 있는 사안을 다룬다. 현재의 분단상황 하에서는 피상속인이 北韓地域에 남아 있는 재산에 관해 따로 유언에서 규율하지 않을 가능성이 높다. 그런데 유언자 사망 후 統一이 이루어질 경우, 위 재산의 처리에 관하여 유언의 보충적 해석을 통해 탐구된 유언자의 가정적 의사를 따를 것인지 혹은 법정상속의 규율에 따를 것인지 여부가 문제될 수 있다. 이는 특히 유언이 효력을 발생한 이후에 비로소 등장한 사정변경을 이유로 보충적 해석을 하는 것이 허용될 수 있을 것인지 여부와 관련이 있다. 마지막으로 ④ 그 밖에 실제 생활에서 유언을 해석함에 있어 등장할 수 있는 다양한 사례들 및 그에 대한 해결책을 간단하게 제시하고자 한다. 피상속인이 하나의 특정물에 관하여 유증을 하고 그 수유자가 사망할 것을 정지조건으로 하여 동일물을 제3자에게 유증하는 방식의 소위 "後遺贈"을 한 경우 당해 유언을 어떻게 해석할 것인지 여부, 피상속인이 방식에 적합하게 표시한 유언에서 처분의 구체적인 내용을 기재하지 아니하고 유언 문서 외부에 존재하는 서면을 인용한 경우, 이와 같이 인용된 내용의 유언자의 의사에 대해 효력을 부여하는 것이 허용될 수 있는지 여부 및 피상속인이 법률개념의 의미에 관하여 착오에 빠져 있는 경우 당해 유언을 어떻게 해석할 것인지 여부 등 구체적인 문제를 다룬다.

제2절 包括的 遺贈과 相續人指定

I. 문제의 소재

유언은 미리 법률에 정해져 있는 일정한 사항에 관해서만 이를 할 수 있다. 우리 민법은 재단법인의 설립(제47조 제2항), 친생부인(제850조), 인지(제859조 제2항), 후견인지정(제931조), 상속재산분할방법의 지정 또는 위탁(제1012조 전단), 상속재산의 분할금지(제1012조 후단), 유언집행자의 지정 또는 위탁(제1093조) 및 유증(제1074조 이하)만을 유언으로 할 수 있다고 규정하고 있다.1) 이를 가리켜 遺言의 法定事項이라고 한다. 이러한 법정사항에 해당하지 않는 내용의 유언은 아무런 효력을 갖지 않는 것이 원칙이다. 우리 민법상 유언의 법정사항은 상당히 협소한 편이다. 가령 독일민법의 경우 유언에 의한 상속인지정이나 상속분지정 뿐만 아니라 후상속인, 대습상속인 등의 지정에 이르기까지 유언이 폭넓게 허용되고 있으며, 상속인지정을 허용하지 않는 일본민법도 유언에 의한 상속분의 지정이나 상속인폐제 등은 이를 인정하고 있다. 반면 우리 민법은 상속인지정이나 상속분 지정을 유언의 법정사항으로 열거하고 있지 않으며, 민법 제1004조 소정의 상속인결격 사유에 해당하지 않는 한 유언에 의해 법정상속인을 상속으로부터 배제하는 것 역시 허용되지 않는다. 따라서 위와 같은 사항을 내용으로 하는 유언은 무효가 될 것이다.2) 그러나 피상속인이 일정한 자를 자신의 유일한 상속인으로 지정하는 취지의 유언을 한 경우, 더 나아가 상속인으로 지정될 자가 심지어 유언에서 특정조차 되지 않은 경우라도 반드시 그 효력을 부인하여야 할 것

---

1) 이 밖에 신탁법 제2조는 유언에 의한 신탁을 허용하고 있다.
2) 金疇洙/金相瑢, 674면 등.

인지는 의문이다. 이하에서 자세하게 살펴본다.

II. 相續人指定 문구가 포함된 유언의 해석

1. 상속인지정 문구가 포함된 유언의 효력

유언의 해석은 무엇보다 먼저 유언의 文言으로부터 출발한다. 피상속인이 일정한 자에게 자신의 상속재산 전부를 "유증한다." 또는 "준다."는 취지의 유언을 한 경우, 이는 포괄적 유증으로서 당연히 효력이 있다. 우리 민법상 피상속인에게는 상속재산의 전부 또는 일정한 비율에 의한 포괄적 유증을 하는 것이 허용되기 때문이다. 반면 똑같이 피상속인이 일정한 자에게 자신의 상속재산 일체를 넘겨준다는 취지의 유언을 하더라도 "A가 나를 상속한다."거나 "나의 전 재산을 A에게 상속시킨다."는 식의 문언을 사용한 경우에는 그 유언의 효력을 인정할 수 없음이 원칙이다. 유언의 문언상 피상속인이 [유언의 법정사항에 해당하지 않는] 상속인지정의 의사표시를 하고 있음이 명백하기 때문이다. 특히 전 재산을 상속받을 자가 법정상속인 중 1인인 경우에는 상속분의 지정까지 수반하는 것이 되어 더더욱 허용될 수 없을 것으로 보인다. 그러나 이러한 경우 유언의 문언에만 근거하여 위 유언의 효력을 부정하는 것은 감내할 수 없는 부정의를 야기한다. 피상속인이 의도한 경제적 효과는 사실상 동일함에도 불구하고, 우연히 그 표현을 달리 하였다는 이유만으로 그 법적 효과가 전혀 달라지기 때문이다. 특히 우리 민법이 예정하고 있는 자필증서에 의한 유언이나 비밀증서에 의한 유언 방식 등에 따르면 법률문외한이 아무런 법적 조언을 받지 못한 채 그 유언을 작성할 수 있다는 점에서 더욱 그러하다. 따라서 이러한 유언이라도 일정 부분 그 효력을 인정할 필요가 있다. 유언법의 영역을 지배하고 있는 의사도그마에 비추어 보더라도 당연한 결과이다. 문제는 이와 같이 명문의 규정(유언의 법정사항주의)에 반하는 결과를 어떻게 정당화시킬 것인가에 있다.

2. 근거

(1) 遺言優待의 原則

제일 먼저 생각해 볼 수 있는 것은 상속인지정의 문구가 포함된 유언을 包括的 遺贈의 일종으로 해석함으로써 그 효력을 인정하는 방법이다. 유언을 해석함에 있어서는 유언의 문언에 구애받지 아니하고, 유언자의 현실적 의사를 탐구하여야 하는 이상[3], 설령 유언의 문언상 피상속인이 A를 상속인으로 지정하고 있음이 명백하다고 할지라도, 유언자의 의사 기타 사정 등을 종합적으로 고려하여 볼 때 유언자가 자신의 전 재산을 A에게 포괄적으로 승계시키고자 하였음이 명백하다면 이를 포괄적 유증으로 해석하는 것도 얼마든지 가능할 것이다. 이러한 해석은 특히 로마법 시대에 발전한 소위 "遺言 優待의 原則(favor testamenti)"을 원용함으로써 정당화될 수 있다. 로마법상 의사도그마의 발전 과정에서 자연스럽게 태동한 유언 우대의 원칙은 가능한 유언의 효력을 인정함으로써 법정상속이 개시되는 것을 최대한 억제하고 유언자의 의사를 실현시키는 것을 그 목적으로 하고 있는바,[4] "유언의 문언이 불명확하거나 잘못되었을 때에는 가능한 너그럽게 해석하여야 한다."는 법언이나 독일 민법 제2084조가 인정하고 있는 호의적 해석의 원칙, 즉 "사인처분의 내용이 여러 가지로 해석될 수 있을 때에는 그 처분이 효력을 갖는 쪽으로 해석되는 내용이 우선하는 것으로 추정된다."는 원칙 역시 이러한 유언 우대의 원칙으로부터 파생된 것으로 볼 수 있다. 위에서 살펴본 바와

---

3) 이에 대해서는 위의 제3장 이하 참조.
4) 이에 관해 자세히는 위의 제2장 제3절 II. 2. 이하 참조.

같이 우리 상속법도 유언자의 의사를 최대한 존중하는 의사도그마를 그 주된 이념으로 삼고 있기 때문에 명문의 규정은 없더라도 유언의 존재를 통해 피 상속인이 법정상속의 개시를 원치 않는다는 의사가 명백하고 드러나고 있는 이상 가급적 유언의 효력이 유지되는 방향으로 이를 해석하여야 한다는 유언 우대의 원칙을 해석의 일기준으로 삼을 수 있을 것이다.5) 이러한 유언 우대의 원칙에 비추어 보았을 때 상속인지정 문구를 담고 있는 유언이더라도 그것이 포괄적 유증으로 해석될 수 있다면, 당해 유언을 무효로 만드는 해석, 즉 이를 상속인지정 처분의 일종으로 보는 해석보다 그 효력을 인정하는 해석, 즉 포 괄적 유증으로 보는 해석이 우선적으로 적용되어야 할 것이다.6)

(2) 無效行爲 轉換의 法理 : 포괄적 유증으로의 전환

설령 우리 민법상 유언 우대의 원칙이 적용될 수 없고, 따라서 위와 같은 해석이 허용되지 않는다고 할지라도, 그 결과 상속인지정 문구를 담고 있는 유언의 효력이 무효로 돌아갈 수밖에 없다고 할지라도, 이를 포괄적 유증의 일종으로 보는 길이 완전히 봉쇄되는 것은 아니다. "무효행위 전환의 법리" 에 의해서도 이를 설명할 수 있기 때문이다.7) 우리 민법 제138조는 "無效인 法律行爲가 다른 法律行爲의 要件을 具備하고 當事者가 그 無效를 알았

---

5) 법률행위를 해석함에 있어 그것이 유효하게 되는 해석과 무효로 되는 해석이 있다 면 유효한 해석이 우선되어야 한다는 취지의 소위 "有效解釋의 原則"의 원칙에 의해 이를 설명하는 것도 가능할 것이다. 유효해석의 원칙에 관해서 자세히는 尹 眞秀, 契約解釋, 269면 이하 참조.

6) (同旨) 崔秉祚, 包括的 遺贈의 效果, 民事判例硏究[IX], 博英社, 1987, 194면 참조.

7) 물론 무효행위 전환의 법리 자체도 유효해석의 원칙이 반영된 것으로 볼 수 있으 며, 해석작용의 일환으로 볼 여지가 충분하다. 그럼에도 불구하고 유언 우대의 원 칙에 따른 포괄적 유증으로의 해석작용과 별개로 무효행위 전환의 법리를 별도의 항목으로 논하는 것은, 굳이 유언 우대의 원칙을 원용하지 않더라도 위와 같은 해 석이 실정법적으로도 충분한 근거를 갖고 있음을 논증하기 위한 것이다.

더라면 다른 法律行爲를 하는 것을 意慾하였으리라고 認定될 때에는 다른 法律行爲로서의 效力을 가진다."고 규정하고 있는바, 위와 같은 취지의 유언은 상속인지정의 의사표시로서는 무효이나, 피상속인이 이러한 사실을 알았더라면 포괄적 유증의 의사표시를 하였을 것이라는 점이 인정되는 한 포괄적 유증으로서의 효력을 가질 수 있을 것이다. 그런데 포괄적 수유자는 상속인과 유사한 권리와 의무를 갖는다는 점에서 위와 같은 피상속인의 가정적 의사를 쉽게 인정할 수 있다. 이에 대하여 단독행위의 경우에는 이러한 무효행위의 전환을 인정할 수 없다는 견해8)도 있으나, 유언과 같은 단독행위라고 하여 이를 부정할 아무런 이유가 없다.9) 또한 무효인 법률행위와 전환될 법률행위가 모두 要式行爲인 경우 그 전환을 인정할 수 있을 것인지에 대해서도 논란이 있으나, 방식을 요구하는 목적이 어음이나 수표행위와 같이 "효력형식"에 있는 것이 아니라 유언과 같이 단순히 확정적인 의사가 서면으로 나타날 것을 요구하는 "보호형식"에 있는 경우에는 그 전환을 인정하는 것이 통설이다.10) 무효인 법률행위가 전환될 법률행위로서의 방식 역시 갖추고 있어야 함은 물론이다. 위 사안의 경우 무효인 상속인지정의 의사표시를 포괄적 유증의 의사표시로 전환하여 그 효력을 인정하는 데에는 법리적으로 아무런 문제가 없다.

우리 판례 중에서도 이와 유사한 입장을 찾아볼 수 있다. 대법원 1980.2.26. 선고 79다2078 판결11)이 그것이다. 동 사건에서 피상속인은 "유

---

8) 郭潤直, 民法總則, 295면.

9) 郭潤直 編/金龍澤 집필부분, 民法注解 第III卷 總則 (3), 博英社, 1992, 278면 참조. ; 대법원 역시 단독행위에 관하여 무효행위의 전환을 인정하고 있다. 가령 대법원 1989.9.12. 선고 88누9305 판결(公 1989, 1415). : "소외인들의 상속포기 신고가 상속포기로서의 효력이 없는 것이라 하더라도 원고와 원판시 소외인들 사이에는 원고가 고유의 상속분을 초과하여 상속재산 전부를 취득하고 위 소외인들은 상속재산을 전혀 취득하지 않기로 하는 의사의 합치가 있었다고 할 것이므로 그들 사이에 위와 같은 내용의 상속재산의 협의분할이 이루어진 것으로 보아야 할 것[이다.]"

10) 전게서, 279면 등 참조.

언자는 아래와 같이 상속분을 지정한다. A에게 20/100, B에게 20/100, C에게 20/100, D에게 10/100, E에게 12/100, F에게 15/100, G에게 3/100."이라고 유언하였다. 피상속인의 채권자였던 원고는 법정상속인 중 1인이었으나 피상속인의 유언에 의해 상속분을 지정받지 못하였던 피고를 상대로 법정상속분에 따른 채무의 이행을 청구하였다. 원심[12]은 위 유언을 A 내지 G에게 증여한다는 취지의 유효한 유언으로 해석하면서, 피상속인의 전재산이 A 내지 G에게 포괄적으로 유증되었으므로 피고는 법정상속인이더라도 피상속인을 상속하지 않는다는 취지로 판시하였다. 이에 상고인(원고)이 상속인의 지정이나 상속분의 지정, 상속인의 폐제는 우리 법상 유언사항에 해당하지 아니하므로 그 내용을 포함하고 있는 갑의 유언은 무효라는 취지의 주장을 하며 상고하였으나,[13] 이에 대해 대법원은 위 유언을 포괄적 유증으로 해석하는 전제 하에 "무릇 포괄적 유증이란 적극재산은 물론, 소극재산 즉 채무까지도 포괄하는 상속재산의 전부 또는 일부의 유증을 말하는 것이고, 포괄적 수유자는 재산상속인과 동일한 권리의무가 있는 것으로서(민법 제1078조), 따라서 어느 망인의 재산 전부(적극재산 및 소극재산)가 다른 사람에게 포괄적으로 유증이 된 경우에는 그 망인의 직계비속이라 하더라도 유류분 제도가 없는 한, 그가 상속한 상속재산(적극재산 및 소극재산)이 없는 것"[14]이라고 판시하였다. 이는 상속분의 지정에 관한 사안이기는 하나, 유언의 법정사항에 해당하지 않는 유언자의 의사표시를 가급적 유효하게 해석하려는 유언 우대의 원칙을 적용하고 있다는 점[15]에서 상속인 지정에 관한 유언에 대해서도 위 판결을 원용할 수 있을 것이다.

11) 集 28-1, 109.
12) 서울고등법원 1979.10.25. 선고 79나993 판결(미공간).
13) 위 사건의 사실관계 및 경과에 대해서는 金宰浩, 332면 이하 참조.
14) 대법원의 위와 같은 판시 중 "유류분 제도가 없는 한"이라는 표현은 사실상 아무런 의미를 갖지 못하는데, 법정상속인에게 유류분권이 있다고 해서 그에게 상속채무가 승계되는 것은 아니기 때문이다.
15) 金宰浩, 332면.

III. 受遺者가 特定되지 않은 유언의 해석

1. 受遺者가 特定되지 않은 유언의 효력

위에서 살펴본 바와 같이 피상속인이 자신의 상속재산 전체를 특정인에게 상속시키기로 한 경우에도 우리 상속법상의 의사도그마에 비추어 그 유언에 포괄적 유증으로서의 효력을 인정할 수 있다. 이에서 더 나아가 피상속인이 상속재산에 관하여 법정상속이 개시되지 않도록 할 의사를 갖고 있었음은 명백하나, 그 상속재산을 포괄적으로 승계할 자를 따로 특정하지 않고 있는 때에까지 그 피상속인의 의사를 관철시키는 것이 과연 가능할 것인가. 가령 피상속인이 "나의 전 재산을 사회에 환원한다."는 취지의 유언을 한 경우 그 효력을 인정할 수 있을 것인지가 문제된다. 먼저 위 유언을 피상속인의 포괄적 유증의 의사가 표시된 것으로 파악한다면, 그 효력을 인정하기 어렵다고 본다. 본래 법률행위는 성립 당시 그 목적이 확정되어야 있어야 하므로, 포괄적 유증을 할 때에도 당연히 그 상대방 등이 특정되어 있어야 함이 원칙이다. 피상속인이 막연히 "사회에 환원한다."는 등의 취지의 유언을 하고 있음에 불과하다면 아직 상대방이 확정되었다고 볼 수 없고, 따라서 위 유언의 포괄적 유증으로서의 효력을 무조건적으로 인정하는 것은 문제가 있다.[16]

그러나 우리 상속법상의 의사도그마 및 그로부터 파생되어 나온 유언 우대의 원칙에 비추어 볼 때 상대방이 확정되지 않았다는 이유만으로 바로 그 유언의 효력을 부인하는 것은 법정상속의 개시를 배제하려는 피상속인의 의사에 부합하지 않는다고 할 것이다. 따라서 해석자로서는 유언의 문언에만 전적으로 의존하지 아니하고, 유언 문서 외부에 존재하는 여러 사정들을 종합적으로 고려하여 상대방을 특정하기 위해 노력을 경주할 필요가 있다. 가령 피상속인이 위와 같은 유언을 하게 된 동기, 피상속인이 평소 자원봉사를

---

16) 松原正明, 208면 이하 참조.

하거나 관심을 가지고 있었던 비영리 단체의 존재 여부, 피상속인이 선임한 유언집행자의 직업 기타 사정 등을 종합적으로 고려하여 피상속인이 자신의 재산을 귀속시키고자 한 수유자를 확정할 가능성은 없는지 여부를 판단하여야 할 것이다.

실제로 일본 최고재판소 판결 중 이와 유사한 사안에서 유언의 해석작용을 통해 수유자를 확정하고, 당해 유언의 효력을 인정한 사안이 있다. 最高裁判所 1993.1.19자 判決[17]이 그것인데, 동 판결의 사실관계는 다음과 같다. 즉, 피상속인 A는 피상고인을 유언집행자로 지정하는 것을 내용으로 하는 자필증서에 의한 유언(제1유언)을 한 후, 피상고인을 자택으로 불러 상속재산의 상속을 배제하고 재산 전부를 공공에 기부한다는 취지의 자필증서에 의한 유언(제2유언)을 하였다. 피상속인의 유일한 법정상속인이었던 상고인(그는 피상속인 생전에 그와 인연을 끊은 상태였다.)은 위 유언의 효력을 다투었으나, 최고재판소는 유언의 해석을 함에 있어서는 가능한 유언이 유효하게 될 수 있도록 해석하는 것이 유언자의 의사에 부합하는 것이고, 이를 위해서는 유언자가 유언서 작성에 도달하게 된 경위 및 그가 처한 상황 등을 고려하는 것이 허용되어야 마땅하다고 하면서 여러 사정을 종합하여 볼 때 유언자가 상속재산을 법정상속인에게 취득시키지 아니하고 공공에 기부하고자 하였음이 명백하므로, 그 목적을 달성하기 위해 그에 적합한 단체(가령 국가, 지방자치단체, 공익법인, 학교법인이나 사회복지법인 등) 등에 상속재산 전부를 포괄적으로 유증하는 것으로 위 유언을 해석하여야 할 것이라고 판시하였던 것이다. 그 결과 최고재판소는 유증을 받을 자가 유언서에 명시적으로 특정되어 있지 않았음에도 불구하고, 위 제1유언과 제2유언을 결합하여 피상속인은 유언집행자에게 포괄적 수유자를 선택할 권한을 위임한 것이라고 해석하기에 이르렀다.[18]

---

17) 最判 平成5(1993).1.19.(民集 47-1-1). 동 판결에 관해 논하고 있는 것으로 中川善之助/泉久雄, 600면 이하 참조.

2. 公共의 利益에 기여하는 유언의 효력

더 나아가 이러한 해석을 통해 포괄적 유증의 상대방을 확정할 수 없는 경우에도 그 유언의 효력을 당연히 부인하여야만 하는 것은 아니라고 본다. 특히 "나의 전 재산을 사회에 환원한다."는 취지의 유언과 같이 당해 유언이 집행될 경우 공공의 이익에 기여할 수 있는 경우에는 당해 유언의 효력을 유지시키는 것이 유언자의 의사에 부합할 뿐만 아니라, 사회 전체적으로도 이익이 되기 때문에 가급적 그 효력을 인정해 줄 필요가 있다. 이하에서는 이와 같이 공공의 이익을 위한 유언의 효력을 정당화시켜줄 수 있는 근거에 관해 살펴본다.

(1) 씨프레 원칙(doctrine of cy prés)

공공의 이익에 기여하는 유언에 특혜를 주는 경향은 이미 로마법에서부터 찾아볼 수 있으며, 중세 시대를 거치면서 더욱 공고해 졌다.[19] 교회법이 선행을 통해 자신의 영혼을 구제하고자 하는 신도들의 유언에 적극적으로 효력을 부여하고자 하였기 때문이다.[20] 이러한 경향은 영미법상 소위 "씨프레 原則" 원칙의 발전으로 이어졌다. 씨프레 원칙(doctrine of cy prés)이란 본래 당사자의 의사에 표시된 바와 같은 법률효과를 부여하는 것이 불가능하거나

---

18) 수유자 선정 권한을 위임하는 유언의 효력에 대해 비교법적으로 고찰하고 있는 것으로 來栖三郎, 遺言の解釋 <その二> (一), 民商法雜誌 80卷 1號(1979), 1면 이하 ; 來栖三郎, 遺言の解釋 <その二> (二), 民商法雜誌 80卷 2號(1979), 141면 이하 참조.

19) 위와 같은 로마법 및 중세의 경향에 대해 상술하고 있는 것으로 Zimmermann, „Cy-Prés", in Iuris Professio : Festgabe für Max Kaser zum 80. Geburtstag, 1986, S.403 ff. 참조. ; 프랑스법상 공익유증의 우대에 대해서는 來栖三郎, 遺言の解釋 (一), 4면 이하 참조.

20) Lüderitz, S.440 참조.

위법한 경우에 그 의사에 "가능한 근접한(cy prés comme possible)" 효과를 부여하고자 하는 형평법상의 해석원칙21)을 말하는 것으로서 "가급적 近似解釋의 원칙"22)이라고도 불린다.

이러한 씨프레 원칙은 실제로는 그 적용영역이 거의 公益信託(charitable trust), 특히 유언에 의한 공익신탁의 경우로 한정23)되어 있는바, 좁게는 유언 문언을 관대하게 해석함으로써 유언 문언의 불명확한 내용을 치유하는 해석원칙이라고 설명되고 있기도 하다.24) 동 원칙은 전통적인 서면증거 우선의 원칙에 의해 유언 문언과 배치되는 해석의 결과를 인정하기 힘든 영미법의 상황25) 하에서 유언자의 의사를 최대한 실현시키기 위한 기능을 수행하기도 하였다.26) 이와 같이 유언해석의 원칙 중 하나였던 씨프레 원칙은 점차 영국 국왕에게 신탁자의 처분목적을 변경할 수 있도록 하는 특권을 부여하는 것으로 발전하여 현대 영미 신탁법에 이르러서는 법원에게 위와 같은 권한을 부여하기에 이르렀는바,27) 공익신탁을 통해 추구하고자 한 목적의 달성이 불가능하거나 이를 이행할 수 없거나 또는 위법한 경우, 이를 무효로 돌리지 아니하고 원래의 목적에 가장 근접한 목적을 갖는 신탁으로서 그 효력을 인정해주는 것을 주된 내용으로 한다. 즉, 공공의 이익을 위해 바쳐진 재산은 가급적 이를 유지시킨다는 것이다.28)

우리 법에서도 이러한 씨프레 원칙이 반영된 것으로 볼 수 있는 조문들을

21) 編集代表 田中英夫, 英美法辭典, 東京大學出版會, 1991, 225면.
22) 李灐成, 公益信託에 관한 研究, 東國大學校(박사학위논문), 1991, 113면 이하. ; 崔東軾 信託法, 法文社, 2006, 458면.
23) Lüderitz, S.440.
24) 李灐成, 114면 이하 참조.
25) 이러한 영미법상의 경향에 대해서는 제2장 제5절 III. 이하 참조.
26) 李灐成, 116면 참조.
27) 씨프레 권한(Cy Pres Power)의 연원, 발달 과정 및 현황 등에 대해 자세히는 Bogert, Trusts(Sixth Edition), 1987, pp.519 참조.
28) Zimmermann, Cy-Prés, S.400.

찾아볼 수 있는데, "財團法人의 目的을 達成할 수 없는 때에는 設立者나 理事는 主務官廳의 許可를 얻어 設立의 趣旨를 參酌하여 그 目的 其他 定款의 規定을 變更할 수 있다."고 규정하고 있는 민법 제46조나 "公益信 託이 終了하는 경우에 信託財産의 歸屬權利者가 없는 때에는 主務官廳은 그 信託의 本旨에 따라 유사한 目的을 위하여 信託을 계속시킬 수 있다."고 규정하고 있는 신탁법 제72조[29] 등이 그것이다. 이와 같은 씨프레 원칙에 비 추어 볼 때, 설령 수유자가 특정되지 않은 유증이라도, 유언자가 자신의 재 산을 공익을 위해 출연하고자 한 의사가 명백하다면 유언자의 의사를 실현 시키기에 가장 적합한 방법을 모색함으로써 가급적 당해 유언의 효력을 인 정하는 것 역시 얼마든지 가능하다 할 것이다. 이러한 결과는 유언 우대의 원칙에 부합하는 것이기도 하다.

(2) 無效行爲 轉換의 法理 : 유언에 의한 재단법인 설립 행위로의 전환

이와 같은 씨프레 원칙 및 유언 우대의 원칙에 근거하여 공공의 이익에 봉사하는 유언의 효력을 인정하는 것이 정당화될 수는 있으나, 당해 유언에 직접적으로 유증으로서의 효과를 부여할 수 있는 것은 아니다. 여전히 수유 자를 특정할 수 없기 때문이다. 그러나 이러한 무효인 유증을 "遺言에 의한 財團法人 設立" 행위로 전환하여 해석하는 것은 가능하다 할 것이다. 위에 서 살펴본 바와 같이 일정한 요건만 갖추어진다면 [무효인] 요식행위를 [유효 한] 요식행위로 전환하는 것이 허용되기 때문이다.[30] 물론 유언에 의해 재단 법인 설립행위를 하기 위해서는 그 목적과 명칭, 사무소 소재지, 자산에 관 한 규정, 이사의 임면에 관한 규정 등을 유언에서 미리 정하여야 할 것(민법 제43조에 의한 제40조 제1호 내지 제5호의 준용)이나, 다른 한편 우리 민법

---

29) 신탁법 제72조의 의의와 씨프레 원칙 간의 관계 등에 관해서는 崔東軾, 458면 이 하 참조.
30) 제6장 제2절 II. 2. (2) 이하 참조.

제44조는 "財團法人의 設立者가 그 名稱, 事務所所在地 또는 理事任免의 方法을 정하지 아니하고 死亡한 때에는 利害關係人 또는 檢事의 請求에 의하여 法院이 이를 정한다."고 규정하고 있다. 따라서 유언의 문언상 이미 유언자가 공익사업을 그 목적으로 하고 있다는 점 및 특정의 재산을 출연한 다는 점이 명백하게 드러나고 있는 이상, 그 밖의 점에 대해서는 유언에서 따로 정하고 있지 않더라도 재단법인의 설립행위로서의 효력을 인정하는데 아무런 영향을 미치지 않을 것이다. 전환될 법률행위로서의 방식도 모두 갖추고 있기 때문이다.

(3) 補論 : 씨프레 원칙의 한계

씨프레 원칙과 관련하여 한 가지 유념할 것은 아무리 공공의 이익을 위한 유언이라 할지라도 동 원칙이 무제한적으로 적용될 수는 없다는 점이다. 가령 유언자가 특정집단을 위한 장학사업을 목적으로 재산을 출연하는 취지의 유언을 하였는데, 당해 집단에 속하는 학생이 한 명도 없게 된 경우, 더 이상 유언의 목적을 달성할 수 없음을 이유로 함부로 다른 집단에 속하는 학생을 위한 장학사업으로 전환한다거나 전혀 다른 목적에 해당하는 자선사업으로 전환하는 것은 허용될 수 없을 것이다. 중세시대에는 선행을 통한 영혼의 구제에 그 유언의 주된 목적이 있다고 보았으므로, 유언자가 본래 지정하였던 공익을 실현할 수 없는 때에는 당연히 다른 공익을 위해서라도 출연된 재산을 사용하는 것이 유언자의 의사에 합치한다고 볼 수 있었다. 그러나 점차 세속화가 진행되면서 유언자는 자신이 "특정"의 공익을 추구한다는 점을 명확하게 인식하게 되었는바, 씨프레 원칙에 근거하여 그 특정의 공익을 다른 공익으로 대체하는 것을 무제한적으로 허용하는 것에 대한 반감이 점차 증가하게 되었고, 따라서 이러한 본질적인 목적의 변경은 유언자가 "일반적인 자선의사(general charitable intention)"를 갖고 있음이 입증된 경우에만 허용되기에 이르렀다.[31] 즉, 유언자의 본래의 의도를 벗어난 목적의 달성을 위한 씨프레 원칙의 적용은 원칙적으로 허용될 수 없다는 것이다.[32] 씨프레 원칙을 반영하고 있는 현행법의 조문들을 보더라도 이러한 씨프레 원칙의 한계가 명시적으로 드러나는데, 민법 제46조는 당초의 "設立의 趣旨를 參酌"하여 재단법인의 목적 기타 정관의 규정을 변경할 수 있다고 규정하고 있으며, 신탁법 제72조 역시 "信託의 本旨에 따라 유사한 目的"을 위하여서만 신탁을 계속시킬 수 있다고 하고 있는 것이다. 이와 같이 씨프레 원칙을 한계지우는 것은 그것이 갖고 있는 해석작용으로서의 성격에 비추어 보더라도 당연하다 할 수 있다. 사실 동 원칙은 만약 유언자가 자신이 지정한 목적(특히 공익)의 달성이 불가능하다는 것을 알았더라면, 다른 목적(특히 공익)을 위해서라도 자신의 재산을 출연하였을 것이라는 유언자의 가정적 의사에 기반을 두고 있는 것으로서 보충적 해석의 범주에 포함시킬 수 있기 때문이다. 위에서 살펴본 바와 같이 보충적 해석에 일정한 객관적 한계를 인정하지 않을 수 없다면,[33] 씨프레 원칙을 원용하여 기존의 유언과 전혀 다른 새로운 내용을 갖는 유언으로 해석하는 것 역시 허용되어서는 안 될 것이다.

우리 하급심 판결 중에서도 이와 같은 경향을 반영한 판결을 찾아볼 수 있는데, 서울고등법원 1993.10.28. 선고 92구27753 판결[34]이 그것이다. 동 판결의 사실관계는 다음과 같다. : 亡人은 1978.8.4. 공정증서에 의한 유언에서 망인 소유 부동산을 출연하여 육영, 장학 등 공익사업을 경영하는 학교법

---

31) Zimmermann, Cy-Prés, S.410 f.

32) 반면 미국 통일신탁법 제413조는 "신탁자의 공익 목적과 합치되는 한(in a manner consistent with the settler's charitable purposes)" 법원이 그 공익신탁의 변경을 명할 수 있다고 함으로써 신탁자의 당초의 신탁설정의사와 무방하게 신탁 목적을 널리 변경할 수 있도록 하고 있다. ; 崔東軾, 464면 참조. 그러나 이는 미국 신탁법상 법원이 갖는 씨프레 권한이 더 이상 해석원칙에 불과한 것이 아니라는데 기인한 것이라고 본다. Barak, pp.81 참조.

33) 유언의 보충적 해석의 객관적 한계, 특히 유언 내용의 변경 가능성에 관해서는 제4장 제2절 III. 3. (2) 이하 참조.

34) 下集 1993(3), 503.

인 또는 기타 재단법인을 설립할 것을 명하면서 유언집행자를 지정하였다. 유언에 따라 재단법인 설립절차를 진행하던 유언집행자가 사망하자, 법원은 망인의 동생 등을 새로운 유언집행자들로 선임하였는데, 재단법인의 설립을 둘러싸고 유언집행자들과 상속인들 간의 분쟁이 계속되고, 유언집행자들이 망인에 의해 재단법인에 출연된 재산을 자신들의 이익을 위하여 사용하는 상태에 이르게 되자, 법원은 위 유언집행자들을 해임하고, 황○○ 외 1인을 새로운 유언집행자로 선임하였다. 새로운 유언집행자들은 재단법인의 설립을 추진하기는 하였으나, 망인의 유언과 달리 재단법인의 목적을 "종교적 사명을 감당하기 위한 국내외 선교사업, 청소년선도사업, 자선사업 및 사회봉사 사업의 전개"로 정하여 재단법인 설립허가를 받기에 이르렀다.

이에 대하여 서울고등법원은 "유언으로 재단법인을 설립하려는 사람이 유언공정증서를 작성함에 있어 정관의 기재사항 중 목적과 특정인을 이사로 선임하는 내용을 미리 정하여 두었다면 유언집행자는 그 유언취지에 구속되어 그에 따라야 하고 이와 다른 설립목적의 정관을 작성하는 것은 허용될 수 없다고 해석되며, 따라서 정관의 주요사항에 관하여 재산을 출연한 유언자의 유언취지에 어긋나는 정관의 작성은 위법하여 그 효력이 없으며 그에 기한 재단법인의 설립행위 역시 효력이 없다 할 것"이라고 판시하였다. 이 경우에는 본래 유언에서 정한 목적을 달성할 수 없다는 요건이 흠결되어 있었다는 점에서도 씨프레 원칙이 적용될 수 없는 것이기는 하지만, 아무리 공익을 위한 것일지라도 유언자의 의사와 배치되는 목적변경을 함부로 인정하지 않고 있다는 점에서 씨프레 원칙의 한계점을 시사해 주고 있다고도 볼 수 있을 것이다.

제3절　特定物相續

I. 문제의 소재

　　피상속인이 상속재산 중 특정물을 특정인에게 상속시킨다는 취지의 유언을 하는 경우가 종종 있다. 가령 "상속재산 중 A 부동산은 甲에게 준다."는 취지의 유언 등이 그러하다. 그 특정물을 상속받게 되는 특정인(이하 '受益相續人'이라고 한다.)이 법정상속인이 아닌 경우에는 위와 같은 유언을 특정유증으로 손쉽게 해석할 수 있으나[1], 그 자가 法定相續人인 경우에는 이를 어떻게 해석할 것인지가 문제된다. 우리 상속법상 피상속인은 유언으로 상속재산에 관하여 상속재산 분할방법의 지정 또는 유증의 처분을 할 수 있는데, 위 유언을 양자 중 어느 쪽으로 해석할 것인지가 분명치 않기 때문이다. 이를 어떻게 해석하느냐에 따라 ① 상속의 개시와 동시에 수익상속인이 당연히 위 특정물을 승계하는지 또는 위 물건에 관한 채권적 청구권을 가질 뿐인지 여부[2], ② 특정물이 부동산인 경우 수익상속인이 단독으로 위 물건에 관하여 상속을 원인으로 하는 등기를 신청할 수 있는지 여부, ③ 수익상속인의 구체적 상속분을 결정함에 있어 위 특정물을 민법 제1008조 소정의 특별수익으로 계산할 것인지 여부, ④ 수익상속인이 피상속인보다 먼저 사망한 경우 위 특정물에 관하여 대습상속이 개시될 것인지 혹은 위 유언이 효력을 잃

---

1) 北野俊光, 「相續させる」旨の遺言の實務上の問題點, 遺言と遺留分 第1卷 遺言(編集代表 久貴忠彦), 日本評論社, 2001, 140면 참조.
2) 우리 대법원은 특정유증에 관하여 채권적 구성을 택하고 있다. 가령 대법원 2003.5.27. 선고 2000다73445 판결(公 2003, 1419). 통설도 마찬가지이다. 가령 金疇洙/金相瑢, 682면 등.

게 되는지 여부3) 등에 관하여 결론이 달라질 수 있으므로, 위 유언의 법적
성격을 규명하는 것은 수익상속인 기타 이해관계인들의 법적 지위에 중대한
영향을 미친다. 따라서 이하에서는 이와 같이 특정재산을 특정의 법정상속인
에게 상속시킨다는 취지의 유언을 어떻게 해석할 것인지에 관하여 자세히
살펴보고자 한다. 그럼에 있어 논의의 편의를 위해 위와 같은 유언을 소위
"特定物相續"4)에 관한 유언이라고 약칭한다.

II. 特定物相續에 관한 유언의 해석

특정물상속에 관한 유언의 해석에 대해서는 일본에서 활발한 논의가 있어
왔다. 소위 "상속시킨다(相續させる)"는 유언의 해석에 관한 문제가 그것이
다. 일본에서 위 문제는 특히 특정재산을 상속받은 자가 유언에 의해 취득한
부동산에 관하여 단독으로 상속을 등기원인으로 하는 소유권이전등기를 신
청할 수 있는지 여부 및 공동상속인들의 상속재산 분할에 관한 협의를 기다
려 등기를 신청해야 하는지 혹은 상속재산 분할 협의가 이루어지지 않은 상
태에서 바로 특정재산에 관한 등기를 신청할 수 있는지 여부5)와 관련하여

---

3) 민법 제1089조 제1항은 "遺贈은 遺言者의 死亡前에 受贈者가 死亡한 때에는 그
   效力이 생기지 아니한다."고 규정하고 있는바, 위와 같은 특정물 상속에 관한 유언
   을 특정유증의 일종으로 해석한다면, 수익상속인이 피상속인보다 먼저 사망하는
   경우 유언은 효력을 잃게 된다. ; 안영하, 일본의 상속시킨다는 취지의 유언에 대한
   일고찰, 家族法研究 第21卷 1號(2007), 215면 참조.
4) 로마법상 특정물상속(heredis institutio ex re certa)에 관한 논의는 "유언의 머리이자
   기초"로서의 상속인지정과 밀접한 관련을 가지고 있는바, 본 절에서의 특정물상속
   은 법정상속인에 대한 특정물상속만을 지칭한다는 점에서 로마법상의 특정물상속
   과 성격을 달리한다. 로마법상 특정물상속에 관하여 자세히는 위 제2장 제3절 II.
   3. (1) 및 III. 2. (1) 이하 참조.
5) 그 밖에 일본에서 이 문제는 등기세율의 결정과 관련하여서도 실익을 갖는데, 특정
   물상속을 유증으로 보게 되면 등기세율이 1000분의 25인 반면, 상속재산 분할방법

논의되어 왔는바, 일본과 우리나라의 상속법제는 유사한 점이 많아 일본에서의 논의를 살펴보는 것은 우리 민법상 특정물 상속에 관한 유언의 해석에 있어서도 일정 부분 시사점을 제공해 줄 수 있을 것이므로, 이하에서는 이에 관해 간단히 소개하고자 한다.

1. 일본 最高裁判所의 태도

동경 고등재판소[6]는 1970년 이미 「상속시킨다」는 취지의 유언을 상속재산 분할방법의 지정으로 해석한 바 있다. 그럼에도 불구하고 학계에서는 이를 둘러싼 논란이 계속되었는데, 이는 무엇보다도 유언에 따라 상속등기를 함에 있어 상속재산 분할에 관한 협의가 선행되어야 하는지를 둘러싸고 진행되었다. 일본 최고재판소[7]는 1991년 마침내 相續財産 分割方法 指定說을 명시적으로 지지하고, 그 효과를 분명하게 밝힘으로써 그간 학계에서 분분하였던 의견대립을 정리하였다. 즉, 최고재판소는 "피상속인의 상속재산 승계 관계에 관한 유언에 대해서는 유언서에 있어서 표명되고 있는 유언자의 의사를 존중하여 합리적으로 그 취지를 해석함이 마땅"하다고 하면서

의 지정으로 보게 되면 등기세율이 1000분의 6이 되어 절세의 효과가 있기 때문이다. 伊藤昌司, 119면 참조.

6) 東京高判 昭 45.3.30.(高民集 23-2-135)

7) 最判 平 3.4.19. (民集 45-4-477) ; 동 판결의 주된 사실관계는 다음과 같다. 피상속인 A는 소화 58(1983)년 내지 59(1984)년에 걸쳐 자필증서에 의한 유언 방식에 따라 ① 3번 내지 6번 토지에 대해서는 "차녀 일가의 상속으로 한다."는 유언을, ② 1번 내지 2번 토지에 대해서는 "차녀의 상속으로 한다."는 유언을, ③ 7번 토지에 대해서는 "차녀의 남편 D에게 양도한다."는 유언을, ④ 8번 토지에 관한 A 지분의 4분의 1에 대해서는 "셋째 딸 C에게 상속시켜 달라"는 취지의 유언을 하였다. 피상속인은 昭和 61(1986).4.3. 사망하였다. 이에 차녀는 위 1번 내지 6번 토지에 관하여 주위적으로는 유증을 원인으로 하는, 예비적으로는 상속을 원인으로 하는 소유권의 확인을 구하는 소를 제기하였다.

"유언서에 있어서 특정 상속재산을 특정 상속인에게 「상속시킨다」는 취지의 유언자의 의사가 표명되어 있는 경우 (…) 유언자의 의사는 위의 제반 사정을 고려하여 당해 상속재산을 당해 상속인으로 하여금, 다른 공동상속인과 공동으로가 아니라, 단독으로 상속하도록 하려는 취지인 것으로 해석하는 것이 당연히 합리적인 의사해석이라고 말해 마땅하며, 유언서의 기재로부터 그 취지가 유증이라는 것이 명백하게 드러나거나 또는 유증이라고 해석할만한 특별한 사정이 없는 한에는 유증이라고 해석하여서는 안 된다."고 하고 있다. 이와 같이 특정 상속재산을 특정 상속인에게 「상속시킨다」는 취지의 유언은 피상속인의 의사에 따라 당연히 상속재산의 분할방법을 정한 것으로 보아야 할 것이며, 따라서 다른 공동상속인들 역시 모두 위 유언에 구속되어 이와 다른 내용의 상속재산 분할 협의를 하는 것도 허용되지 않는다는 것이 최고재판소의 견해이다. 그 결과 당해 상속인은 피상속인의 사망에 의해 유언이 효력을 갖게 되는 순간 바로 당해 상속재산을 직접 승계하며, 승낙의 의사표시나 상속재산 분할 협의 등을 거치지 아니하고 당해 상속재산에 관하여 상속을 원인으로 하는 등기를 신청할 수 있게 되었다.[8]

---

8) 日本 最高裁判所 平成 14.6.10.자 판결은 그 후로도 이러한 태도를 관철시키면서 특정 상속재산을 특정 상속인에게 상속시킨다는 취지의 유언이 있는 경우 당해 상속재산은 상속의 개시와 동시에 당해 상속인에게 당연히 귀속되는 것이며, 당해 상속인은 등기 없이도 그 상속재산이 자기 소유임을 제3자에게 대항할 수 있다고 판시한 바 있다. 동 판결에 대한 판례평석으로 田中淳子, 「相續させる」旨の遺言による不動産取得と登記, 法律時報 75卷 9號(2003), 97면 이하 참조. 그 밖에 최고재판소의 태도에 따를 경우 발생할 수 있는 여러 법적 쟁점(가령 특별수익분과의 관계, 기여분과의 관계, 유류분반환청구권과의 관계 등)에 대해 소개하고 있는 논문으로 西口元, 「相續させる」遺言の效力をめぐる諸問題, 判例タイムズ 822號(1993.10.), 50면 이하 참조.

2. 일본 學說의 태도

이러한 최고재판소의 입장에도 불구하고 여전히 일본의 학계에서는 「상속시킨다.」는 취지의 유언을 어떻게 해석할 것인지를 둘러싸고 학설의 대립이 있다.9)

(1) 相續財産 分割效果說

상속재산 분할효과설10) 또는 상속재산 분할처분설11) 등을 택하고 있는 학자들 및 대부분의 실무가들은 최고재판소의 견해를 전적으로 지지하고 있다. 즉, 상속시킨다는 취지의 유언은 상속재산 분할방법 지정의 일종으로서 당해 유언이 효력을 발생함과 동시에 수익상속인에게 당해 특정재산의 소유권이 직접적으로 귀속된다는 것이다. 그로써 당해 재산은 상속재산의 분할대상으로부터 완전히 제외되고, 다른 상속인들이나 법원이 위 유언에 반하는 취지의 상속재산 분할 협의 또는 심판을 하는 것은 더 이상 허용되지 않는다고 한다. 따라서 수익상속인은 상속재산 분할절차가 완료되기 전에도 특정재

---

9) 이와 관련된 일본의 학설을 자세하게 소개하고 있는 것으로 안영하, 227면 이하 참조.
10) 北野俊光, 133면 이하. ; 加藤永一,「誰々に相續させる」旨の遺言の解釋, 判例タイムズ 688號(1989), 346면 이하 ; 森野俊彦, 遺言 -「相續させる」旨の遺言について, 判例 タイムズ 996號(1999), 143면 이하 ; 半田吉信, 特定の遺産を特定の相續人に相續させる趣旨の遺言の解釋, ジュリスト 996號 (1992.3.), 106면 이하 등.
11) 상속재산 분할처분설이란 주로 일본의 공증실무가들에 의해 주창된 것으로서 상속시킨다는 취지의 유언은 상속의 개시와 동시에 특정 재산을 수익상속인에게 직접적으로 귀속시키는 특유한 종류의 처분으로서 기존에 유언의 법정사항으로 인정되고 있던 유증이나 상속재산 분할방법의 지정 또는 상속분의 지정과는 다른 종류의 것이라고 보고 있는 바, 기본적으로 일본의 다수설에 의해 주장되고 있는 상속재산 분할효과설과 그 주된 내용이 그리 다르지 아니하므로, 이하에서는 두 견해를 같이 취급한다.

산에 관하여 단독으로 상속을 원인으로 하는 소유권이전등기를 신청할 수 있다. 이와 같이 유언에 의해 직접 상속재산 분할의 효과가 발생한다는 점에서 위 유언은 단순한 상속재산 분할방법의 지정과는 다른 특수한 효과를 수반하는데, 그렇게 보는 것이야말로 당해 특정물의 소유권을 수익상속인에게 바로 귀속시키고자 한 피상속인의 의사에 가장 부합한다는 것이 동 견해의 주된 논거이다.[12]

(2) 相續財産 分割方法 指定說

그에 반해 일부 학설[13]은 상속시킨다는 취지의 유언을 순수한 의미에서의 상속재산 분할방법의 지정으로 해석하면서, 당해 특정재산의 가액이 수익상속인의 법정상속분을 초과하는 경우에는 상속재산 분할방법의 지정과 동시에 상속분을 지정하는 의사표시를 수반하는 것으로 파악하고 있다. 이러한 견해는 상속이 개시되었다고 하여 수익상속인이 당연히 당해 재산의 소유권을 취득할 수 있는 것은 아니며, 상속재산 분할의 협의 또는 심판을 거친 후에야 비로소 그에 관한 상속등기를 신청할 수 있다는 점에서 최고재판소가 택하고 있는 상속재산 분할효과설과 차이가 있다. 이러한 학설이 들고 있는 주된 논거는 다음과 같다.

---

12) 상속재산 분할방법의 지정행위의 법적 성질을 프랑스법상 尊屬分割(partage d'ascendant)로부터 찾으면서 피상속인에 의한 상속재산 분할방법의 지정은 공동상속인들간의 분할협의를 거치지 아니하더라도 바로 상속재산 분할의 효과를 갖는다고 보는 水野 謙,「相續させる」旨の遺言に關する一始點, 法律時報 62卷 7號, 82면 이하도 이와 같은 맥락에서 이해할 수 있다. 동 견해의 자세한 내용에 대해서는 沼邊愛一,「相續させる」旨の遺言の解釋, 判例タイムズ 779號(1992.5.), 10면 이하 참조. 이러한 견해가 프랑스법상의 존속분할 제도에 관한 오해로부터 비롯되었음을 지적하면서 강하게 비판하고 있는 견해로 水野紀子,「相續させる」旨の遺言の功罪, 遺言と遺留分 第1卷 遺言(編集代表 久貴忠彦), 日本評論社, 2001, 159면 이하 참조.
13) 中川善之助/泉久雄, 252면 이하 참조.

첫째, 일본민법상 유언에 의해 할 수 있는 재산처분행위로 열거되고 있는 것은 유증, 상속분의 지정, 상속재산 분할방법의 지정, 기부행위 뿐인바, 상속재산 분할효과설이 주장하고 있는 바와 같은 종류의 처분은 허용되지 않는다. 둘째, 수익상속인이 바로 특정재산의 소유권을 취득한다면 나머지 상속재산의 분할절차 또는 유류분 반환청구권의 행사단계에서 相續分의 계산을 둘러싸고 분쟁이 발생할 가능성이 높다. 특히 상속재산 분할방법의 지정이 상속분의 지정을 수반하고 있는 경우에 그러하다. 셋째, 상속재산 분할효과설을 따를 경우 상속재산 분할 심판절차에서 분할의 대상이 되는 상속재산이 특정물상속 유언의 대상이 되지 않는 상속재산으로 한정되는 결과 가정법원의 후견적 판단의 폭이 좁아지게 된다. 이는 일본 상속법이 예정하고 있는 바에 명백하게 배치된다.14) 넷째, 상속의 개시와 동시에 당해 특정재산이 수익상속인에게 바로 귀속된다고 보는 경우 수익상속인은 자기 상속분에 미달하는 부분에 대해서는 여전히 상속재산 분할에 참가할 수 있는 반면, 다른 공동상속인들은 특정재산 이외의 재산에 대해서 그 분할을 청구할 수 있을 뿐, 더 이상의 권리를 주장할 수 없다. 당해 특정재산이 과대한 경우, 일부에 대한 유류분반환청구권을 행사할 수 있을 뿐이다. 따라서 이러한 견해는 수익상속인을 여타의 공동상속인보다 지나치게 우대하는 결과를 가져온다.15) 반면 상속재산 분할방법 지정설을 택할 경우, 여타의 공동상속인들은 자신의 상속분에 미달하는 부분에 관하여 수익상속인에게 대상분할을 청구할 수 있고, 상속재산 분할 협의 또는 조정을 통해 당해 특정재산을 수익상속인 외의 자에게 분배하기로 합의하는 것도 허용될 수 있다는 장점이 있다.16)

---

14) 이상의 논거에 대해서는 전게서, 260면 이하 참조.
15) 沼邊愛一, 16면 참조.
16) a.a.O.

(3) 遺贈說

마지막으로 이러한 상속재산 분할방법 지정설이나 상속재산분할효과설에 반대하면서 특정물상속에 관한 유언은 "유증"으로서의 효력을 갖는 것으로 해석하여야 한다고 주장하는 견해[17]가 있다. 유언은 법정사항에 대해서만 이를 할 수 있는바, 유언에 의한 상속재산의 처분으로는 상속분의 지정, 상속재산 분할방법의 지정 및 유증 이 세 가지가 있을 뿐인데, 이 중 상속분의 지정이란 법정상속분을 수정하는 비율을 지시하는 것이고, 상속재산 분할방법의 지정이란 현물분할, 보상분할, 환가분할 중 어떤 방법에 의해 또는 어떤 방법들의 조합에 의해 상속재산을 분할할 것인지의 방침을 지시하는 것이며, 그 밖의 모든 처분은 유증일 수밖에 없다는 것이다. 따라서 상속시킨다는 취지의 유언 역시 상속재산에 대한 직접적인 처분행위 또는 상속재산 분할방법의 지정행위로 해석할 수 없고, 오로지 유증으로 볼 수밖에 없다고 한다. 그 결과 수익상속인이 취득한 특정재산은 상속분 계산시 "특별수익"으로 고려되며, 수익상속인은 유언집행자 또는 다른 법정상속인들과 공동으로 소유권이전등기를 신청할 수 있을 뿐이다. 또한 이러한 견해는 다음과 같은 점 역시 지적하고 있는데, 즉 상속재산 분할효과설과 같이 해석하는 것은 수익상속인의 입장에서는 매우 유리할지 모르나, 피상속인의 진정한 의사의 실현이라는 측면에서는 그리 바람직하지 않다는 것이다. 유언이라는 것은 다른 유언에 의해 또는 그와 저촉되는 생전 행위 등에 의해 얼마든지 철회될 수 있는 것이며, 여러 개의 유효한 유언이 동시에 존재할 수도 있는 것인데, 오로지 수익상속인이 제시하고 있는 하나의 유언에만 근거하여 상속재산의 확정적 귀속을 인정하는 것은 적절치 않다는 것이다.

---

17) 伊藤昌司, 119면 이하. ; 潮見佳男, 151면 이하. ; 田中淳子, 100면 이하 등.

3. 私見

위에서 살펴본 바와 같이 일본에서는 특정물상속에 관하여 상속재산 분할
방법 지정설, 상속재산 분할효과설 및 유증설의 대립이 있으며, 최고재판소
는 상속재산 분할효과설과 같은 태도를 취하고 있다. 위와 같은 논의를 우리
상속법제에 대입함에 있어 먼저 유념하여야 할 점은 일본민법의 경우 우리
민법과 달리 유언에 의한 相續分의 指定을 명문의 규정에 의해 허용하고 있
다는 것18)이다. 따라서 우리 민법상 특정물상속의 유언을 해석함에 있어서
는 당해 특정물의 가액이 수익상속인의 법정상속분을 초과하는 경우와 그렇
지 않은 경우로 나누어 살펴볼 필요가 있는바, 본 항에서는 먼저 후자의 경
우만을 전제로 하여 논의를 전개하고자 한다.

피상속인이 유언에 의해 특정 상속인에게 상속시킨 특정물의 가액이 수익
상속인의 법정상속분을 초과하지 않는 경우, 당해 유언을 상속재산 분할방법
의 지정으로 볼 것인가 혹은 특정유증으로 볼 것인가는 일차적으로 遺言者
의 意思에 의해 결정된다. 즉, 당해 유언자가 특정물상속에 관한 유언을 통
해 수익상속인에게 오로지 특정재산만을 상속시키고자 하였는지, 다른 법정
상속인들과 동일한 상속분을 확보하는 외에 별도로 특정재산도 상속시키고
자 하였는지 혹은 당해 특정재산을 포함하여 법정상속분까지 상속시키고자
하였는지 여부를 탐구할 필요가 있다.19) 그럼에 있어 해석자는 유언의 문언
뿐만 아니라 유언 성립 당시 전체 상속재산에 대한 당해 상속재산의 비율,
다른 상속재산에 관한 유언자의 처분, 피상속인과 상속인들 및 상속인들 상
호간의 관계 기타 사정 등을 종합하여 유언자의 의사를 확정하여야 할 것이

---

18) 일본민법 제902조[지정상속분] 피상속인은 전2조의 규정에 따르지 아니하고, 유언
    으로 공동상속인의 상속분을 지정하거나 또는 이를 정할 것을 제3자에게 위탁할
    수 있다. 다만, 피상속인 또는 제3자는 유류분에 관한 규정에 위반할 수 없다.
19) 加藤永一, 遺言の判例と法理, 一粒社, 1992, 145면 참조.

다. 그러나 이러한 작업을 통해서도 유언자의 현실적 의사를 탐구하는데 실패하였다면, 당해 유언은 원칙적으로 민법 제1012조 소정의 相續財産 分割方法의 指定으로 해석하는 것이 타당하다고 본다.[20] 그 이유는 다음과 같다.

먼저 피상속인이 상속재산 중 일부를 유언에 의해 법정상속인에게 부여할 때에는 당해 특정재산을 상속재산으로부터 분리하여 따로 처분하고자 하기보다는 법정상속의 대상이 되는 재산의 일부로서 처리하고자 하는 의사를 가지고 있었다고 보는 것이 보다 합리적이다. 특히 특정재산의 귀속관계를 명확히 함으로써 유언자를 상속하는 법정상속인들 간의 상속재산 분할을 둘러싼 분쟁의 발생가능성을 제거하려는데 그 목적이 있는 경우가 대부분이라고 할 것이다. 따라서 유언자의 의사는 특정재산을 수익상속인에게 확정적으로 승계시키고자 하는데 있다고 할 것[21]인데, 이러한 유언자의 의사를 실현시키기 위해서는 동 유언을 상속재산 분할방법의 지정으로 해석하지 않을 수 없다. 상속재산의 분할은 상속이 개시된 때에 소급하여 그 효력이 있으므로(민법 제1015조), 수익상속인이 상속개시 시점부터 당해 특정재산을 취득한 것으로 법리를 구성하기에 적합하기 때문이다. 이에 반해 동 유언을 특정유증으로 해석하는 것은 유언자의 의사에 부합하지 않는 결과를 가져온다. 우리나라의 통설[22]과 판례[23]는 특정유증의 효과에 관하여 소위 채권적 효과

---

20) 이와 같이 특정물 상속을 상속재산 분할방법의 지정으로 해석하는 견해는 역사적으로나 비교법적으로나 그 전거를 찾아 볼 수 있다. 먼저 역사적인 측면에서 볼 때에는 로마법상 先取方式의 遺贈(legatum per praeceptionem)을 그 예로 들 수 있다. 유언자가 공동상속인에게 선취방식의 유증을 한 경우(가령 "L.티티우스는 노예 스티쿠스를 선취하라(L.Titius hominem Stichum praecipito)"라는 취지의 유언이 있는 경우), 공동상속인이 이러한 취지의 유증을 실행함에 있어서는 상속재산분할소권(actio familiae erciscundae)만이 고려되었다고 한다. ; 崔秉祚, 카토의 法原則, 198면 참조. 비교법적으로는 상속재산에 속하는 특정재산을 상속인 중 일인에게 지정하는 것은, 피상속인의 반대의사가 명백하지 않은 한, 단순한 분할방법의 지정이며, 유증이 아니라고 규정하고 있는 스위스 민법 제608조 제3항을 그 전거로 들 수 있다.

21) 北野俊光, 134면 참조.

설을 택하고 있는바, 당해 특정재산은 상속재산으로서 일단 공동상속인 전원에게 귀속되며, 수유자는 상속인에 대하여 유증의 이행을 청구할 수 있는 권리가 있는 것에 불과하게 되기 때문이다.24) 또한 만약 이를 특정유증의 일종으로 해석한다면, 수익상속인은 상속을 포기함으로써 채무를 면하고 유증을 통해 오로지 당해 재산만을 취득할 수 있게 될 터인데, 이러한 결과가 과연 피상속인의 의사에 부합한다고 볼 수 있을지도 의문이다.

그러므로 특정물유언은, 이를 유증으로 해석하여야 할 특별한 사정이 없는 한, 상속재산 분할방법의 지정으로 해석하여야 할 것이다. 수익상속인은 법정상속인의 지위에서 위 특정물에 관한 권리를 당연히 승계취득한다25)고 할 것이며, 다른 공동상속인들을 상대로 그 의무의 이행을 구할 필요가 없다. 또한 다른 공동상속인들이 특정물유언과 다른 내용의 상속재산 분할 협의를 하는 것 역시 허용되지 않는다고 할 것이다. 수익상속인이 취득한 특정물의 가액이 그의 법정상속분에 미치지 못하는 경우, 수익상속인은 법정상속분에 미달하는 부분에 대해서는 여전히 자신의 상속분을 주장할 수 있으며, 상속재산 분할 협의 등에 참가할 수도 있다.26) 우리 민법상 유언에 의한 상속분의 지정이 허용되지 않는 이상27), 수익상속인의 상속분을 당해 특정재산에

---

22) 가령 郭潤直, 相續法, 258면 이하 ; 金疇洙/金相瑢, 681면 이하 등.

23) 대법원 2003. 5. 27. 선고 2000다73445 판결(公 2003,1419) ; "포괄적 유증을 받은 자는 민법 제187조에 의하여 법률상 당연히 유증받은 부동산의 소유권을 취득하게 되나, 특정유증을 받은 자는 유증의무자에게 유증을 이행할 것을 청구할 수 있는 채권을 취득할 뿐이므로, 특정유증을 받은 자는 유증받은 부동산의 소유권자가 아니어서 직접 진정한 등기명의 회복을 원인으로 한 소유권이전등기를 구할 수 없다."

24) 이에 반해 일본에서는 물권변동 일반에 대하여 대항요건주의를 택하고 있는 것과 관련하여 특정유증 역시 물권적 효과를 갖는다고 하는 것이 통설과 판례의 태도이므로, 유증설을 택하더라도 특정 재산을 수익상속인에게 확정적으로 승계시키고자 한 유언자의 의사실현에는 아무런 문제가 발생하지 않는다.

25) 金疇洙/金相瑢, 592면.

26) (同旨) 北野俊光, 143면.

27) 이에 대해서는 III. 이하 참조.

한하는 것을 감축시키는 것 역시 허용될 수 없기 때문이다.[28] 이와 같이 법정상속분에 미달하는 부분에 한하여 분할에 참가할 수 있다고 해석할 경우, 일견 당해 유언을 특정유증으로 해석하는 것에 비해 수익상속인에게 불리할 것처럼 보일 수 있으나, 반드시 그런 것은 아니다. 이를 특정유증의 일종으로 해석하더라도, 당해 재산을 특별수익으로 취급되어 수익상속인은 특정물의 가액이 그의 법정상속분에 미달하는 부족분에 한하여 상속분을 주장할 수 있을 뿐이기 때문이다(민법 제1008조).

다만, 수익상속인이 위 특정물에 관하여 單獨으로 상속을 원인으로 하는 등기를 하는 것은 허용될 수 없다고 본다. 이와 같이 해석하는 것은 상속의 개시와 동시에 수익상속인이 유언에 의해 직접적으로 당해 특정물에 관한 소유권을 취득한다는 것을 의미한다. 그런데 우리 상속법이 예정하고 있는 유언의 법정사항 중 상속재산에 관한 것은 유증과 상속재산 분할방법의 지정에 한정되고 있다. 따라서 이에 해당하지 아니하는 처분, 즉 유언에 의해 직접적으로 특정물의 소유권을 수익상속인에게 귀속시키는 종류의 처분을 허용하는 것은 유언의 법정사항에 관한 명문의 규정에 반한다고 할 것이다. 수익상속인이 등기원인으로 제시하는 유언이 철회되었거나, 여러 개의 유언이 존재할 가능성 등을 고려하면 더더욱 위와 같은 종류의 처분을 인정할 수 없다. 그러므로 수익상속인은 다른 공동상속인들 사이에 잔여 상속재산에 관한 상속재산 분할 협의가 종료된 때 또는 상속재산 분할 심판이 있는 때에야 비로소 그 등기를 신청할 수 있을 뿐이다.[29] 다만, 상속재산이 분할된 때에

---

28) 이에 반하여 金宰浩, 361면 이하는 피상속인이 수익상속인에게 당해 특정재산만을 주고자 한 때에는 당해 재산을 피상속인에게 특정유증하고, 그 재산을 제외한 나머지 상속재산 전부를 다른 공동상속인들에게 포괄유증한 것으로 해석하여야 한다고 주장한다.

29) 피상속인이 상속재산 전부에 대하여 모두 특정하여 상속재산 분할방법의 지정을 한 경우에는 대개 일부 상속인에 대하여 법정상속분을 초과한 상속재산 분할방법의 지정이 될 것이기 때문에 III. 이하의 논의로 넘어가게 된다.

는 그 분할의 효과가 소급하여 상속이 개시된 때로부터 효력이 있으므로(민법 제1015조), 수익상속인은 상속개시 당시부터 당해 특정물에 관한 소유권이 있었던 것으로 의제된다.

III. 法定相續分을 超過한 特定物相續
유언의 해석

다음으로 특정물상속의 목적물이 되는 재산의 가액이 당해 수익상속인의 법정상속분을 초과하는 경우에 관하여 살펴본다. 위에서 언급한 바와 같이 일본 민법은 유언에 의한 상속분의 지정을 명문으로 허용하고 있으므로, 법정상속분을 초과하는 특정물 상속의 경우에도 이를 상속분의 지정을 수반한 상속재산 분할방법의 지정으로 해석하는 것이 가능하다. 그러나 우리 민법상 유언의 법정사항에는 상속분 지정이 포함되어 있지 않다. 따라서 유언에 의해 그 가액이 법정상속분을 초과하는 특정물을 법정상속인에게 귀속시키도록 하는 상속재산 분할방법의 지정을 하는 것이 과연 허용될 수 있는지 여부가 문제된다. 이에 관한 우리나라의 학설은 크게 세 가지로 나누어 볼 수 있는데, ① 이를 상속재산 분할방법의 지정으로 보아 전적으로 허용하는 견해, ② 유증으로 해석하는 견해 및 ③ 상속재산 분할방법의 지정과 유증이 결합된 것으로 이해하는 견해가 그것이다.

먼저 일부 견해30)는 유언에 의한 상속분의 지정도 얼마든지 허용될 수 있

---

30) 정기웅 감수/김현선 저, 친족·상속·가사실무, 白映社, 2008, 1049면 ; 박동섭, 565면 이하. ; 朴正基·金演, 402면. ; 裵慶淑·崔錦淑, 527면 이하. ; 전혜정, 167면 이하 등. ; 입법론으로서 유언에 의한 상속분의 지정을 허용하여야 한다고 보는 견해로 崔秉祚, 包括的 遺贈, 198면 이하 참조. 대법원 판결 중에도 [방론이기는 하나] 유언에 의한 상속분 지정이 가능하다고 본 사안이 있다. 가령 대법원 2001.2.9. 선고 2000다51797 판결 참조.

다고 본다. 법정상속인에 대한 유증이 허용되는 이상 상속분의 지정을 허용하는 것과 전혀 다를 바 없으므로, 사실상 상속분의 지정이 허용된다고 보아야 한다는 것이다. 이러한 견해에 따르면 법정상속분을 초과하는 특정물 상속의 유언 역시 상속분의 지정을 수반한 相續財産 分割方法의 指定으로서 그 효력을 인정받을 수 있을 것이다. 반면 유언에 의한 상속분 지정이 허용되지 않는다고 보는 견해31)에 따르면, 법정상속분에 반하는 상속재산 분할방법의 지정이란 유언의 법정사항에 해당하지 않는 유언으로서 당연히 무효인 것이 원칙이다. 그러나 이러한 견해 역시 피상속인의 의사를 최대한 존중하기 위하여 이를 遺贈의 일종으로 구성하여 그 효력을 인정하고자 한다. 따라서 법정상속분을 넘는 특정물 상속 역시 유류분을 침해하지 않는 한 유효하다는 것이 이러한 견해를 취하는 학자의 입장32)이다. 한편 일부 견해33)는 피상속인의 유언에 의한 상속재산 분할방법의 지정은 각 공동상속인의 상속분에 따른 것이 아니면 안 된다고 하면서 "피상속인이 법정상속분과 다른 지정을 한 경우에는 分割方法의 指定과 遺贈이 결합된 것으로 해석될 수 있으므로 유효"34)하다고 보고 있다. 가령 피상속인이 상속재산을 현물로 분할할 것을 지정하면서 상속인 갑에게는 상속재산 전체 가액의 3/5에 상당하는 부동산을, 을에게는 상속재산 전체 가액의 2/5에 상당하는 동산을 나누어 줄 것을 정하였다면, 이는 상속재산분할방법의 지정인 동시에 유증이라는 것이다.

판단컨대, 법정상속분을 초과하지 않는 특정물상속의 경우와는 달리 법정상속분을 초과하는 특정물을 상속시킨다는 취지의 유언은 특별한 사정이 없는 한 遺贈의 성격을 갖는 것으로 해석하여야 할 것이다.35) 우리 민법상 유

---

31) 郭潤直, 相續法, 86면 이하 ; 李庚熙, 393면. ; 안영하, 214면 등.
32) 郭潤直, 相續法, 139면. ; 金昌鐘, 相續財産의 分割, 裁判資料 第78輯 相續法의 諸問題, 法院圖書館, 1998, 199면 등.
33) 金疇洙/金相瑢, 551면 이하.
34) 전게서, 578면.
35) 金宰浩, 360면 이하는 제한적 조건(즉, 유언자의 의사가 수익상속인에게 당해 특정재산만을 주겠다는 한정적 의사일 때) 하에서 이와 같이 해석하고 있다.

언에 의한 상속분의 지정을 허용하는 명문의 규정이 존재하지 않는 이상, 피
상속인이 법정상속분에 따르지 아니한 상속재산의 분할방법을 지정하는 것
은 허용되지 않는다고 보아야 하기 때문이다. 설령 포괄적 유증 등을 통해
사실상 법정상속인들 간의 상속분을 조정하는 것이 가능하다고 할지라도, 이
를 들어 상속분의 지정이 허용된다고까지 말할 수는 없을 것이다. 유증과 상
속분의 지정은 엄연히 그 법적 효과가 다르기 때문이다.[36] 따라서 법정상속
분을 초과하는 특정물 상속의 유언은 상속재산 분할방법의 지정으로서는 아
무런 효력을 갖지 못한다고 본다. 일부 견해는 이러한 유언을 상속재산 분할
방법의 지정과 유증이 결합한 것으로 보고 있으나, 이러한 견해에 따르면 당
해 특정물이 부동산일 경우 상속재산 분할 협의가 완료되어야 등기를 할 수
있는 것인지 혹은 수익상속인은 수유자로서 상속재산 분할 절차와 무관하게
다른 상속인들에게 바로 그 등기의 청구를 구할 수 있는 것인지 여부 또는
수익상속인이 상속을 포기한 경우 그 효과가 유증의 부분에까지 미치는지
여부 등을 둘러싸고 복잡한 문제를 야기할 수 있어 이를 택할 수 없다. 그렇
다면 법정상속분을 초과하는 특정물을 법정상속인에게 상속시킨다는 취지의
유언은 원칙적으로 유증으로 보아야 할 것이다.[37]

---

36) 수유자의 지위와 상속인의 지위 간의 차이점에 대해서는 崔秉祚, 包括的 遺贈,
197면 이하 참조.
37) 독일의 통설과 판례 역시 유증과 상속재산 분할방법을 구별짓는 본질적인 기준은
"피상속인의 수익의사(Begünstigungswillen des Erblassers)"에 있다고 하면서, 피상
속인이 공동상속인 중 1인에게 법정상속분을 초과하는 특정물을 귀속시키겠다는 취
지의 유언을 한 경우에는 이를 유증으로 해석하고 있다. MünchKomm/Schlichting,
§2150, Rdnr.6. ; Lange/Kuchinke, S.640 ff. 참조.

제4절 北韓地域 所在 財産에 관한 유언의 해석

I. 문제의 소재

1946년 2월 北朝鮮臨時人民委員會가 수립되고, 같은 해 3.5. 동위원회가
「北朝鮮土地改革에 관한 法令」을 공포·시행함으로써 북한 지역 소재 토지
에 관한 토지개혁이 단행되었다. 위 토지개혁은 특히 농지에 관하여 지주제
및 소작제를 철폐하고 耕者有田의 원칙을 관철시키는 것을 그 주된 목적으
로 하고 있었는바, 친일파·민족반역자 및 지주 등이 소유하고 있던 토지 기
타 일체의 물건 및 대부분의 산림을 몰수하여 국유화하고, 몰수한 토지를 농
민에게 분배하되, 농민에게 분배된 토지에 관한 일체의 매매, 저당 및 임대
차를 금지하였다.[1] 그에 이어 같은 해 8.10.에는 「北朝鮮臨時人民委員會의
産業, 交通, 運輸, 通信, 銀行의 國有化에 관한 法令」이 공포·시행됨으로
써 일본·일본인 또는 조선인민의 반역자 소유의 중요산업이 모두 무상으로
몰수되어 국유화되었다.[2] 1953년 이후 북한 정권은 농업협동화와 산업협동
화를 본격적으로 추진하면서 1958년 토지, 기업 기타 모든 생산수단의 완전
한 국유화를 이루었으며,[3] 1972년 사회주의 헌법 제22조에 의해 이러한 소
유형태(즉, 생산수단의 私所有權 부인)가 명문으로 인정되기에 이르렀다고
한다.[4] 향후 자유민주주의적 기본질서에 입각한 남북한 통일이 이루어진다

---

1) 그 구체적인 내용에 관해서는 鄭永和, 統一後 北韓의 財産權 問題에 關한 憲法
的 研究, 서울大學校 大學院,(박사학위논문), 1995, 161면 이하 참조.
2) 그 구체적인 내용에 관해서는 전게논문, 170면 이하 참조.
3) 전게논문, 173면 이하 참조.
4) 李丞祐, 南北統一後 北韓地域의 財産處理方向, 인권과 정의 제216호(1994), 80
면 참조.

면, 위에서 살펴본 바와 같은 과정을 통해 국유화된 북한 지역 소재 재산들을 어떻게 민간부분으로 이양할 것인지, 특히 위 각 법령에 의해 몰수되었던 재산을 원소유자에게 반환할 것인지 여부가 문제될 수 있다.

이러한 몰수재산처리문제에 관해서는 크게 두 가지 방안을 생각해 볼 수 있는데, 하나는 보상원칙(Entschädigungsprinzip)이고, 다른 하나는 반환원칙(Rückgabeprinzip)이다.[5] 보상원칙에 의할 경우에는 국가가 당해 재산을 취득한 후 개별적으로 이를 사유화하는 절차를 거치고, 원소유자는 단지 그 재산가치에 상응하는 금전적 보상만을 받게 되는 반면, 반환원칙에 따를 경우에는 몰수된 재산을 원소유자에게 원물 그대로 반환하게 된다.[6] 이 중 반환원칙을 택할 경우 원소유자가 사망하였다면 당해 몰수재산에 대해서는 상속이 개시될 것인데, 바로 이러한 경우에 유언의 해석이 문제될 수 있다. 특히 원소유자가 자기 소유의 상속재산 전부에 관하여 유언을 하면서 북한 지역 소재 재산(이하 '몰수재산'이라고 한다.)에 관해서만 유언을 하지 않은 경우가 문제된다. 몰수재산에 관한 유언이 따로 존재하지 않음을 이유로 법정상속의 규율에 따라 처리할 것인지 혹은 유언의 보충적 해석을 통해 몰수재산에 관한 유언자의 가정적 의사를 탐구함으로써 법정상속의 개시를 막을 것인지 여부가 불분명하기 때문이다. 무엇보다도 유언의 효력 발생 후 비로소 등장한 사정, 즉 남북한 통일이라는 사정을 보충적 해석의 단계에서 고려할 수 있을 것인지 여부가 문제된다. 위에서 살펴본 바와 같이[7] 유언의 보충적 해

---

5) 이러한 보상주의 또는 반환주의는 독일식의 흡수통일의 경우에 적용되는 것으로서 우리나라의 경우에는 합의에 의한 통일(내지 한국식 흡수통일)을 하여야 할 것이라는 전제 하에 북한 지역에서 행해진 몰수조치를 불법으로 간주하지 아니하고, 북한 지역의 생산수단을 북한주민에게 분배하는 방식으로 사유화가 진행되어야 할 것이라고 보고 있는 견해로 전게논문, 86면 이하 참조.

6) 보상원칙과 반환원칙의 근거와 장·단점 등에 관해 자세히는 法務部, 統一獨逸·東歐諸國 沒收財産處理 槪觀, 1994(이하 "沒收財産處理"라고 약칭한다.), 76면 이하 참조.

7) 제4장 제2절 II. 1. (2) 이하 참조.

석은 원시적 흠결 또는 후발적 흠결이 있을 때에 행해지는데, 여기에서 후발적 흠결이란 본래 유언 성립 시점으로부터 그 효력 발생시점까지 사이에 발생한 사정의 변경으로 인해 유언에 흠결이 발생한 경우를 말하는 것으로서 유언자 사망 이후에 비로소 발생한 사정변경은 이를 고려하지 않는 것이 원칙이기 때문이다. 바로 이러한 문제가 1990년 동·서독이 통일된 이후 대두된 바 있다. 따라서 이하에서는 먼저 독일에서 위 문제가 어떻게 해결되었는지에 관해 살펴보고, 이와 같은 독일에서의 논의를 우리나라에도 그대로 적용하는 것이 가능한지 여부 등에 대해 논의하고자 한다.

II. 독일에서의 해결방안

독일에서는 1990.6.15. 「미해결 재산문제의 규율에 관한 양독정부의 공동성명(Gemeinsame Erklärung der Regierung der Bundesrepublik Deutschland und der Deutschen Demokratischen Republik zur Regelung offener Vermögensfragen)」에 기초하여 구 동독지역 소재 몰수재산의 처리 문제가 해결되었다. 위 성명에 따르면 몰수재산(1945년부터 1949년까지의 소련점령기간 중 몰수된 재산은 제외[8])은 원칙적으로 원소유자에게 반환되는 것을 원칙으로 하며, 예외적으로 당해 몰수재산이 일정한 공공목적에 사용되고 있거나 제3자에 의해 정당하게 취득된 경우에는 보상에 의하도록 되어 있다. 위 성명은 같은 해

---

8) 독일연방헌법재판소는 1991.4.23. 이와 같이 소련점령기간 동안 몰수된 재산에 관해서는 반환을 배제하는 취지의 공동선언을 일내용으로 하고 있는 통일조약을 연방법으로 동의한 소위 「동의법률(Gesetz zu dem Vertrag vom 31.8.1990 zwischen der BRD und der DDR über die Herstellung der Einheit Deutschlands und zu der Vereinbarung vom 18.9.1990 vom 23.9.1990)」이 합헌이라고 판시한 바 있다. 동 결정에 관해 자세히 소개하고 있는 것으로 尹眞秀, 東西獨 統一條約에 관한 獨逸聯邦憲法裁判所 91.4.23. 판결, 判例月報 253호(1991.10.), 41면 이하 참조.

8.31. 체결된 동서독간의 통일조약(Vertrag zwischen der BRD und der DDR über die Herstellung der Einheit Deutschlands vom 31.8.1990) 제41조 제1항에 의해 위 조약의 구성부분이 되었고, 같은 해 9.23.에서는 위와 같은 반환주의의 원칙에 입각하여 몰수재산처리의 구체적 절차를 규율하는 「미해결재산문제의 처리를 위한 법률(Gesetz zur Regelung offener Vermögensfragen vom 23.9.1990)」이 제정되기에 이르렀다.[9] 이와 같이 몰수재산의 처리에 관하여 返還主義를 채택하고, 동독 지역 소재 재산의 경제적 가치가 급등하자 몰수재산의 원소유자 및 그 상속인들이 동 재산에 관한 자신들의 권리를 주장하기 시작하였고, 그 과정에서 유언의 해석을 둘러싼 문제가 발생하였다.

동서독이 통일되기 전 유언의 해석은 주로 유언에 통일을 전제로 하는 처분이 포함되어 있는 경우 단시간 내에 통일이 될 가능성이 없다면 이를 어떻게 해석해야 할 것인지 여부가 문제되었던 반면, 통일 이후에는 이와 반대로 통일될 것을 예견하지 아니하고 유언한 경우 이를 어떻게 해석할 것인지가 문제되었다.[10] 가령 피상속인이 구동독지역에 자기 소유의 재산이 있음을 알지 못하였다거나, 이를 알고 있었더라도 당해 재산이 경제적으로 무가치해졌다고 생각하거나 당해 재산에 대한 처분권을 더 이상 행사할 수 없다고 잘못 믿은 사정이 있어 구 동독지역 소재 재산에 관하여서만 별다른 유언을 하지 않고 사망한 경우, 유언의 보충적 해석을 통해 당해 재산에 관한 피상속인의 가정적 의사를 탐구할 수 있을 것인지 여부의 문제가 대표적인 예이다. 이와 관련하여서는 특히 상속개시 후 통일이 된 경우 보충적 해석을 허용할 것인지 여부가 주된 법적 쟁점이 되었다. 유언의 보충적해석에 있어서 모든 종류의 후발적 사정변경이 고려될 수 있는 것은 아니며, 유언이 효력을 발생하기 전까지 있었던 사정만이 원용될 수 있을 뿐이라는 것이 통설의 견해[11]

---

9) 동 법의 자세한 내용과 개정경과 등에 관해서는 鄭永和, 73면 이하 ; 沒收財産處理, 131면 이하 참조.

10) MünchKomm/Leipold, §2084, Rdnr.108.

11) Soergel/Damrau, Kommentar zum Bürgerlichen Gesetzbuch mit Einführungsgesetz

였기 때문이다.

통설이 위와 같이 보는 근거는 무엇보다도 일단 유언이 효력을 발생한 다음에는 피상속인의 처분권한도 소멸한다는데 있다.12) 피상속인의 입장에서도 당연히 상속개시 시점을 기준으로 하여 상속재산에 관한 처분을 하고 있으며, 자신의 사망 이후 재산의 향방에 대해서는 아무런 권한을 갖지 못한다는 점을 잘 알고 있기 때문에 유언자의 현실적 의사 역시 유언이 효력을 발생하여 자신의 처분권한이 종료하는 시점을 기준으로 삼고 있다는 것이다.13) 유언에 보충적 해석을 요하는 흠결이 있다는 것은 결국 유언의 기초가 되는 사정에 대한 착오, 특히 동기의 착오가 있다는 것인데, 일단 유언의 효력이 발생하고 난 후의 사정이라는 것은 유언을 하게 된 동기와 전혀 무관한 것인 이상, 유언이 효력을 발생하고 난 후의 사정에 대한 착오 역시 이를 보충적 해석의 이름으로 고려할 수 없다고도 한다.14) 또한 일단 유언이 효력을 발생한 후 해석을 통해 당해 처분에 새로운 내용을 부여하는 것은 법적 안정성을 해할 위험이 있다고 한다. 이미 수유자 또는 상속인 등의 법적 지위가 확정되어 있기 때문이다.15) 이러한 견해에 따르더라도 상속개시 후의 것이라도 아직 유언의 효력이 발생하기 전에 등장한 사정의 변경을 고려할 수 있음은 물론이다. 가령 조건이나 기한의 부관이 붙은 유증에서 상속개시 후 조건의 성취 또는 기한의 도래 전에 등장한 사정의 변경 등이 그러하다.16) 이러한

und Nebengesetzen, Band 7, Erbrecht, 1982, §2084, Rdnr.13. ; Grunewald, Die Auswirkungen eines Irrums über politische Entwicklungen in der DDR auf Testamente und Erbschaftsausschlagungen, NJW 1991, 1209 ff. ; Staud./Otte, Vor §§2064 ff, Rdnr.92. ; Erman/Schmidt, §2084, Rdnr.7. ; Stumpf, S.210 등.

12) Erman/Schmidt, §2084, Rdnr.7.
13) MünchKomm/Leipold, §2084, Rdnr.106 ; Staud./Otte, Vor §§2064 ff, Rdnr.92 참조.
14) Stumpf, S.210.
15) MünchKomm/Leipold, §2084, Rdnr.106. ; Grunewald, S.1209.
16) Palandt/Edenhofer, §2084, Rdnr.8. ; MünchKomm/Leipold, §2084, Rdnr.107. ; Staud./Otte, Vor §§2064 ff, Rdnr.92 등.

통설의 견해를 수미일관되게 관철한다면, 유언의 효력발생 후에야 비로소 통일이 된 경우에는 당연히 이러한 사정변경을 이유로 보충적 해석을 하는 것이 허용되지 않을 것이다.

그러나 대부분의 견해는 오히려 반대의 입장인 듯하다. 즉, 상속개시 후 발생한 통일이라는 사정을 유언의 해석에 있어서 고려할 수 있다는 것이다. 이러한 입장은 다시 크게 두 가지 부류로 나누어 볼 수 있는데, 하나는 원칙적으로 기존 통설의 입장을 고수하면서도 통일과 같은 예외적인 경우에는 상속개시 후의 사정을 고려할 수 있다는 입장이고, 다른 하나는 상속개시 후 사정변경이 있는 경우에도 일반적으로 보충적 해석을 허용해야 한다는 입장이다. 전자의 입장을 택하고 있는 학자들[17]은 상속개시 후 비로소 사정변경이 있는 경우 보충적 해석에 의해 무제한적으로 이를 고려하는 것은 허용될 수 없지만, 통일과 같이 근본적인 변혁이 있은 경우에는, 설령 통일 이전에 이미 유언이 효력을 발생하였더라도, 만약 유언자가 유언 성립 당시 그러한 사정을 고려하였더라면 어떻게 처분하였을 것인지를 탐구할 수 있다고 한다. 이러한 격심한 변화 앞에서 법적안정성의 사고는 뒤로 후퇴할 수밖에 없다는 것이다.[18]

반면 후자의 입장[19]은 사정변경이 상속개시 또는 유언의 효력발생 전에 있었는지 혹은 후에 있었는지는 중요치 않다고 한다. 사정변경이 상속개시 후에 등장한 경우에도, 상속개시 전에 등장한 경우와 마찬가지로, 보충적 해석을 허용해야 할 필요성이 절실하며,[20] 독일 상속법상 의사보충규범들 역시 상속개시 후 등장한 사정변경의 고려를 완전히 배제할 것을 예정하고 있지 않다는 것이다.[21] 뿐만 아니라 동 견해는 무엇보다도 독일 상속법의 기본

---

17) Lange/Kuchinke, S.773 f. ; MünchKomm/Leipold, §2084, Rdnr.109. ; Staud./Otte, vor §§2064 ff., Rdnr.101 ff. 등.
18) MünchKomm/Leipold, §2084, Rdnr.109.
19) Gerhards, Testamentsauslegung, S.71 ff. 참조.
20) 전게서, S.97 ff. 참조.

이념이라 할 수 있는 유언의 자유에 비추어 볼 때 이러한 태도를 견지하지 않을 수 없다고 하는데, 특히 독일 상속법이 유언자로 하여금 단순히 상속개시 시점을 기준으로 그 재산의 처분방법을 결정할 수 있도록 하는데 그치는 것이 아니라, 선상속(Vorerbschaft)·후상속(Nacherbschaft) 제도 등을 통해 자신의 사망 후에도 계속하여 처분권한을 행사할 수 있도록 하고 있다는 점, 그럼으로써 독일 상속법은 피상속인 의사의 항구성(Willensunsterblichkeit)을 실현하고, 국가에 의한 사적 영역에의 개입을 방지하는 등의 기능을 실천하고자 하고 있다는 점을 강조하고 있다.[22] 상속개시 후에도 자기 재산에 관하여 규율할 수 있는 피상속인의 유언의 자유는 수유자의 신뢰보다 우선적 가치를 가지며, 따라서 신뢰보호 또는 법적 안정성의 관점에서 보충적 해석을 한계지우는 것 역시 허용될 수 없다고 한다.[23]

이에 반하여 상속개시 후의 사정변경은 (그 사정이 유언의 효력발생 전에 등장하였는지 여부와 무관하게) 언제나 고려될 수 없다거나,[24] 보충적 해석의 단계에서 유언의 효력 발생 후 비로소 등장한 사정을 고려해서는 안 되는 이유를 주로 법적 안정성에서 찾으면서, 상대방의 보호가 문제되지 않는 경우, 가령 유언에 이미 유언자가 이러한 사정변경의 가능성을 고려하였음이 명백하게 표현되고 있는 때에만 상속개시 후의 사정변경을 고려할 수 있다

---

21) 가령 독일민법 제2066조는 "피상속인이 법정상속인에게 유증하면서 따로 특정하지 않았다면, 상속개시 당시 그의 법정상속인이 될 자들이 그들의 법정상속분 비율에 따라 유증을 받는다. 증여가 정지조건부 또는 시기부로 행해졌고, 상속개시 후에야 비로소 그 조건의 성취 또는 기한의 도래가 된 경우에는, 만약 피상속인이 조건의 성취 또는 기한의 도래 당시 사망하였더라면 그의 법정상속인이 되었을 자들이 유증을 받는 것으로 추정한다."고 규정하고 있는바, 동 조항 2문은 상속개시 후 등장한 사정변경을 고려하고 있음이 명백하다는 것이다. 더 구체적인 내용에 관해서는 전게서, S.101 ff. 참조.
22) 전게서, S.109 ff. 참조.
23) 상세한 논증에 관하여는 전게서, S.119 ff. 참조.
24) Erman/Schmidt, §2084, Rdnr.7.

고 보는 견해[25] 등도 있다. 독일 판례의 입장이 어떤 것인지는 명백하지 않
은데, 상속개시 후에야 비로소 사정변경이 있는 경우에 보충적 해석을 하고
있는 판례들을 찾아볼 수 있으나, 이는 모두 상속개시로부터 상당한 시간이
경과한 후에야 당해 유언이 효력을 갖게 된 종류의 유언으로서 상속개시시
점부터 유언 효력발생 사이에 등장한 사정변경을 고려한 것이었기 때문이
다.[26] 따라서 이러한 판례들만으로는 종래 통설의 입장을 따른 것인지 혹은
상속개시 후의 모든 사정을 고려할 수 있다는 입장을 따른 것인지 파악하기
어렵다. 다만, 독일연방대법원이 유언의 해석에 관하여 암시이론을 채택하고
있는 결과 독일의 판례는 상속개시 후 동서독의 통일이라는 사정을 고려하
여 보충적 해석을 함에 있어서도 역시 유언자의 의사지향점에 대한 암시점
을 발견할 수 있어야만 한다고 판시하고 있음에 유념할 필요가 있다.[27]

III. 北韓地域 所在 財産에 관한
유언의 補充的 解釋

독일이 통일 이후 몰수재산의 처리에 관하여 반환주의를 택한 것은 구 동
독지역에서 자행되었던 불법적 소유권 침해행위를 원상으로 복구함으로써
법치국가로서의 질서를 회복한다는데 그 주된 의의가 있었다. 그러나 이러한
반환주의는 몰수재산을 둘러싼 법률관계를 복잡하게 하고, 그 처리절차를 지
연시킨다는 점에서 도입 당시부터 많은 비판을 받았을 뿐만 아니라, 실제로
도 구동독 지역에 대한 투자를 저해시킴으로써 전반적인 경기침체라는 부작

---

25) Grunewald, S.1210 f. 이러한 견해에 따르고 있는 독일의 판례로 OLG Oldenburg,
　　DtZ 1992, 290 참조.
26) 구체적인 판결례에 대해서는 Gerhards, Testamentsauslegung, S.75 f. 참조.
27) 가령 BayObLG ZEV 1994, 47 = FamRZ 1994, 723 등. ; (同旨) Lange/Kuchinke,
　　S.774.

용을 초래하였다.[28] 그러한 이유 때문에 독일 역시 1992.7.14. 「재산법 및 기타 법령의 개정을 위한 법률(Gesetz zur Änderung des Vermögensgesetzes und anderer Vorschriften vom 14.7.1992)」을 통해 기존의 반환주의 원칙을 일부 포기하고 투자 우선의 원칙으로 그 방향을 선회하였던 것이다.[29] 이와 같은 반성적 고려에 기초하여 볼 때, 우리나라가 통일이 되더라도 독일에서와 같이 반환주의를 원칙으로 삼을 가능성은 그다지 높지 않을 것으로 보인다.[30] 북한지역에서 몰수행위가 있었던 1946년 이전의 토지의 소유권관계를 입증할 수 있는 문서가 거의 소실되었을 가능성이 높다는 점[31]을 고려하면 더욱 그러하다. 그렇다면 이하에서 논의하는 북한지역 소재 재산에 관한 유언의 보충적 해석에 관한 논의도 그다지 실익이 있다고는 할 수 없을 것이다.

그럼에도 불구하고 이러한 가상적 사안을 논하는 것은 이 사안의 해결을 위해 전제가 되는 법리, 즉 유언의 보충적 해석에 있어서 유언자의 사망 후에 비로소 발생한 사정(postmortales Ereignisse)을 고려할 수 있는지 여부, 만약 고려할 수 있다면 어느 범위에서 고려할 수 있는지 여부의 문제가 보충적 해석과 관련된 다른 사안에서도 얼마든지 발생할 수 있기 때문이다. 이미 로마법에서 그러한 사안을 찾아볼 수 있는데, 위에서 살펴본 쿠리우스 송사[32]가 대표적인 예이다. 따라서 본 항에서 살펴볼 사안의 해결방안을 둘러싼 법리적 쟁점은 다른 사안에서도 전용이 가능하다는데 본 항의 주된 의의가 있다. 위와 같은 사안에 관한 독일에서의 논의로부터 추출해낼 수 있듯이 상속개시 후 남북한이 통일될 경우, 유언의 보충적 해석이 허용될 수 있을 것인지 여부를 둘러싼 문제는 크게 두 가지 측면으로 나누어 볼 수 있다. 하나는

---

28) 반환주의가 초래한 문제점들에 대해 자세히는 鄭永和, 70면 이하 참조.
29) 沒收財産處理, 364면 참조.
30) 독일식의 흡수통일이 된다는 전제 하에서는 반환주의를 원칙으로 삼되, 토지는 3 町步 이내에서만 원소유자에게 그 반환을 인정해야 할 것이라고 보는 견해로 李丞祐, 84면 이하 참조.
31) 이에 대해서는 李丞祐, 84면 이하 참조.
32) 쿠리우스 송사에 대해 자세히는 제2장 제2절 II. 2. (3) 이하 참조.

이미 피상속인이 사망하여 북한 지역 소재 재산에 관한 처분권한을 잃었음에도 불구하고 당해 재산에 관한 피상속인의 의사를 실현시키기 위해 유언의 해석을 허용할 수 있을 것인지의 문제이고, 다른 하나는 상속개시 후 이미 오랜 시간이 경과된 다음에야 비로소 통일이 이루어진 경우 새롭게 유언의 보충적 해석을 통해 이미 형성된 상속관계를 뒤흔드는 것이 과연 법적 안정성에 비추어 적합한 것인지 여부의 문제가 그것이다.

먼저 전자의 문제와 관련하여서는 보충적 해석을 허용하더라도 법리적으로 별다른 문제가 없다고 본다. 상속이 개시됨과 동시에 유언자가 자기 재산에 관한 처분권한을 상실하는 것은 사실이나, 상속개시 후의 사정변경을 이유로 보충적 해석을 함에 있어서는 변경된 사실관계에 기초하여 형성된 유언자의 현실적 의사를 확정하는 것이 아니라, 피상속인이 사실관계의 변경가능성을 염두에 두었더라면 가졌을 것이라고 생각되는 가정적 효과의사를 탐구하는 것이기 때문에 유언자가 이미 사망하여 더 이상 이에 관해 어떠한 의사를 가질 수 없다는 주장은 받아들이기 힘들다. 따라서 상속개시 후의 변경을 보충적 해석의 계기로 삼는 것이 논리적으로 애초부터 배제된다고는 할 수 없다.[33] 오히려 이러한 사안을 보충적 해석의 적용범위로부터 배제하는 태도야말로 부당한 결과를 초래할 수 있다. 사실 어떠한 사정의 변경이 상속개시 내지 유언의 효력발생 전에 있었는지 또는 그 후에 있었는지 여부는 매우 우연한 사정에 기초하고 있는 것으로서 피상속인의 입장에서 볼 때 유언 성립 후 그가 미처 예상하지 못한 어떠한 사정의 변경이 있었다는 사실, 그로 인해 유언에 어떠한 흠결이 발생하였다는 사실, 따라서 그의 가정적 의사에 따라 이를 보충하여야 할 필요가 발생하였다는 사실에 관해서는 아무런 차이가 없다. 이와 같이 기교적인 구별기준에 의해 보충적 해석의 허용가능성에 관해 다른 결론을 내리는 것은 피상속인의 진정한 의사 실현을

---

33) (同旨) MünchKomm/Leipold, §2084, Rdnr.106. ; Staud./Otte, Vor. §§2064 ff., Rdnr.92.

위해 도입된 보충적 해석의 취지를 반감시키는 결과를 가져올 것이다.

　다음으로 법적 안정성과 관련된 후자의 쟁점은 경청할 가치가 있다. 유언은 상대방 없는 법률행위로서 그에 의해 수증을 받은 자 등의 권리는 아직 법적으로 보호받을 만한 가치가 없는 것이지만, 일단 유언이 효력을 발생한 후에는 그가 확정적으로 권리를 취득하게 되기 때문이다. 일단 그의 지위가 확정된 다음에 비로소 등장한 사정의 변경을 이유로 새롭게 유언의 보충적 해석을 허용한다면, 이는 그의 신뢰 내지 법적 안정성을 해할 소지가 다분하다. 그러나 실제로는 그와 같은 결과를 낳을 가능성이 거의 없다고 본다. 먼저 위에서 살펴본 바와 같이 보충적 해석에는 일정한 한계가 있는바, 본래 유언의 내용과 전혀 다른 새로운 내용을 갖는 유언으로 변경시키는 등의 보충적 해석은 허용되지 않는다고 할 것이다.[34] 따라서 보충적 해석에 의해 기존 유언에 의해 이익을 얻은 자의 법적 지위에 변경이 생기는 일은 거의 상정하기 힘들다. 물론 기존 유언의 효력을 부정하는 내용의 보충적 해석은 가능하다 할 것이나, 피상속인이 유언을 할 당시 염두에 두지 않았던 북한 지역 소재 재산에 관한 보충적 해석을 함에 있어서는 여타의 재산에 관한 기존 유언에 따른 처분을 무효로 돌리는 것이 아니라 새롭게 등장한 위 북한 지역 소재 재산의 귀속관계를 정하는 것이 문제될 뿐이므로, 사실상 기존의 유언은 그대로 유지되는 경우가 통상일 것이다. 게다가 본래 유언의 해석이란 상속이 개시된 후에야 비로소 문제되는 것이기 때문에, 설령 그 사정의 변경이 상속개시 전에 등장한 것이더라도 일단 수유자의 법적 지위가 확정된 이후에 이를 다툰다는 점에서는 상속개시 후의 사정변경을 이유로 하는 보충적 해석과 전혀 다를 바 없다. 이러한 점에서도 법적 안정성을 이유로 사정변경이 상속개시 전후 중 언제 있었느냐에 따라 보충적 해석의 허용 여부를 달리 보는 태도는 받아들일 수 없다.

---

34) 유언의 보충적 해석의 객관적 한계에 대해서는 위의 제4장 제2절 III. 3. (2) 이하 참조.

　그러므로 이미 유언이 효력이 발생한 후에 비로소 남북한이 통일된 경우에도 역시 유언의 보충적 해석을 통해 유언자가 유언에 의해 미처 규율하지 못한 북한 지역 소재 재산에 관하여 유언자의 가정적 의사를 탐구할 수 있다 할 것이다. 유언의 해석에 관하여 암시이론을 택하지 않은 이상,35) 유언 서면에서 북한 지역 소재 재산의 처리에 관한 유언자의 의사 또는 동기에 대한 암시점이 존재할 필요도 없다.

---

35) 이에 대해서는 위의 제5장 제4절 참조.

제5절 기타 문제

이하에서는 유언의 해석과 관련하여 등장할 가능성이 있는 다양한 사례들을 제시하고, 그에 대하여 간단하게나마 해결책을 제시함으로써 본서의 실제적 유용성을 도모하고자 한다.

I. 先遺贈과 後遺贈

> **[사례 1]** 피상속인은 자기 소유의 A 부동산을 妻 甲에게 유증하면서, 甲이 사망한 후에는 그의 장남 乙이 A 부동산을 승계한다는 취지의 유언을 하였다. 乙은 甲의 사망 후 피상속인으로부터 A 부동산을 유증받았음을 이유로 위 부동산에 관한 권리를 주장할 수 있는가.

피상속인의 위와 같은 유언, 즉 특정물에 관하여 유증을 하면서 수유자(甲)가 사망한 때에는 그 물건에 관한 권리를 제3자(乙)에게 수여한다는 취지의 유언은 2개의 유증 처분이 결합한 것으로 볼 수 있다. 妻 甲에 대한 유증(제1유증, 이하 '先遺贈'이라 한다.)과 甲의 사망을 정지조건으로 하는 장남 乙에 대한 유증(제2유증, 이하 '後遺贈'이라 한다.)이 그것이다.[1] 본래 유언에 정지조건이나 기한, 부담 등을 붙이는 것은 허용되는 것이 원칙이다(민법

---

1) 이는 일본에서 소위 「後繼ぎ遺贈」이라는 이름으로 논의되고 있다. 이에 관해 자세히는 특히 伊藤昌司, 132면 이하 ; 川淳一, 受益者死亡を理由とする受益連結型遺贈, 遺言自由の原則と遺言の解釋(野村豊弘, 床谷文雄 編著), 商事法務, 2008, 19면 이하 참조.

제1073조 제2항 참조). 그러나 통상적인 정지조건과 달리 하나의 물건에 관하여 서로 모순되는 2개의 유증을 하면서 2개의 유증을 모두 유효하게 만들기 위해 제2유증에 정지조건 또는 시기 등을 붙이는 것은 허용될 수 없다고 본다. 이와 같은 방식의 유증은 유언자의 상속재산에 대한 처분권한을 그의 사후에까지 연장시키는 것으로서 우리 민법이 예정하고 있는 바가 아니기 때문이다. 선상속인·후상속인 지정제도를 인정하고 있는 독일 민법과는 달리 우리 민법은 원칙적으로 이와 같은 先遺贈·後遺贈 제도를 유언의 법정사항으로 허용하고 있지 않다. 게다가 위와 같은 후유증의 효력을 인정할 경우 선유증을 받은 자는 당해 특정물에 대한 처분권한을 상실하게 되는지 여부, 만약 그렇다면 선수유자가 유증에 의해 누리는 이익은 구체적으로 어떠한 내용을 갖는 것이지 여부 등이 불분명할 뿐만 아니라, 선수유자와 후수유자 및 제3자 간의 법률관계 등이 불명확해져서 법적 분쟁이 발생할 가능성이 높다. 따라서 위와 같은 내용의 유언은 효력이 없다 할 것2)이며, 乙은 피상속인의 유증을 원인으로 하여 A 부동산에 관한 자신의 권리를 주장할 수 없다.3)

다만, 이와 같은 종류의 유언이 효력을 갖지 못한다고 하여 後遺贈 뿐만 아니라 先遺贈도 모두 효력을 잃는다고 보아야 할 것인지는 의문이다. 사실 선유증과 후유증은 밀접한 관련을 갖고 있는 것으로서 피상속인의 입장에서 볼 때 一體의 법률행위로 이를 하겠다는 의사를 갖고 있는 것이 통상이다. 이와 같이 일체를 이루는 법률행위의 일부인 後遺贈이 유언의 법정 기재사항에 해당하지 아니하여 무효로 된다면, 민법 제137조에 의해 법률행위 전부가 무효가 됨이 원칙일 것이다. 그러나 의사도그마의 지배를 받고 있는 유언의 해석 영역에 있어서는 가급적 그 유언이 유효하도록 해석하여야 한다는

---

2) (同旨) 崔秀貞, 상속수단으로서의 신탁, 民事法學 第34號(2006), 588면 이하.
3) 김성숙, 유증제도의 변천과정과 현행법의 문제점, 사회변동과 한국가족법, 나남, 2008, 508면 이하에 따르면 조선시대에도 이와 같은 선유증·후유증 사안이 존재하였으나, 후유증의 효력에 관해 일반적인 원칙은 없고 사안에 따라 개별적으로 처리되었다고 한다.

유언 우대의 원칙이 적용되는바, 설령 법률행위 일부가 무효로 된다고 하더라도, 그 나머지는 가급적 효력을 갖는다고 해석할 필요가 있다.[4] 그것이 유언자의 의사에 부합하기 때문이다. 따라서 이 경우에도 先遺贈은 일반적인 방식의 유증으로서 당연히 효력을 갖는다고 할 것이다. 後遺贈에 관한 유언 문언은 피상속인의 단순한 희망에 불과한 것으로서 유언에 기재되지 않은 것으로 간주된다. 피상속인에게 후유증이 없었더라면 선유증도 하지 않았으리라는 의사가 있었다고 인정될 수 있을 때에는 선유증도 무효가 됨은 물론이다.[5]

II. 遺言 內 引用의 효력

[사례 2] 피상속인은 2007.1.3. 공정증서에 의한 유언을 통해 자신의 재산 중 A 부동산은 甲에게, B 주식은 乙에게 유증하고, 나머지 재산은 법정상속의 규율에 따른다고 유언하였다가 같은 해 6.7. 위 유언을 철회하였다. 그는 2008.3.15. 다시 자필증서에 의한 유언을 하면서 자신의 재산 중 A 부동산은 丙에게 유증하고, 나머지 점에 대해서는 2007.1.3.자 공정증서에 의한 유언에 의한다고 자서하였다. 피상속인 사망 후 乙은 피상속인으로부터 B 주식을 유증받았음을 이유로 위 주식에 관한 권리를 주장할 수 있는가.

---

4) 이와 같은 취지에서 독일 민법 제2085조는 "유언에 포함되어 있는 다수의 처분 중 하나가 무효인 경우, 피상속인이 그 무효인 처분이 없었더라면 나머지 처분도 하지 않았으리라는 것이 인정되는 때에만 나머지 처분도 무효가 된다."고 규정함으로써 민법총칙상의 전부 무효의 원칙을 일부 무효의 원칙으로 역전시키고 있다.

5) 다만, 이와 같이 피상속인의 의사가 선수유자로부터 후수유자로의 순차적 유증에 있는 것이 아니라, 후유증에 주된 목적이 있었던 것으로 인정될 때에는 당해 유언을 단순한 선유증·후유증으로 해석하지 아니하고, 선수유자가 후수유자에게 당해 목적물의 소유권을 이전시켜 줄 의무를 부담하는 것으로 부담부 유증 등으로 해석함으로써 당해 유언의 효력을 인정하는 것이 더욱 유언 해석의 본연의 목적에 부합하는 결론일 것이다. 이와 같은 취지에서 위와 같은 유언을 부담부 유증 등으로 해석할 여지가 있다고 보았던 일본 최고재판소 1983.3.18.자 판결 참조. 동 판결의 자세한 내용에 대해서는 제2장 제5절 IV. 참조.

위 사안에서는 피상속인이 방식에 적합한 유언을 하기는 하였으나, 구체적인 내용의 전부 또는 일부를 당해 유언에서 직접 표시하지 아니하고, 다른 서면에 기재되어 있는 바를 인용하고 있다. 이와 같이 방식에 적합하게 표시된 유언과 분리된 서면에 의한 유언은 이미 로마법 시대의 유산처분문기(codicilli)에서 그 기원을 찾아볼 수 있는데, 의사도그마가 확대되면서 유언 방식에 좇지 않은 유산처분문기라도 유언에서 이를 확인한 경우에는 유언으로서의 효력을 인정하였던 것이다.[6] 현대에 와서는 유언자의 현실적 의사 탐구가 유언해석의 목적으로 떠오르면서 유언 서면 외부에 존재하는 사정들을 모두 고려하여 피상속인의 의사를 확정하여야 한다는 것이 통설적 견해가 되었는데, 이러한 견해에 따르면 방식에 적합하게 표시되지 않은 문서를 인용하여 유언을 한 경우에도 그에 따른 효력을 인정하는 것이 해석의 단계에서 이미 허용될 수 있을 것처럼 보인다. 하지만 유언 문서 외부에 존재하는 서면은 이미 표의자의 의사가 방식에 적합하게 표시된 상태에서 그 의사의 불명확한 내용을 구체적으로 확정하기 위해 고려될 수 있을 뿐, 그 의사 자체를 방식에 좇지 않은 서면에 의해 표시하는 경우에까지 이를 고려할 수 있는 것은 아니다. 이는 유언 해석의 문제이기 이전에, 이미 방식의 문제인 것이다. 특히 자필증서에 의한 유언의 경우에는 유언 중 인용된 부분에 대한 피상속인의 「自書」 요건이 흠결되어 있기 때문에 더더욱 이를 인정할 수 없다.[7]

따라서 유언의 내용을 좀더 구체적으로 밝히기 위해 유언 외부의 문서를 인용하는 것은 허용될 수 있고, 또한 해석에 의해 당연히 이를 고려할 수 있다고 할 것이지만, 유언 내에서 다른 서면을 인용함으로써 비로소 자신의 의사를 표시하는 방식의 유언은 허용되지 아니한다.[8] 하지만 피상속인이 원용

---

6) 이에 대해서는 제2장 제3절 I. 참조.

7) 유언 내 인용(Bezugnahme) 문제를 다루고 있는 독일의 문헌들이 대부분 이를 유언의 해석과 관련하여 다루지 아니하고, "자필증서에 의한 유언 방식" 부분에서 설명하고 있는 것은 바로 이러한 연유에 기인한 것이다.

8) Staud./Baumann, §2247, Rdnr.68. ; MünchKomm/Hagena, §2247, Rdnr.20. ; Leipold,

하고 있는 서면 자체가 이미 방식에 적합하게 표시된 유언의 일종이라면 결
론은 달라질 수 있다. 피상속인이 유언의 일부만을 철회하거나 이를 변경하
는 것도 가능한 이상, 기존의 유언을 변경시키는 유언을 하면서 변경을 원하
지 않는 부분에 관해서는 기존의 유언을 인용하는 것도 당연히 허용된다고
보아야 할 것이다.[9] 그 부분에 관해서는 적법한 방식에 좇은 유언자의 의사
표시가 존재하고 있기 때문이다. 따라서 피상속인이 유언 내에서 기존의 자
필증서에 의한 유언이나 공정증서에 의한 유언 등을 인용하는 것은 허용된
다.[10] 다만, 이 때 인용되는 유언은 적법·유효한 것이어야 할 것이며, 이미
철회되어 효력을 갖지 못하는 유언은 이를 인용할 수 없다고 본다.[11] 따라서
위 사안에서 乙은 이미 철회된 2007.1.3.자 유언에 기해 위 주식을 유증받았
음을 주장할 수 없음은 물론, 철회되어 효력을 잃은 유언을 인용하고 있는데
불과한 2008.3.15.자 유언에 의해서도 위와 같은 권리를 주장할 수 없다고
할 것이다.

III. 錯誤에 의한 遺言

[사례 3]   피상속인은 자기 소유의 A 부동산을 "법정상속인"에게 유증한다는
취지의 유언을 하였다. 유언 당시 피상속인의 가족으로는 그의 夫 및 夫의 前
妻 소생의 子 甲이 있었다. 피상속인은 평소 甲을 친자식처럼 여기고 양육하
여 왔으며, 甲이 자신의 법정상속인이 되는 것으로 생각하여 왔다. 피상속인의
사망 후 甲은 피상속인으로부터 A 부동산을 유증받았음을 이유로 위 부동산
에 관한 권리를 주장할 수 있는가.

Erbrecht, Rdnr.307, 364.
9) Staud./Baumann, §2247, Rdnr.69 참조.
10) MünchKomm/Hagena, §2247, Rdnr.20.
11) Staud./Baumann, §2247, Rdnr.69.

피상속인이 사용한 유언의 문언에 의하면, A 부동산은 피상속인 사망 당시 유일한 법정상속인인 피상속인의 夫가 단독으로 이를 유증받는다고 보아야 할 것이다. 법정상속인의 의미는 명백하기 때문이다. 그러나 위에서 살펴본 바와 같이 명백한 문언은 해석에 아무런 한계가 되지 아니하므로, 법관으로서는 유언 문서 외부에 존재하는 여러 사정을 종합하여 판단함으로써 피상속인의 현실적 의사를 탐구하여야 할 것이다. 그 결과 피상속인이 "법정상속인"이라는 용어로써 그의 夫 뿐만 아니라 甲 역시 수유자로 삼고자 하는 의사를 가지고 있었음이 확정될 수 있다면, 甲 역시 위 유언에 의해 A 부동산을 유증받은 것으로 해석하여야 할 것이다. 이는 유언의 문언과 명백히 배치되는 결과이기는 하나, 유언의 해석에 관하여 의사도그마를 택하고 있는 이상 이를 인정하지 않을 수 없다. 이러한 결과는 오표시 무해의 원칙에 비추어 보더라도 당연한 것[12]인데, 위에서 살펴본 바와 같이 유언자가 착오로 인해 자신이 현실적으로 의도한 것과 다른 표시를 한 경우에는 표시된 바보다 유언자가 실제로 의도한 바가 우선적으로 효력을 갖기 때문이다. 따라서 甲은 A 부동산에 관한 자신의 권리를 주장할 수 있다.

한편 피상속인은 자신이 하는 법률행위 내용의 중요부분, 즉 수유자의 인적 동일성에 관하여 착오에 빠져 있기 때문에 당해 유언을 민법 제109조 제1항에 의해 취소하는 것도 가능하다 할 것이다. 그러나 위 사안에서 유언의 취소는 사실상 별다른 의미가 없는데, 법정상속인이 아닌 甲에게는 위 유언을 취소할 권한이 없고, 취소권을 승계한 피상속인의 夫로서는 취소권을 행사할 아무런 실익이 없기 때문이다. 따라서 위 사안은 유언의 취소가 아닌 해석에 의해 이를 해결하지 않을 수 없다. 게다가 일반적으로 해석은 언제나 취소에 선행한다. 해석은 적극적인 효력을 갖는 반면, 취소는 소극적인 효력밖에 갖지 못하며, 해석은 유언자의 진정한 의사실현에 봉사하지만, 취소는 잘못된 의사표시의 효력을 제거함으로써 법정상속이 개시되도록 만들 뿐이

---

12) v.Lübtow, Erbrecht, S.270 참조.

기 때문이다.13) 따라서 위와 같은 착오에 의한 유언은 이를 취소하기에 앞서 해석을 통해 이를 교정하기 위해 노력할 필요가 있다. 다만, 착오에 의한 유언을 해석에 의해 수정할 수 있는 것은 피상속인이 자신의 의사를 "표시"한 경우에 한한다. 피상속인이 유언 당시 어떠한 의사를 가지고 있었으나 착오에 의해 이를 표시하지 않은 경우, 가령 위 사안에서 피상속인이 아예 "A 부동산을 법정상속인에게 유증한다."는 취지의 유언을 하지 아니한 경우에는 아무리 피상속인에게 유증의 의사가 있었다고 할지라도 해석에 의해 이를 인정할 수 없다. 방식에 적합한 의사표시가 아예 존재하지 않는 경우에 해당하기 때문이다.

---

13) Lange/Kuchinke, S.773.

제 7 장

結論

유언이라는 제도가 확립된 이래 현재에 이르기까지 유언은 (적어도 실제로 그 제도가 많이 활용되고 있는 법제에서는) 그 해석과 관련하여 다양한 현실적 사례들과 흥미로운 학문적 성과들을 제공해 주고 있다. 이는 자필증서에 의한 유언이 허용됨으로써 유언의 불명확성이 증대한 까닭도 있지만, 기본적으로는 유언 성립 시점과 그 효력 발생 시점 사이에 장기간의 기간이 소요되는 경우가 많다는 점, 그리고 일단 유언이 효력을 발생한 후에는 이미 피상속인이 사망하여 더 이상 그의 의사를 확인하는 것이 불가능하다는 점에 기인하고 있다. 로마에서는 각 시대에 따라 유언 방식의 변천과 더불어 유언의 해석 역시 문언을 중시하는 해석으로부터 유언자의 의사를 중시하는 해석으로 그 방향이 전환되어 왔다. 특히 후고전기 시대에는 유언의 방식목적이 효력형식에서 보호형식으로 변화하면서 유언자의 의사를 최대한 존중하는 태도가 관철되기에 이르렀다. 이러한 태도는 독일에서 소위 의사도그마라는 이름 아래 유언법 전체를 규율하는 중심원리로 계수되었으며, 영미법이나 일본법에서도 의사도그마는 유언의 해석을 지배하고 있다.

우리 민법상 유언의 해석을 논함에 있어서도 의사도그마는 중요한 의미를 갖고 있다. 우리 민법이 유언에 관해 채택하고 있는 방식 역시 후고전기 시대 로마의 유언 방식과 마찬가지로 효력방식이 아닌 보호방식으로서의 성격을 가지고 있을 뿐만 아니라, 유언은 상대방 없는 단독행위이자 무상행위이고, 언제나 철회할 수 있는 자유가 보장되어 있는 행위로서 그 유언을 신뢰한 상대방 내지 제3자를 보호하여야 할 필요가 없기 때문이다. 따라서 유언을 해석함에 있어서는 당해 유언이 민법에서 정한 방식에 의해 유효하게 표시되었는지와 무관하게 피상속인이 그 유언을 통해 의도하였던 바가 무엇인지를 탐구하여야 한다. 이러한 유언의 해석 목적과 관련하여 독일에서는 유언자의 현실적 의사를 탐구하는 것을 그 목적으로 삼아야 한다는 의사주의적 견해와 당해 유언의 법적으로 귀속가능한 의미를 탐구하는 것을 목적으로 삼아야 한다는 효력주의에 입각한 견해가 서로 대립하고 있으나, 우리 상속법의 구조나 개별조문들의 해석상 유언자의 현실적 의사를 탐구하는 것이 유언 해석의 목적이 되어야 할 것이다.

유언자의 현실적 의사를 탐구함에 있어서 해석의 대상은 물론 유언의 의사표시 그 자체이다. 불명확하고 다의적인 유언뿐만 아니라, 객관적으로 보았을 때 그 문언의 의미가 명백하고 일의적인 경우에도 역시 해석의 대상이 된다. 과거 독일의 일부 학설과 독일연방대법원은 법적안정성과 입증의 확보, 피상속인 의사의 사후적 날조에 대한 위험, 그리고 경솔한 유언 방지를 위한 교육적 효과 등을 이유로 명백한 문언은 해석의 대상이 되지 않는다는 소위 명백성 원칙을 인정하였으나, 이에 대해서는 문자적 의미에 구애받지 아니하고 진정한 의사를 탐구할 것을 요구하고 있는 독일민법 제133조에 반할 뿐만 아니라, 문언이 명백한지 여부는 해석을 통해서야 비로소 밝혀질 수 있다는 점에서 많은 비판이 있어 왔으며, 이에 독일연방대법원도 1981.4.9. 명백성 원칙을 포기하는 것으로 판례를 변경한 바 있다. 유언을 해석함에 있어서는 유언의 문언 외에 유언 문서 외부에 존재하는 사정들도 모두 고려하여야 하는데, 해석의 대상은 여전히 일정한 방식을 갖추어 유효하게 표시된 유언 그 자체이며, 유언 외부의 사정은 그 유언의 법적 의미를 파악하기 위해 원용된 것에 불과하다는 점에서 이러한 태도가 방식주의에 위반된다고 볼 것은 아니다. 다만 유언의 해석을 통해 발견하고자 하는 것은 유언 성립 당시의 유언자의 의사이기 때문에, 유언 성립 후에 등장한 사정, 특히 유언자의 사후적 의사변경은 이를 고려하여서는 아니 된다. 이를 고려하는 것은 유언의 변경 내지 새로운 유언은 유언의 방식에만 의하도록 한 방식주의를 잠탈할 가능성이 있기 때문이다.

위와 같은 해명적 해석에 의해 유언자의 현실적 의사를 탐구한 후에도 여전히 해석이 필요한 경우가 있다. 가령 피상속인이 유언 성립 당시 관계되는 사정을 잘못 인식하였거나 유언 성립 후 사정이 변경되어 본래의 유언 내용에 따르면 피상속인이 당해 유언을 통해 달성하고자 했던 목적을 더 이상 달성할 수 없게 된 경우, 이러한 흠결을 보충하기 위하여 만약 피상속인이 유언 성립 당시 위와 같은 사정 변경 등을 예견하였더라면 어떻게 처분하였을 것인가라는 피상속인의 가정적 의사를 탐구하는 것이 요구된다. 이러한 보충적 해석은 본래 계약의 영역에서 인정되던 것이지만, 피상속인의 유언의 자유 내지 피상속인의 의사실현이라는 측면에서 볼 때 유언의 해석에도 인정하지 않을 수 없다. 이와 같은 보충적 해석의 근거에 비추어 볼 때 유언 성립 당시 피상속인이 가졌던 의사지향점이야말로 피상속인의 가정적 의사를 탐구하는 출발점이 되어야 할 것이다. 보충적 해석은 피상속인이 당해 유언을 통해 본래 달성하고자 했던 목적 내지 동기를 변경된 사정 등에 맞추어 끝까지 관철해 봄으로써 그 목적을 달성한다. 다만 해명적 해석에서와 마찬가지로 피상속인이 유언 성립 후에 실제로 가졌던 변경된 의사는 고려되어서는 안 될 것인데, 이와 같이 변경된 의사를 고려하는 것은 무방식의 의사표시에 의한 사인처분을 허용할 위험이 있기 때문이다.

한편 이와 같이 유언의 해명적 해석 및 보충적 해석에 의해 탐구된 유언자의 의사가 유언 문서 자체에 전혀 드러나지 않고 있는 경우, 이러한 의사에 따른 법률행위의 효과를 인정하는 것이 과연 유언에 관해 우리 민법이 채택하고 있는 방식주의와 조화될 수 있겠는가라는 의문이 제기될 수 있다. 이에 대해 독일의 일부 학설과 독일연방대법원은 방식목적의 실현을 위해 소위 암시이론을 주장하고 있는 바, 이는 해석의 단계와 방식심사의 단계를 분리하여 일단 해석에 의해 유언자의 의사를 탐구한 다음, 그와 같이 탐구된 의사가 유언 문서에 적어도 암시적으로나마 표현되고 있지 않은 경우에는 방식에 적합하게 표시되지 않은 것으로 보아 그 법적 효과를 인정하지 않겠다는 것이다. 그러나 이러한 암시이론에 대해서는 암시점을 요구하는 것이 방식목적의 실현(특히 입증목적과 관련하여)에 사실상 별다른 기여를 하지 않는다는 점, 암시점에 대한 확립된 기준이 존재하지 않음으로 말미암아 법관의 자의적 판단이 개입할 여지가 있고, 장황하게 유언을 작성한 피상속인을 그렇지 않은 상속인에 비해 우대하고 있다는 점, 유언의 해석에 있어서도 마땅히 인정되어야 할 오표시 무해의 원칙과 모순되며, 방식이 내용을 지배하기 때문에 고래의 형식주의로의 퇴보에 불과하다는 점 등에서 비판이 있다.

위에서 살펴본 바와 같이 우리 민법상 유언은 유언자의 의사를 최대한 존중하여야 한다는 의사도그마에 따라 해석하여야 할 것이다. 그런데 암시이론은 방식목적의 실현에 특별히 봉사하지도 않으면서 유언자의 의사가 유언의 문언에서 드러나지 않는다는 이유로 그 의사의 실현을 배척하고 있다는 점에서 사실상 의사도그마와 모순된다는 문제점이 있다. 뿐만 아니라 우리 민법의 방식주의는 유언의 내용을 명백하게 하기 위해 도입된 것이라기보다는 유언의 의사표시 자체의 존재를 명백하게 하기 위해 도입된 것이다. 그렇다면 유언의 의사표시가 방식에 적합하게 행해졌는지를 묻는 것이 아니라, 의사표시 해석의 결과가 방식에 적합하게 표시되었는지를 묻고 있는 암시이론은 방식주의 본래의 목적에도 반한다고 할 것이다. "방식규정은 의사표시의 「意味」가 방식에 적합하게 표시될 것을 요구하는 것은 아니[다]"[1]라고 한 Danz의 지적은 여전히 유용하다. 그러므로 암시이론은 이를 택할 수 없다.

---

1) Danz, S.169,

참고문헌

1. 국내문헌

(1) 단행본

高翔龍, 民法總則(全訂版), 法文社, 1999
郭潤直, **民法總則**(第七版), 博英社, 2002
　　　, **相續法**(改訂版), 博英社, 2004
郭潤直 編, 民法注解 第II券, 總則 (2), 博英社, 1992
　　　, 民法注解 第III券 總則 (3), 博英社, 1992
金相容, **民法總則**(全訂版增補), 法文社, 2003
金容漢, 親族相續法(補訂版), 博英社, 2003
金疇洙, 註釋 民法[相續(2)], 韓國司法行政學會, 2005
金疇洙/金相瑢, 親族·相續法(제9판), 法文社, 2008
金曾漢 著/金學東 增補, 民法總則(第9版), 博英社, 2006
정기웅 감수/김현선 저, 친족·상속·가사실무, 白映社, 2008
民議院 法制司法委員會 民法案審議小委員會, 民法案審議錄 下卷 親族編
　　　相續編, 1957
박동섭, 친족상속법(개정판), 博英社, 2006
朴正基·金演 共著, 家族法-親族相續法-, 三英社, 2005
裵慶淑·崔錦淑, 親族相續法講義(改訂增補版), 第一法規, 2004
白泰昇, 民法總則(第2版), 法文社, 2006
法務部, 統一獨逸·東歐諸國 **沒收財産處理** 槪觀, 1994
梁彰洙 譯, 2005년판 독일민법전, 博英社, 2005
李庚熙, 家族法(五訂版), 法元社, 2006
李英俊, 民法總則(改訂增補版), 博英社, 2007
李銀榮, 民法 II[民法總則·物權法](第5版), 博英社, 2007
鄭光鉉, 韓國家族法硏究(附錄), 서울대학교 出版部, 1967
崔東軾, 信託法, 法文社, 2006

최병조, **로마법강의**, 博英社, 1999

콘라트 츠바이게르트, 하인 괴츠 지음/梁彰洙 옮김, 比較私法制度論, 大光文化
    社, 1991

한봉희, 가족법, 도서출판 푸른세상, 2005

玄勝鍾 著/曺圭昌 增補, 로마法, 法文社, 2004

           , 게르만法(增補版), 1988

(2) 논문

康奉碩, 代償請求權의 意義 및 要件, 民事法學 第32號(2006), 245면 이하

金光培, 遺言의 基本法理에 관한 研究, 한양대학교(석사학위논문), 1993

金起永, 英國 遺言制度에 관한 小考, 家族法研究 第11號(1997), 561면 이하

김민정, 조선초기 상속법제에서 유언 자유의 의미, 법사학연구 제37권(2008), 5면
    이하

金相容, 法律行爲論에 관한 法制史的 考察, 漢陽大學校 法學論叢 第4輯
    (1987), 185면 이하

金相容, 法律行爲의 解釋에 관한 比較 考察, 法學研究 第11卷 第1號(2001),
    93면 이하

김성숙, 유증제도의 변천과정과 현행법의 문제점, 사회변동과 한국가족법, 나남,
    2008, 499면 이하

김수정, 遺留分制度의 憲法的 根據와 法政策的 論議 -獨逸 聯邦憲法裁判所
    決定을 契機로 하여-, 家族法研究 第20卷 2號(2006), 161면 이하

金泳希, 自筆證書遺言方式에 관한 諸問題, 家族法研究 第17卷 2號(2003),
    259면 이하

金榮喜, 遺言에 관한 形式的 嚴格主義와 遺言者의 眞意, 民事判例研究
    [XXX], 博英社, 2008, 391면 이하

金宰浩, 包括的 遺贈, 裁判資料 第78輯 相續法의 諸問題, 法院圖書館, 1998,
    321면 이하

金鎭鉉, 要式行爲에 있어서의 方式 一般에 관하여, 江原法學 第2卷(1986), 3면
    이하

金昌鐘, 相續財産의 分割, 裁判資料 第78輯 相續法의 諸問題, 法院圖書館,
    1998, 179면 이하

김학동, 독일에서의 의사표시이론 : 본질 및 요건을 중심으로, 私法硏究 第2輯 (1994), 72면 이하.

南孝淳, 法律行爲의 解釋의 爭點 -法律行爲解釋의 本質 및 方法에 관하여-, 서울대 法學 제41권 1호(2000), 146면 이하

서을오, 로마법의 자유우대와 노예, 서울대학교(석사학위논문), 1992

_____, 로마법상 유언해석에 있어서의 의사(voluntas)와 문언(verba)의 대립, 이화여자대학교 법학논집 제10권 1호(2005), 185면 이하

白泰昇, 法律行爲의 解釋에 관한 判例의 態度, 저스티스 제32권 제1호(1999), 147면 이하

宋德洙, 賣買目的土地의 地番에 관한 당사자 쌍방의 공통하는 錯誤, 考試界 1997.10., 15면 이하

안영하, 일본의 상속시킨다는 취지의 유언에 대한 일고찰, 家族法硏究 第21卷 1號(2007), 213면 이하

梁彰洙, 賣買目的土地의 收用과 補償金에 대한 代償請求權 -大法院 1992년 5월 12일 판결 92다4581등사건-, 民法硏究 第3卷, 博英社, 1994, 385면 이하

엄동섭, 법률행위의 해석에 관한 연구, 서울대학교(박사학위논문), 1992

_____, 法律行爲의 解釋 -現代 獨逸 民法學上의 論議를 中心으로-, 私法硏究 第2輯(1994), 228면 이하

_____, 法律行爲의 補充的 解釋, 韓國民法理論의 發展(I), 博英社, 1999, 81면 이하

염규석, 意思表示의 構成要素와 本質에 대한 吟味 - 소위 정보처리시설에 의한 의사표시의 논의를 중심으로-, 法學論考 第15輯(1999), 237면 이하

尹眞秀, 東西獨 統一條約에 관한 獨逸聯邦憲法裁判所 91.4.23. 판결, 判例月報 253호(1991.10.), 41면 이하

_____, 相續制度의 憲法的 根據, 憲法論叢 제10집(1999.12.), 173면 이하

_____, 法律行爲의 補充的 解釋에 관한 獨逸의 學說과 判例, 民法論攷 I, 博英社, 2007, 200면 이하

_____, 契約 解釋의 方法에 관한 國際的 動向과 韓國法 , 民法論攷 I, 博英社, 2007, 225면 이하

尹亨烈, 契約의 補充的 解釋, 比較私法 第15卷 2號(2008), 1면 이하

李丞祐, 南北統一後 北韓地域의 財産處理方向, 인권과 정의 제216호(1994), 76면 이하

李濬成, 公益信託에 관한 硏究, 東國大學校(박사학위논문), 1991

이철우, 西洋의 世襲家産制에 관한 硏究 -독일의 Familienfideikommiss를 중심으로-, 서울대학교(박사학위논문), 2007

李學洙, 당사자가 표시한 문언에 의하여 객관적 의미가 명확하게 드러나지 않는 경우 법률행위의 해석방법 -대법원 1999.11.26. 선고 99다43486 판결-, 判例研究 第12輯(2001), 釜山判例研究會, 479면 이하

전혜정, 민법상 유언상속에 관한 연구, 家族法研究 第20卷 3號(2006), 151면 이하

鄭永和, 統一後 北韓의 財産權 問題에 關한 憲法的 硏究, 서울大學校(박사학위논문), 1995

曹美卿, 英國 無遺言相續法上의 配偶者相續分, 家族法研究 第13號(1999), 415면 이하

池元林, 意思表示의 本質, 韓國民法理論의 發展(I), 博英社, 1999, 61면 이하

최문기, 의사표시의 본질에 관한 소고, 私法研究 第2輯(1994), 51면 이하

崔秉祚, **包括的 遺贈**의 效果, 民事判例研究[IX], 博英社, 1987, 187면 이하

    , 十二表法(對譯), 로마法研究(I) -法學의 源流를 찾아서-, 서울대학교 출판부, 1995, 2면 이하

    , 로마法學에 있어서의 哲學的 論議, 로마法研究(I) -法學의 源流를 찾아서-, 서울대학교 출판부, 1995, 185면 이하

    , 로마法上의 債權的 遺贈의 效力과 카토(Cato)의 **法原則**, 로마法·民法 論考, 博英社, 1999, 185면 이하

崔秀貞, 상속수단으로서의 신탁, 民事法學 第34號(2006), 565면 이하

2. 일본문헌(한글음독 가나다순)

(1) 단행본

加藤永一, 遺言の判例と法理, 一粒社, 1992

編集代表 谷口知平 外 5人, 新版 注釋民法(28) 相續(3) 遺言·遺留分[補訂版], 有斐閣, 2002

北川善太郎, 親族·相續[第2版], 有斐閣, 2001

船田亨二, ロ-マ法 第2卷, 1972
我妻榮·有泉亨·遠藤浩, 民法3 親族法·相續法, 勁草書房, 2003
編著者 柳澤秀吉·緒方直人, 親族法·相續法, 嵯峨野書院, 2006
伊藤昌司, 相續法, 有斐閣, 2002
編集代表 田中英夫, 英美法辭典, 東京大學出版會, 1991
潮見佳男, 相續法[第2版], 弘文堂, 2005
中川善之助/泉久雄, 相續法(第四版), 有斐閣, 2000

(2) 논문

加藤永一, 「誰々に相續させる」旨の遺言の解釋, 判例 タイムズ 688號(1989), 345면 이하
來栖三郎, 遺言の解釋, 民商法雜誌 78卷 5號(1978), 571면 이하
    , **遺言の解釋** <その二> (一), 民商法雜誌 80卷 1號(1979), 1면 이하
    , 遺言の解釋 <その二> (二), 民商法雜誌 80卷 2號(1979), 141면 이하
半田吉信, 特定の遺産を特定の相續人に相續させる趣旨の遺言の解釋, ジュリスト 996號(1992), 106면 이하
北野俊光, 「相續させる」旨の遺言の實務上の問題點, 遺言と遺留分 第1卷 遺言(編集代表 久貴忠彦), 日本評論社, 2001, 133면 이하
西口元, 「相續させる」遺言の效力をめぐる諸問題, 判例タイムズ 822號 (1993), 48면 이하
沼邊愛一, 「相續させる」旨の遺言の解釋, 判例タイムズ 779號(1992), 6면 이하
松原正明, 遺言の解釋と遺言の撤回 -判例を中心とした實務上の問題點, 遺言と遺留分 第1卷 遺言(編集代表 久貴忠彦), 日本評論社, 2001, 205면 이하
水野紀子, 「相續させる」旨の遺言の功罪, 遺言と遺留分 第1卷 遺言(編集代表 久貴忠彦), 日本評論社, 2001, 159면 이하
野村豊弘, 遺言意思の解釋, 遺言自由の原則と遺言の解釋(野村豊弘, 床谷文雄 編著), 商事法務, 2008, 9면 이하
森野俊彦, 遺言 -「相續させる」旨の遺言について, 判例 タイムズ 996號 (1999), 141면 이하
田中淳子, 「相續させる」旨の遺言による不動産取得と登記, 法律時報 75卷

9號(2003), 97면 이하

川淳一, 受益者死亡を理由とする受益連結型遺贈, 遺言自由の原則と遺言の
　　解釋(野村豊弘, 床谷文雄 編著), 商事法務, 2008

浦野由紀子, **遺言の補充的解釋(一)** -ドイツにおける遺言完成後の事情變
　　更と遺言の效力をめぐる議論を中心として-, 民商法雜誌 115卷 1號
　　(1996), 31면 이하

　　　, 遺言の補充的解釋(二) -ドイツにおける遺言完成後の事情變更
　　と遺言の效力をめぐる議論を中心として-, 民商法雜誌 115卷 2號
　　(1996), 224면 이하

　　　, **遺言の解釋**, 遺言と遺留分 第1卷 遺言(編集代表 久貴忠彦), 日
　　本評論社, 2001, 221면 이하

3. 영어문헌

Atkinson, Handbook of the Law of Wills and Other Principles of Succession
　　including Intestacy and Administration on Decendents' Estates(2nd.ed.),
　　1953

Barak, Purposive Interpretation In Law, Princeton University Press, 2005

Bogert, Trusts(6th.ed.), 1987

Janet Finch/Lynn Hayes/Jennifer Mason/Judith Masson/Lorraine Wallis, Wills,
　　Inheritance, and Families, 1996

Mommsen/Krueger/ Watson(ed.), The Digest of Justinian, 1985

Zimmermann, The Law of **Obligations** -Roman Foundations of the Civilian
　　Tradition, 1993

4. 독일어문헌

(1) 단행본

Behrends/Knütel/Kupisch/Seiler(hrsg.), Corpus Iuris Civilus, Text und Übersetzung I. Institutionen(2.Aufl.), 1996

Brox, Die Einschränkung der **Irrtumsanfechtung** - Ein Beitrag zur Lehre von der Willenserklärung und deren Auslegung, 1960

Brox/Walker, Erbrecht(22.Aufl.), 2007

Danz, Die Auslegung der Rechtsgeschäfte(3.Aufl.), 1911

Eccher, Bürgerliches Recht IV Erbrecht(2.Aufl.), 2002

Endemann, Lehrbuch des Bürgerlichen Rechts Band.3, Teil.1, 1919

Erman, Bürgerliches Gesetzbuch(10.Aufl.), 2000

Fikentscher, Schuldrecht(6.Aufl.), 1976

Flume, Allgemeiner Teil des Bürgerlichen Rechts, zweiter Band. Das **Rechtsgeschäft**(4.Aufl.), 1992

Frank, Erbrecht(4.Aufl.), 2007

Frieser(hrsg.), Kompaktkommentar, Erbrecht, 2007

Gerhards, Ergänzende **Testamentsauslegung** wegen postmortaler Ereignisse, 1996

Häsemeyer, Die gesetzliche Form der Rechtsgeschäfte -Objektive Ordnung und privatautonome Selbstbestimmung im formgebundenen Rechtsgeschäft-, 1971

Kaser, Das römische Privatrecht, Erster Abschnitt Das altrömische, das vorklassische und klassische Recht(2.Aufl.), 1971

　　　, Das römische Privatrecht, Zweiter Abschnitt Die nachklassischen Entwicklungen(2.Aufl.), 1975

　　　, Römische Rechtsgeschichte, 1993

Keuk, Der Erblasserwille post testamentum und die Auslegung des Testaments, 1965

Kipp/Coing, Erbrecht(14.Bearbeitung), 1989

Kroppenberg, Privatautonomie von Todes wegen, 2007

Lange/Kuchinke, Erbrecht(5.Aufl.), 2001

Larenz, Die Methode der Auslegung des Rechtsgeschäfts, 1930
　　, **Allgemeiner Teil** des deutschen Bürgerlichen Rechts(3. Aufl.), 1975
　　, Methodenlehre der Rechtswissenschaft(5.Aufl.), 1983
Larenz/Wolf, Allgemeiner Teil des deutschen Bürgerliches Rechts(9.Aufl.), 2004
Leipold, **Erbrecht**(16.Aufl.), 2006
Liebs, Vor den Richtern Roms - Berühmte Prozesse der Antike, 2007
v. Lübtow, **Probleme** des Erbrechts, 1967
　　, **Erbrecht**, 1.Halbband, 1971
Lüderitz, Auslegung von Rechtsgeschäften - Vergleichende Untersuchung
　　　angloamerikanischen und deutschen Rechts, 1966
Mertens, Die Entstehung der Vorschriften des BGB über die gesetzliche Erbfolge
　　　und das Pflichtteilsrecht, 1970
Mugdan(hrsg.), Die gesamten Materialien zum Bürgerlichen Gesetzbuch für das
　　　Deutsche Reich, Bd.V., Erbrecht, 1979
Münchener Kommentar zum BGB, Band 1, Allgemeiner Teil(4.Aufl.), 2001
Münchener Kommentar zum BGB, Band 9, Erbrecht(3.Aufl.), 1997
Münchener Kommentar zum BGB, Band 9, Erbrecht(4.Aufl.), 2004
Oertmann, Rechtsordnung und Verkehrssitte, 1914
Olzen, Erbrecht(2.Aufl.), 2005
Palandt, Bürgerliches Gesetzbuch(64.Aufl.), 2005
Savigny, System des heutigen Römischen Rechts, 3.Bd., 1840
Scherer, Grenzen der **Auslegung** bei Verfügungen von Todes wegen, 1999
　　, **Andeutungsformel** und falsa demonstratio, 1987
Schlüter, Erbrecht(15.Aufl.), 2004
Schmoeckel, Erbrecht, 2006
Schmoeckel, Rückert, Zimmermann(hrsg.), Historischer-kritischer Kommentar zum
　　　BGB, Band.I, Allgemeiner Teil §§1-240, 2003
Schröder, Abschaffung oder Reform des Erbrechts, Die Begründung einer
　　　Entscheidung des BGB-Gesetzgebers im Kontext sozialer, ökonomischer
　　　und philosophischer Zeitströmungen, 1981
Schubert(hrsg.), Die Vorlagen der Redaktoren für die erste Kommission zur
　　　Ausarbeitung des Entwurfs eines Bürgerlichen Gesetzbuches, Erbrecht Teil
　　　1, 1984

Soergel, Kommentar zum Bürgerlichen Gesetzbuch mit Einführungsgesetz und Nebengesetzen, Band 7, Erbrecht, 1982

Stagl, Der Wortlaut als Grenze der Auslegung von Testamenten - Die Audeutungstheorie im Testamentsrecht Deutschlands, Österreichs und der Schweiz(2.Aufl.), 2005

Staudinger, Kommentar zum Bürgerlichen Gesetzbuch mit Einführungsgesetz und Nebengesetz, Buch 1., Allgemeiner Teil 3., 2004

Staudinger, Kommentar zum Bürgerlichen Gesetzbuch mit Einführungsgesetz und Nebengesetz, Buch 1., Allgemeiner Teil 4., 2003

Staudinger, Kommentar zum Bürgerlichen Gesetzbuch mit Einführungsgesetz und Nebengesetzen, Buch 5. Erbrecht, 2003

Stumpf, Erläuternde und ergänzende Auslegung letztwilliger Verfügungen im System privatautonomer Rechtsgestaltung, 1991

Süß(hrsg.), Erbrecht in Europa(2.Aufl.), 2007

Titze, Die Lehre vom Mißverständnis, 1910

Welter, Auslegung und Form testamentarischer Verfügungen, Die Verwirklichung des Erblasserwillens, 1985

Wieacker, Hausgenossenschaft und Erbeinsetzung - Über die Anfänge des römischen Testaments, 1940

Wieling, **Testamentsauslegung** im römischen Recht, 1972

Wolf, Allgemeiner Teil des bürgerlichen Rechts(2.Aufl.), 1976

(2) 논문

Brox, Der Bundesgerichtshof und die Andeutungstheorie, JA 1984, 549 ff.

Bund, Literatur : Hans Josef Wieling, Testamentauslegung im römischen Recht (Müchener Beiträge zur Papyrusforschung und antiken Rechtsgeschichte 62). Verlag C.H.Beck, München 1972. 286 S., SZ 91(1974), 466 ff.

Dressl, Die Novellierung der Höfeordnung, NJW 1976, 1244 ff.

Edenfeld, Die anwaltliche und notarielle Schweigepflicht nach dem Tod des Erblassers, ZEV 10/1997, 391 ff.

Faßbender, Einzelfragen zum Höferecht, DNotZ 1978, 707 ff.

Flume, Testamentsauslegung bei Falschbezeichnung, NJW 1983, 2007 ff.

Foer, Die Berücksichtigung des Willens des Testators bei der Auslegung mehrdeutiger Verfügungen von Todes wegen, AcP 153(1953), 492 ff.

Foerste, Die Form des Testaments als Grenze seiner Auslegung, DNotZ 1993, 84 ff.

Gerhards, Ergänzende Testamentsauslegung und Formvorschrift ("Andeutungstheorie") -OLG Frankfurt, DtZ 1993, 216 ; LG Gießen, DtZ 1993, 217, JuS 1994, 642 ff.

Großfeld, Literatur : Jakob Fortunat Stagl, Der Wortlaut als Grenze der Auslegung von Testamenten. Die Andeutungstheorie im Testamentsrecht Deutschlands, Österreichs und der Schweiz, 2., überarbeitete Auflage. Wien : Manz'sche Verlags - und Universitätsbuchhandlung, 2005, XXXIII, 178 S., JZ 22/2005, 1102 ff.

Grundmann, Favor Testamenti, Zu Formfreiheit und Formzwang bei privatschriftlichen Testamenten, AcP198(1987), 429 ff.

Grunewald, Die Auswirkungen eines Irrums über politische Entwicklungen in der DDR auf Testamente und Erbschaftsausschlagungen, NJW 1991, 1208 ff.

Haegele, Zur Auslegung testamentarischer Verfügungen, JurBüro 10/1970, 835 ff.

Hoffmann, Zur Auslegung und Formgültigkeit von letztwilligen Erklärungen, DVR 1981, Nr.10, S.146 ff.

Kapp, Die Auslegung von Testamenten -Ein Querschnitt durch die Rechtsprechung, BB 33(1984), 2077 ff.

Kroppenberg, Der Wortlaut als Grenze der Auslegung von Testamenten, DNotZ 2006, 637 ff.

Kuchinke, Der hypothetische Wille als Instrument zur Durchsetzung des vom Erblasser wirklich Gewollten, Ein Beitrag zur Methode der ergänzenden Auslegung von Verfügungen von Todes wegen, in: Festschrift für Hans Friedhelm Gaul : zum 70. Geburtstag 19. November 1997, 1997, S.357 ff.

Lange, Die Verwirklichung des wahren lezten Willens des Erblassers, JhJb 82(1932), 1 ff.

Leipold, **Wille, Erklärung und Form** - insbesondere bei der Auslegung von Testamenten, in : Festschrift für Wolfram Müller-Freienfels, 1986, S.421 ff.

F.Leonhard, Die Auslegung der Rechtsgeschäfte, AcP 120(1920), 14 ff.

Manthe, Ein Sieg der Rhetorik über die Jurisprudenz, in : Große Prozesse der römischen Antike(hrsg. von Ulrich Manthe und Jürgen von Ungern-Sternberg), 1997, S.74 ff.

Perkams, Literatur : Jakob Fortunat Stagl, Der Wortlaut als Grenze der Auslegung von Testamenten. Die Andeutungstheorie im Testamentsrecht Deutschlands, Österreichs und der Schweiz, 2., überarbeitete Auflage. Wien : Manz'sche Verlags-und Universitätsbuchhandlung, 2005, XXXIII, 178 S., AcP 206(2006), 985 ff.

Petersen, Die Auslegung von letztwilligen Verfügungen, JURA 2005, 598 ff.

Reinicke, Der Satz von der 'falsa demonstratio' im Vertragsrecht, JA 1980, 458 ff.

Schmidt-Kessel, Erbrecht in der Rechtsprechung des Bundesgerichtshofes 1985 bis 1987, WM 1988, Beil. Nr.8., S.3 ff.

Smid, Probleme bei der Auslegung letztwilliger Verfügungen, JuS 1987, 283 ff.

Werner, Die benigna interpretatio des §2084 BGB, in : Tradition und Fortentwicklung im Recht, Festschrift zum 90. Geburtstag von Ulrich von Lübtow, 1991, S.265 ff.

Wieling, Falsa demonstratio, condicio pro non scripta, condicio pro impleta im römischen Testament, SZ 87(1970), 197 ff.

, Die Bedeutung der Regel "falsa demonstratio non nocet" im Vertragsrecht, AcP 172(1972), 297 ff.

Wolf-Gangel, Der nicht formgerecht erklärte Erblasserwille und die Auslegungsfähigkeit eindeutiger testamentarischer Verfügungen - BGH NJW 1981, 1737 und NJW 1981, 1736, JuS 1983, 663 ff.

Wubbe, Der Wille des Erblassers bei Iav. D. 32, 100, 1, in Iuris Professio : Festgabe für Max Kaser zum 80. Geburtstag, 1986, S.371 ff.

Zimmermann, „Cy-Prés", in Iuris Professio : Festgabe für Max Kaser zum 80. Geburtstag, 1986, S.395 ff.

찾아보기

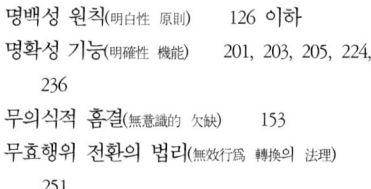

현소혜

서울대학교 법과대학 사법학과 졸업
서울대학교 대학원 법학과(민법 전공) 석사과정 졸업
서울대학교 대학원 법학과(민법 전공) 박사과정 졸업
사법연수원
헌법재판소 헌법연구관보
현재 홍익대학교 법과대학 조교수, 변호사

유언의 해석

초판 인쇄 | 2010년 6월 10일
초판 발행 | 2010년 6월 15일

저   자 | 현소혜
발 행 인 | 한정희
발 행 처 | 경인문화사
등록번호 | 제10-18호(1973년 11월 8일)
편   집 | 신학태 김지선 문영주 정연규 안상준
영   업 | 이화표
관   리 | 하재일 양현주
주   소 | 서울특별시 마포구 마포동 324-3
전   화 | 718-4831~2
팩   스 | 703-9711
홈페이지 | www.kyunginp.co.kr
이 메 일 | kyunginp@chol.com

ISBN   978-89-499-0715-4   94360
값 23,000원